Boekhouden geboekstaafd 1

Opgaven

Drs. W.J. Broerse
Drs. D.J.J. Heslinga
Drs. W.M.J. Schauten

Dertiende druk

Noordhoff Uitgevers bv Groningen | Utrecht

Ontwerp omslag: G2K (Groningen-Amsterdam)

Eventuele op- en aanmerkingen over deze of andere uitgaven kunt u richten aan:
Noordhoff Uitgevers bv, Afdeling Hoger Onderwijs, Antwoordnummer 13,
9700 VB Groningen, e-mail: info@noordhoff.nl

3 / 18

FSC
www.fsc.org
MIX
Papier van verantwoorde herkomst
FSC® C118189

ISBN 978-90-01-87845-0
NUR 786

Woord vooraf

Dit boek bevat opgaven die behoren bij *Boekhouden geboekstaafd 1*. De opgaven zijn ingedeeld naar de hoofdstukken en paragrafen van het tekstboek. Een aantal opgaven is voorzien van een sterretje (*). Voor deze opgaven zijn Excel-bestanden beschikbaar, waarin deze opgaven kunnen worden gemaakt. Met deze Excel-bestanden wordt de automatische boekingsgang geïllustreerd. Deze opdrachten zijn beschikbaar op:
www.boekhoudengeboekstaafd1.noordhoff.nl.
In hoofdstuk 27 is een groot aantal herhalingsopgaven opgenomen.

Doordat de meeste opgaven drastisch zijn aangepast ten opzichte van de vorige druk, is gebruik van de dertiende druk naast de twaalfde druk niet mogelijk.
Op de hiervoor genoemde website is een omzettingstabel van de twaalfde naar de dertiende druk beschikbaar.

Opmerkingen over de inhoud van deze uitgave die kunnen leiden tot verbeteringen in een volgende druk, zullen we in dank ontvangen.
We verzoeken u uw op- en aanmerkingen door te geven aan de uitgever. Het adres is:

Noordhoff Uitgevers bv
Afdeling Hoger Onderwijs
Antwoordnummer 13
9700 VB Groningen
E-mail: info@noordhoff.nl

Voorjaar 2017
Wim Broerse
Derk Jan Heslinga
Wim Schauten

Serie-overzicht

Boekhouden geboekstaafd 1
Opgaven
Uitwerkingen

Boekhouden geboekstaafd 2
Opgaven
Uitwerkingen

Boekhouden geboekstaafd 3
Opgaven
Uitwerkingen

Inhoud

1 De boekhouding als informatieproces

1.01 (§ 1.2)

a Wanneer is een bedrijfshuishouding een onderneming?
b Welke fasen onderscheiden we in het informatieproces in een onderneming?
c Willeke van Aken vindt op de Coolsingel in Rotterdam een rekening van een daar gevestigd restaurant. Kennelijk heeft een restaurantbezoeker de rekening verloren. Er staat een complete maaltijd op genoteerd. Aan de afdruk van de kassa die op de rekening staat, kan Willeke zien dat de rekening is betaald.
Vormt datgene wat op de rekening staat gegevens of informatie voor Willeke van Aken? Motiveer het antwoord.
d Wat verstaan we onder informatieanalyse?
e Waarom moet de directie van een onderneming voortdurend evalueren of het informatieaanbod overeenstemt met de informatievraag?
f Maak met een voorbeeld duidelijk dat informatie dienst kan gaan doen als gegeven.
g De informatie die we met behulp van de administratie krijgen, gebruiken we voor diverse doelen. Noem enkele van deze doelen.
h Maak duidelijk dat informatie als middel bij het voorbereiden en het nemen van beslissingen zowel binnen als buiten de onderneming dienst kan doen.
i Leg uit hoe normen een rol kunnen spelen bij het beheersen van de uitvoering van allerlei activiteiten binnen een onderneming.
j Waarin wijkt een MIS af van de door de administratie van een onderneming vastgelegde gegevens?

1.02 (§ 1.3 en § 1.4)

a Hoe verdelen we de gegevens die in de administratie worden vastgelegd?
b Geef twee voorbeelden – afwijkend van die in het tekstboek – van in een onderneming vastgelegde gegevens, die behoren tot de administratie maar niet tot de financiële administratie.
c Geef twee voorbeelden – afwijkend van die in het tekstboek – van in een onderneming vastgelegde gegevens, die behoren tot de financiële administratie maar niet tot de boekhouding.
d Wat verstaan we onder de waardenkringloop?
e 1 Wat is het kenmerkende verschil tussen een handelsonderneming en een industriële onderneming?
2 Hoe komt het onder 1 bedoelde verschil tot uitdrukking in de waardenkringloop?
f Beschrijf de ontwikkeling van de geautomatiseerde boekhouding tot een geïntegreerd informatiesysteem.
g Wat verstaan we onder een geïntegreerd informatiesysteem?
h Welke voordelen heeft een geïntegreerd informatiesysteem in vergelijking met eilandautomatisering?
i Geef drie voorbeelden van interne integratie.
j Wanneer spreken we van externe integratie?
k Geef drie voorbeelden van externe integratie.

2 De inventaris, de balans en de winst- en verliesrekening

2.01 (§ 2.1) Paul Berkers, ICT en Consultancy in 's-Hertogenbosch, heeft per 1 januari 2017 de volgende bezittingen:

Gebouw Koningsweg 66 in 's-Hertogenbosch	€	350.000
Magazijn- en winkelinrichting	€	80.000
Voorraad goederen:		
60 PeeCee computers à € 700 =	€	42.000
80 Breedbeeldschermen à € 212,50 =	€	17.000
40 TFT-beeldschermen à € 372,50 =	€	14.900
68 Inkjetprinters à € 100 =	€	6.800
20 Laserprinters à € 480 =	€	9.600
Diverse aansluitmaterialen	€	3.700
Printerpapier/usb-sticks	€	4.000
Vorderingen op afnemers:		
J. Both in Kerkdriel	€	6.000
M. van Lieshout in Waalwijk	€	1.800
J. Ruijs in Vught	€	9.800
Pennings bv in Oss	€	43.750
Tegoed bij ING	€	10.750
Kasgeld	€	380

Paul Berkers heeft de volgende schulden:

4% Hypothecaire lening	€	262.500
Lening ABN AMRO	€	110.000
Lening F. Berkers Sr.	€	15.000
Schulden aan leveranciers:		
J. Wissink bv in Utrecht	€	18.600
Vijfeiken Automatisering in Eindhoven	€	8.900
Clean bv in Uden	€	13.700

Gevraagd
Bereken het bedrag dat Paul Berkers zelf in zijn onderneming heeft geïnvesteerd.

2.02 (§ 2.2) We maken gebruik van de gegevens in opgave **2.01**.

a Geef de bijlagen voor goederen, debiteuren en crediteuren, die behoren bij de verkorte inventaris.
b Stel de verkorte inventaris per 1 januari 2017 samen.
c Stel de balans per 1 januari 2017 samen.

2.03 MC (§ 2.2) Jolanda Vermeeren heeft een adviesbureau in Zevenaar. Bij de oprichting van het bedrijf beschikt zij over:

Kantoorinventaris	€	20.000
Tegoed bij ING	-	10.000
Kasgeld	-	5.000
Langlopende lening	-	10.000

Het eigen vermogen van het adviesbureau bedraagt:
a € 5.000
b € 25.000
c € 35.000
d € 45.000

2

2.04 (§ 2.2) Maarten Groenestein in Enschede handelt in bomen en struiken. Zijn bezittingen en schulden per 1 januari 2017 bestaan uit:

Voorraad bomen en struiken	€	9.500
Loods	-	85.000
Hypothecaire lening op loods	-	51.000
Te vorderen op afnemers	-	1.750
Schuld aan leveranciers	-	3.550
Schuld aan Rabobank	-	7.800
Kasgeld	-	850

Gevraagd

a Stel voor Maarten Groenestein de balans per 1 januari 2017 samen aan de hand van voorgaande gegevens.
NB Hanteer bij het noteren van de diverse posten de behandelde volgorde uit het tekstboek.
b Verklaar waarom de telling op de debetkant van de balans altijd gelijk is aan de telling op de creditkant.
c Wat bedoelen we met de term scontrovorm?
d Is Maarten Groenestein hypotheekgever of hypotheeknemer? Motiveer het antwoord.

2.05 (§ 2.3) Jorrit van Oosten in Hoorn heeft op 1 april 2017 voor zijn winkel in tuingereedschap de volgende balans opgesteld:

Balans per 1 januari 2017

Voorraad goederen	€	56.000	Eigen vermogen	€	49.500
Debiteuren	-	9.000	Crediteuren	-	27.000
Rabobank	-	9.200			
Kas	-	2.300			
	€	76.500		€	76.500

In april 2017 hebben de volgende financiële feiten plaatsgevonden.
8/4 *Factuur voor ingekochte en ontvangen goederen (op rekening)*

2

Coppens BV

I-2017026

Veldweg 17
3754 KP Amsterdam

bankrelaties: ING Bank 28.51.39.285
Rabobank 44.23.87.199

factuurdatum: 8 april 2017
factuurnummer: 2387

Jorrit van Oosten
Zuiderzeepad 114
2817 FG Hoorn

Aan u geleverd:

12 elektrische grasmaaiers	à € 150 =	€ 1.800
8 harken	à € 20 =	- 160
te betalen		€ 1.960

Gevraagd

a Welke gevolgen heeft deze inkoopfactuur voor de verschillende posten op de balans van Jorrit van Oosten?

b Stel voor Jorrit van Oosten de balans per 8 april 2017 samen na verwerking van deze inkoopfactuur.

16/4 Kwitantie voor betaling aan een crediteur

nr. *KO-170171*

ontvangen van *Jorrit van Oosten, Hoorn* *K-2017022*

het bedrag van *tweeduizend euro*

voor *factuur 05318 d.d. 17-03-2017*

Alkmaar de *16-4* 20 *17*

zegge € *2000*

Geels
Firma Geels en Co

Gevraagd

c Welke gevolgen heeft deze kasuitgave voor de verschillende posten op de balans van Jorrit van Oosten?

d Stel voor Jorrit van Oosten de balans per 16 april 2017 samen na verwerking van deze kasuitgave.

23/4 Ontvangen rekeningafschrift van de Rabobank

Rabobank Hoorn

Rekeningafschrift
Statement of account
Rekening-Courant zonder krediet

JORRIT VAN OOSTEN
ZUIDERZEEPAD 114
2817 FG HOORN

Datum afschrift	Volgnummer	Blodnummer
23-04-2017	48	0001 *

Vorig afschrift	Vorig saldo
01-04-2017	9.200,00 CR

Nieuw afschrift	Nieuw saldo
23-04-2017	5.500,00 CR

Rekeningnummer	IBAN nummer	Totaal afgeschreven	Totaal bijgeschreven
44.19.38.565		4.500,00	800,00

Rentedatum Value date	Tegenrekening A/C counterparty	Omschrijving / naam Narrative	Debet Debits	Credit Credits
20-04	35.14.39.881	J. GROOT, ALMERE FACTUUR G-17088	2.000,00	
20-04	44.17.22.512	BV GANDEMA, AMSTERDAM FACTUUR 0017047	2.500,00	
21-04	35.88.51.997	G. VRINS, DEN HELDER FACTUUR V-2017031		800,00
		Totaal / Total	4.500,00	800,00

Gevraagd

e Welke gevolgen heeft dit rekeningafschrift van de Rabobank voor de verschillende posten op de balans van Jorrit van Oosten?

f Stel voor Jorrit van Oosten de balans per 23 april 2017 samen na verwerking van dit afschrift.

2.06 (§ 2.3) Margret Lankhorst in Geleen heeft een winkel in stofzuigers en stofzuigeronderdelen. Op 1 juli 2017 maakt zij de volgende lijst van bezittingen en schulden:

Kasgeld	€	560
Schulden aan leveranciers:		
Electrosimple bv in Maastricht	€	2.900
Dlack en Becker bv in Amsterdam	€	13.500
Voorraad goederen:		
Stofzuigers	€	13.700
Onderdelen	€	9.800
Tegoed bij de Rabobank	€	1.750
Geleend bij Frits van Zelst	€	2.000
Winkelinventaris	€	8.000
Vorderingen op afnemers:		
Jolanda Kuyper in Sittard	€	350
Familie de Zwaam in Geleen	€	290
Karel Gruijters in Gulpen	€	550

In juli 2017 heeft zij de volgende financiële feiten genoteerd:

2/7	K-1707047	Karel Gruijters betaalt in de winkel wegens een		
		openstaande factuur	€	550
6/7	I-1707066	Ingekocht op rekening bij Electrosimple bv		
		80 stofzuigers à € 75 =	€	6.000
		De stofzuigers zijn ontvangen.		
14/7	B-84	Per bank betaald aan leverancier Dlack en Becker	€	1.000
26/7	K-1707048	Contant ingekocht en ontvangen		
		stofzuigeronderdelen voor een totaalbedrag van	€	800

Gevraagd

a Stel aan de hand van de lijst van bezittingen en schulden de balans per 1 juli 2017 op voor Margret Lankhorst.
NB Hanteer bij het noteren van de diverse posten de behandelde volgorde uit het tekstboek.

b Stel de balansen samen per 2/7, 6/7, 14/7 en 26/7, na verwerking van de financiële feiten op deze data.

c Is de grootte van het eigen vermogen in juli 2017 gewijzigd?

2.07 MC (§ 2.3) Ruben Vroege heeft een dierenspeciaalzaak. Op 5 augustus 2017 ontvangt hij een afrekening van de ING waarop staat: Bedrag bij: Lening J. Vroege Sr. €15.000

Gevraagd

Welke van de volgende uitspraken is juist?

a Het financieel feit is de ontvangst van een bedrag in verband met een geldlening.

b Het boekingsstuk is de ontvangst van een bedrag in verband met een geldlening.

c De bezittingen nemen af met €15.000.

d De schulden nemen af met €15.000.

2.08* (§ 2.4) Antoon van der Heyden in Zoetermeer is eigenaar van een handelsonderneming in automaterialen.
Per 1 juni 2017 stelde hij de volgende balans samen:

Balans per 1 juni 2017

Voorraad goederen	€	100.000	Eigen vermogen	€	132.000
Debiteuren	-	40.000	Crediteuren	-	60.000
Bank	-	35.000			
Kas	-	17.000			
	€	192.000		€	192.000

Over juni 2017 verzamelde Antoon van der Heyden de volgende financiële feiten.

4/6	I-17030	Gekocht op rekening en ontvangen van Better Drive bv		
		in Den Haag diverse automaterialen	€	44.000
8/6	V-17047	Verkocht op rekening en afgeleverd aan Garage		
		Piet Vaart en Zn. in Voorburg diverse automaterialen	€	72.000
		De inkoopprijs van deze materialen is	-	50.000
13/6	K-17028	Per kas ontvangen van afnemer Karel Vechter in Leiden	€	6.000
18/6	B-22	Per bank betaald aan leverancier Car Care bv		
		in Haarlem	€	14.000
25/6	K-17029	Per kas verkocht en afgeleverd diverse automaterialen	€	24.000
		De inkoopprijs van deze materialen is	-	16.000
30/6	B-23	Per bank betaald de volgende bedrijfskosten		
		over juni 2017:		
		huur bedrijfspand	€	3.600
		lonen personeel	-	6.400
		overige kosten	-	2.000
			€	12.000

Gevraagd

a Stel de balansen op per 4/6, 8/6, 13/6, 18/6, 25/6 en 30/6, na verwerking van de gegevens op de boekingsstukken bij deze data.

b Bereken de toename van het eigen vermogen in juni 2017. Hoe noemen we deze toename?

2.09 (§ 2.5) In deze opgave maken we gebruik van de gegevens in opgave **2.08**.

Gevraagd

Stel voor Antoon van der Heyden de winst- en verliesrekening over juni 2017 samen (in de verticale vorm).

2.10 (§ 2.5) Bert de Haas is handelaar in tweedehands auto's in Bleiswijk.
Per 1 januari 2017 beschikt hij voor zijn zaak over de volgende overzichten.

Balans per 1 januari 2017

Voorraad auto's	€	95.000	Eigen vermogen	€	130.000
Debiteuren	-	18.000	Crediteuren	-	20.000
ING Bank	-	30.000			
Kas	-	7.000			
	€	150.000		€	150.000

Specificatie debiteuren per 1 januari 2017

Frits Reijers, Rotterdam	€	15.000
Mari Bakker, Schiedam	-	3.000
	€	18.000

Specificatie crediteuren per 1 januari 2017

Helma Backxs, Vlaardingen	€	14.000
René Schalks, Dordrecht	-	6.000
	€	20.000

Over januari 2017 verzamelde Bert de Haas de volgende boekingsstukken.

5/1	I-1701	Gekocht op rekening en ontvangen van Helma Backxs,		
		Vlaardingen		
		2 auto's; eindbedrag van de factuur	€	40.000
8/1	V-1701	Verkocht op rekening en afgegeven aan		
		Catelijne van Hoogenvorst, Rotterdam		
		1 auto; bedrag van de verzonden factuur	€	14.300
		De inkoopprijs van deze auto was	-	10.700
15/1	V-1702	Verkocht op rekening en afgegeven aan		
		Harrie Klerks, Den Haag		
		1 auto; eindbedrag van de verzonden factuur	€	26.400
		De inkoopprijs van deze auto was	-	20.100
18/1	B-1701	Betaald per ING:		
		huur van de werkplaats voor januari	€	3.500
		diverse kosten voor januari	-	1.400
		leverancier Helma Backxs, Vlaardingen	-	14.000
20/1	K-1701	Verkocht per kas en afgegeven		
		3 auto's voor totaal	€	57.000
		De inkoopprijs van deze 3 auto's was	-	49.000
23/1	B-1702	Ontvangen per ING van Frits Reijers, Rotterdam	€	15.000
28/1	K-1702	Betaald per kas:		
		Loon autopoetser voor januari	€	400

Gevraagd

a Geef de zeven achtereenvolgende balansen na verwerking van elk boekingsstuk.

b Bereken de brutowinst op verkochte auto's in januari 2017:
  1 als som van de brutowinsten op de verkooptransacties.
  2 als periodewinstbedrag.

c Stel de winst- en verliesrekening over januari 2017 samen in de scontrovorm.

d Geef een controleberekening voor het bedrag van de nettowinst op de winst- en verliesrekening over januari 2017.

3 Het grootboek

3.01 (§ 3.2) Bij Software World in Spijkenisse ziet de balans per 1 april 2017 er als volgt uit.

Balans per 1 april 2017

Voorraad goederen	€	112.000	Eigen vermogen	€	109.000
Debiteuren	-	28.000	Crediteuren	-	54.000
Rabobank	-	18.400			
Kas	-	4.600			
	€	163.000		€	163.000

Gevraagd
Open voor de gegeven balansposten in het grootboek van Software World rekeningen en vermeld op elke grootboekrekening het bijbehorende bedrag per 1 april 2017.

3.02 (§ 3.3) Quantacol in Den Haag heeft per 1 juli 2017 de volgende balans samengesteld.

Balans per 1 juni 2017

Kantoorinventaris	€	10.000	Eigen vermogen	€	138.000
Voorraad goederen	-	110.000	Crediteuren	-	40.000
Debiteuren	-	50.000			
Kas	-	8.000			
	€	178.000		€	178.000

In het tijdvak van 1 – 15 juli 2017 kwamen de volgende financiële feiten tot stand.

2/7	*Inkoopfactuur ID-201702**		
	Gekocht bij de firma Twente in Delft twee pcomputers met		
	toebehoren voor het kantoor, te betalen op 31 juli	€	5.000
3/7	*Kopieverkoopfactuur V-201791*		
	Verkocht op rekening en afgegeven aan F. Cox in Kethel		
	500 liter van artikel Q	€	12.500
	De inkoopprijs van artikel Q per liter is € 20.		
5/7	*Inkoopfactuur I-201759*		
	Gekocht op rekening en ontvangen van J. Pijl in Leiden		
	2.000 liter van artikel Q	€	40.000
8/7	*Kasstuk K-201737*		
	Betaald per kas lonen	€	5.000
9/7	*Kasstuk K-201738*		
	Ontvangen per kas de vordering op P. Goudriaan in Den Haag	€	20.000
12/7	*Kopieverkoopfactuur V-201792*		
	Verkocht op rekening en afgegeven aan K. Bol in Lisse		
	3.000 liter van artikel P	€	45.000
	De inkoopprijs van artikel P per liter is € 10.		

14/7	*Kasstuk K-201739*	
	Betaald per kas de factuur van Renta Home in Den Haag voor	
	huur bedrijfspand	€ 4.500
15/7	*Kasstuk K-201740*	
	Betaald per kas voor overige kosten	€ 3.000

* De letters ID staan voor Inkoopfactuur Duurzaam productiemiddel.

In het grootboek komen zes rekeningen voor, waarvan de namen overeenstemmen met de posten op de balans per 1 juli 2017.

Gevraagd

a Geef voor de hiervoor vermelde financiële feiten aan welke grootboekrekeningen moeten worden gedebiteerd of gecrediteerd en voor welke bedragen.
NB Ga te werk zoals aangegeven is in voorbeeld 3.1 in paragraaf 3.3 van het tekstboek.

b Stel aan de hand van de gegevens op de balans per 1 juli 2017 en het onder **a** gevraagde overzicht de zes rekeningen samen, die voorkomen in het grootboek van Quantacol.

3.03* (§ 3.3) Murat Elmas in Velp heeft per 1 mei 2017 de volgende balans samengesteld.

Balans per 1 mei 2017

Voorraad goederen	€	72.000	Eigen vermogen	€	91.600
ING Bank	-	36.200	Crediteuren	-	20.000
Kas	-	3.400			
	€	111.600		€	111.600

Specificatie voorraad goederen per 1 mei 2017		
2.000 kg goederen A à € 16 =	€	32.000
5.000 kg goederen B à € 8 =	-	40.000
w	€	72.000

In mei 2017 kwamen de volgende transacties tot stand.

4/5	K-170052	Verkocht, afgeleverd en per kas ontvangen	
		3.000 kg goederen B à € 12 =	€ 36.000
6/5	I-170071	Gekocht op rekening en ontvangen van	
		Victor Stob in Arnhem	
		5.000 kg goederen B à € 8 =	€ 40.000
13/5	K-170053	Betaald per kas voor diverse kosten	€ 1.000
14/5	B-33	Betaald per bank aan leverancier firma Spek in Velp	€ 19.000
19/5	V-170101	Verkocht op rekening en afgeleverd aan Paul Hak in	
		1.000 kg goederen A à € 24 =	€ 24.000
24/5	K-170054	Betaald per kas voor diverse kosten	€ 1.400

26/5	V-170102	Verkocht op rekening en afgeleverd aan		
		Patrick Snel in Oss		
		4.000 kg goederen B à € 12 =	€	48.000
27/5	B-34	Per bank ontvangen van afnemer Paul Hak in Ede	€	24.000
28/5	B-35	Per bank betaald voor lonen	€	6.200

In het grootboek komen vijf rekeningen voor, waarvan de namen gelijk zijn aan de posten op de balans per 1 mei 2017. Behalve deze vijf rekeningen komt in het grootboek ook nog voor de rekening Debiteuren.

Gevraagd

a Geef voor de hiervóór vermelde transacties aan welke grootboekrekeningen moeten worden gedebiteerd of gecrediteerd en voor welke bedragen.
NB Ga te werk zoals aangegeven is in voorbeeld 3.1 in paragraaf 3.2 van het tekstboek.

b Stel aan de hand van de gegevens op de balans per 1 mei 2017 en het onder a gevraagde overzicht de zes rekeningen samen, die voorkomen in het grootboek van Murat Elmas.

3

3.04 (§ 3.4) Richard van Meij, eigenaar van een handelsonderneming in automaterialen in Delft, heeft per 1 mei 2017 de volgende balans opgesteld:

Balans per 1 mei 2017

Voorraad goederen	€	76.000	Eigen vermogen	€	100.000
Debiteuren	-	13.000	Crediteuren	-	25.000
Triodos Bank	-	31.000			
Kas	-	5.000			
	€	125.000		€	125.000

In mei 2017 deden zich de volgende financiële feiten voor.

3/5	B-18	Betaald via Triodos aan leverancier Carl Bresser		
		in Rotterdam	€	6.800
12/5	V-2017032	Op rekening verkocht aan garage Aertsen in Voorburg		
		diverse automaterialen	€	4.900
		De inkoopprijs van deze materialen was	-	3.900
17/5	K-2017021	Per kas betaald de volgende bedrijfskosten		
		over mei 2017:		
		Lonen	€	2.500
		Huur bedrijfspand	-	3.100
		Overige bedrijfskosten	-	1.800
24/5	B-19	Ontvangen via Triodos van afnemer		
		garage Van Rijen in Leiderdorp	€	3.600
31/5	K-2017022	In de loop van mei 2017 per kas verkocht		
		diverse automaterialen	€	24.500
		De inkoopprijs van deze materialen was	-	19.000

Het grootboek bevat de volgende hulprekeningen van het Eigen vermogen:
Opbrengst verkopen
Inkoopprijs verkopen
Loonkosten
Huurkosten
Overige bedrijfskosten

Gevraagd
Geef voor de in deze opgave vermelde financiële feiten aan welke grootboekrekeningen moeten worden gedebiteerd en gecrediteerd en voor welke bedragen.
NB Ga te werk zoals aangegeven is in voorbeeld 3.1 in paragraaf 3.2 van het tekstboek.

3.05 (§ 3.4) De balans per 1 augustus 2017 van Toon Ofschoon in Overloon is als volgt samengesteld:

Balans per 1 augustus 2017

Inventaris	€	45.000	Eigen vermogen	€	94.000
Voorraad goederen	-	32.000	Crediteuren	€	16.000
Debiteuren	-	19.000			
Kas	-	14.000			
	€	110.000		€	110.000

Over augustus 2017 verzamelde Toon Ofschoon de volgende financiële feiten.

2/8	I-84	Gekocht op rekening van Fred Kist goederen	€	17.800
5/8	V-96	Verkocht op rekening aan Gerlinde Dobben goederen	€	6.700
		De inkoopprijs van deze goederen was	-	4.000
7/8	K-66	Ontvangen per kas van afnemer Jan Brouwers	€	3.800
10/8	K-67	Verkocht per kas goederen	€	1.200
		De inkoopprijs van deze goederen was	-	1.400
14/8	K-68	Betaald per kas huur augustus	€	1.500
17/8	V-97	Verkocht op rekening aan Miriam Karelsen goederen	€	16.000
		De inkoopprijs van deze goederen was	-	10.000
20/8	K-69	Gekocht en per kas betaald een bureaustoel	€	1.300
23/8	K-70	Betaald per kas aan leverancier De Graaf bv	€	4.700
25/8	I-85	Gekocht op rekening van Stefan Koopman goederen	€	13.200
30/8	K-71	Betaald per kas lonen augustus	€	3.200

In het grootboek komen de volgende hulprekeningen van het Eigen vermogen voor:
Opbrengst verkopen
Inkoopprijs verkopen
Huurkosten
Loonkosten

Gevraagd
a Open het grootboek aan de hand van de gegeven balans.
b Werk aan de hand van voorgaande financiële feiten het grootboek bij over augustus 2017.

3.06 (§ 3.4) Marianne van Esch heeft in Leeuwarden een winkel waarin ze ATB-fietsen en mountain-bikes verkoopt.
Zij beschikt over de volgende balans per 1 mei 2017.

Balans per 1 mei 2017

Voorraad goederen	€	23.000	Eigen vermogen	€	24.850
Debiteuren	-	3.600	Crediteuren	-	11.000
Bank	-	6.000			
Kas	-	3.250			
	€	35.850		€	35.850

Specificatie voorraad goederen per 1 mei 2017			
ATB-fietsen	14 stuks à € 900 =	€	12.600
Mountain-bikes	13 stuks à € 800 =	-	10.400
Totaal		**€**	**23.000**

3

In het grootboek komen naast de genoemde balansrekeningen de volgende hulprekeningen van het Eigen vermogen voor:
Opbrengst verkopen
Inkoopprijs verkopen
Diverse bedrijfskosten

Gevraagd
a Open het grootboek per 1 mei 2017.
In mei 2017 verzamelde Marianne van Esch de volgende financiële feiten.

3/5	V-1736	Op rekening verkocht en afgeleverd aan		
		Jan van Hasselt in Hardegarijp 1 ATB-fiets	€	1.200
8/5	K-1744	Per kas betaald voor een advertentie in het		
		meinummer van het clubblad van		
		wielrennersvereniging 'Pedaal'	€	80
16/5	B-18	Per bank ontvangen van Nynke Hylkema uit Drachten	€	950
21/5	I-1723	Ingekocht op rekening bij Batasport Rijwielen in Zwolle:		
		5 ATB-fietsen à € 900 =	€	4.500
		6 Mountain-bikes à € 800 =	-	4.800
			€	9.300
24/5	B-19	Per bank betaald aan Batasport Rijwielen in Zwolle	€	3.300
27/5	B-20	Per bank betaald huur winkelpand mei	€	2.000
31/5	K-1745	Verkocht per kas in mei:		
		8 ATB-fietsen	€	9.600
		4 Mountain-bikes	-	4.400
			€	14.000

Gevraagd
b Verwerk de vermelde financiële feiten in het grootboek over mei 2017.

4 De kolommenbalans

4.01 (§ 4.1) Marianne van Esch beschikt over de volgende proefbalans per 31 mei 2017.

	Proefbalans	
Rekening	Debet	Credit
Voorraad goederen	€ 32.300	€ 11.300
Debiteuren	- 4.800	- 950
Bank	- 16.950	- 5.300
Kas	- 1.250	- 400
Eigen vermogen		- 24.850
Crediteuren	- 3.300	- 14.300
Opbrengst verkopen		- 15.200
Inkoopprijs verkopen	- 11.300	
Diverse bedrijfskosten	- 2.400	
	€ 72.300	€ 72.300

Gevraagd
Stel de saldibalans per 31 mei 2017 samen.

4.02 (§ 4.1) Het grootboek van Toon van Barneveldt vertoont per 31 augustus 2017 het volgende beeld:

Inventaris

1/8	Balans	€	45.000				
20/8	B-17069	-	1.300				

Voorraad goederen

1/8	Balans	€	32.000	5/8	V-17096	€	4.000
2/8	I-17084	-	17.800	10/8	B-17067	-	1.400
25/8	I-17085	-	13.200	17/8	V-17097	-	10.000

Debiteuren

1/8	Balans	€	19.000	7/8	B-17066	€	3.800
5/8	V-17096	-	6.700				
17/8	V-17097	-	16.000				

Bank

1/8	Balans	€	14.000	14/8	B-17068	€	1.500
7/8	B-17066	-	3.800	20/8	B-17069	-	1.300
10/8	B-17067	-	1.200	23/8	B-17070	-	4.700
				30/8	B-17071	-	3.200

Eigen vermogen

				1/8	Balans	€	94.000

Crediteuren

23/8	B-17070	€	4.700	1/8	Balans	€	16.000
				2/8	I-17084	-	17.800
				25/8	I-17085	-	13.200

Opbrengst verkopen

				5/8	V-17096	€	6.700
				10/8	B-17067	-	1.200
				17/8	V-17097	-	16.000

Inkoopprijs verkopen

5/8	V-17096	€	4.000				
10/8	B-17067	-	1.400				
17/8	V-17097	-	10.000				

Huurkosten

14/8	B-17068	€	1.500				

Loonkosten

30/8	B-17071	€	3.200				

Gevraagd
Stel de proef- en saldibalans per 31 augustus 2017 samen.

4.03 MC (§ 4.1) Welke van de volgende uitspraken is juist?

a De telling van de proefbalans moet altijd gelijk zijn aan de telling van de saldibalans.
b Het saldo van de bedragen in het grootboek moet gelijk zijn aan de telling van de proefbalans.
c Het saldo van de bedragen in het grootboek moet gelijk zijn aan de telling van de saldibalans.
d Een sluitende proefbalans garandeert niet dat er geen fouten zijn gemaakt bij het overbrengen van bedragen vanuit het grootboek naar de proefbalans.

4.04* (§ 4.1) Wim Voetsius in Hoorn heeft per 1 april 2017 volgende overzichten samengesteld.

Balans per 1 april 2017

Voorraad goederen	€	80.000	Eigen vermogen	€	94.000
Bank	-	25.000	Crediteuren	-	20.000
Kas	-	9.000			
	€	114.000		€	114.000

Specificatie voorraad goederen per 1 april 2017

500 stuks 16 TGI à € 60 =	€	30.000
1.250 stuks 16 TZI à € 40 =	-	50.000
	€	80.000

Specificatie crediteuren per 1 april 2017

Van Lith, Enkhuizen	€	15.000
Schoonen, Alkmaar	-	5.000
	€	20.000

In april 2017 noteerde Wim Voetsius de volgende transacties.

4/4	K-17051	Verkocht en afgeleverd: 500 stuks 16 TZI à € 56 =	€ 28.000
		Het bedrag is per kas ontvangen.	
6/4	I-17019	Gekocht op rekening bij Schoonen in Alkmaar:	
		1.250 stuks 16 TZI à € 40 =	€ 50.000
		De goederen zijn ontvangen.	
11/4	B-23	Gestort bij de bank	
	K-17052	kasgeld	€ 25.000
14/4	K-17053	Per kas betaald voor diverse bedrijfskosten	€ 2.500
15/4	B-24	Per bank betaald aan Van Lith in Enkhuizen	€ 15.000
20/4	V-17033	Op rekening verkocht aan Derck van Oss in Wognum:	
		250 stuks 16 TGI à € 80 =	€ 20.000
		De goederen zijn bij de klant afgeleverd.	
22/4	K-17054	Per kas betaald voor diverse bedrijfskosten	€ 4.000
27/4	V-17034	Op rekening verkocht aan Karina van Mourik	
		in Medemblik	
		400 stuks 16 TZI à € 56 =	€ 22.400
		De goederen zijn bij de klant afgeleverd.	
28/4	B-25	Per bank ontvangen van Derck van Oss in Wognum	€ 10.000
29/4	B-26	Per bank betaald voor loon april	€ 6.000

Naast de op de balans genoemde rekeningen komen in het grootboek nog voor:
Debiteuren
Opbrengst verkopen
Inkoopprijs verkopen
Loonkosten
Diverse bedrijfskosten

Gevraagd

a Stel uit voorgaande gegevens het grootboek samen voor Wim Voetsius over april 2017.

b Maak uit het grootboek over april 2017 de proef- en saldibalans per 30 april 2017.

c Kunnen we zeggen dat er geen fout is gemaakt als we zien dat de debettelling en de credittelling van de saldibalans aan elkaar gelijk zijn? Motiveer het antwoord.

4.05 (§ 4.2) Handelsonderneming Vernimmen in Schiedam beschikt per 31 januari 2017 over de volgende proef- en saldibalans:

	Proefbalans				**Saldibalans**			
Rekening	Debet		Credit		Debet		Credit	
Voorraad goederen	€	26.000	€	11.000	€	15.000		
Bank	-	13.000	-	4.000	-	9.000		
Kas	-	2.400	-	1.900	-	500		
Eigen vermogen			-	19.800			€	19.800
Crediteuren	-	3.000	-	13.000			-	10.000
Opbrengst verkopen			-	15.200			-	15.200
Inkoopprijs verkopen	-	11.000			-	11.000		
Diverse bedrijfskosten	-	700			-	700		
Debiteuren	-	19.600	-	12.000	-	7.600		
Loonkosten	-	1.200			-	1.200		
	€	76.900	€	76.900	€	45.000	€	45.000

Gevraagd

a Stel de winst- en verliesrekening over januari 2017 en de balans per 31 januari 2017 samen.

b Bereken het Eigen vermogen per 31 januari 2017 op twee manieren.

4.06 (§ 4.2) Marc Heijnen heeft per 31 december 2017 uit zijn grootboek de volgende proefbalans opgemaakt.

Nr.	**Rekening**	**Debet**		**Credit**	
1	Gebouw	€	64.000		
2	Inventaris	-	14.200	€	1.400
3	Voorraad goederen	-	116.800	-	89.000
4	ING Bank	-	139.400	-	114.800
5	Kas	-	5.200	-	3.400
6	Debiteuren	-	84.200	-	64.800
7	Eigen vermogen			-	120.000
8	Crediteuren	-	67.400	-	95.800
9	Opbrengst verkopen			-	131.400
10	Inkoopprijs verkopen	-	89.000		
11	Loonkosten	-	28.600		
12	Huurkosten magazijn	-	6.200		
13	Overige kosten	-	5.600		
		€	620.600	€	620.600

Gevraagd

a Stel de kolommenbalans per 31 december 2017 samen.

b Bereken het Eigen vermogen per 31 december 2017 op twee manieren.

4

4.07 (§ 4.3) In het grootboek van Eva van der Meulen, Naarden, komen onder andere de volgende rekeningen voor, met de daarbij vermelde tellingen per 31 maart 2017.

Gebouw

Telling	€	192.000			

Voorraad goederen

Telling	€	124.800	Telling	€	86.400

Debiteuren

Telling	€	42.600	Telling	€	24.300

Crediteuren

Telling	€	26.400	Telling	€	52.000

Opbrengst verkopen

			Telling	€	108.000

Inkoopprijs verkopen

Telling	€	86.400			

Overige bedrijfskosten

Telling	€	4.600	Telling	€	200

4

Gevraagd

a Sluit voorgaande grootboekrekeningen af per 31 maart 2017 en heropen ze – zo nodig – per 1 april 2017.

b Verklaar het bedrag op de creditkant van de grootboekrekening *Overige bedrijfskosten*.

4.08 (§ 4.3) Linda Martin stelde voor haar Lp-shop Linda Elpee in Bentveld de volgende saldibalans per 31 januari 2017 samen.

Nr.	Rekening	Debet	Credit
1	Gebouw	€ 290.000	
2	Magazijninventaris	- 8.200	
3	Winkelinventaris	- 24.400	
4	Voorraad lp"s	- 36.500	
5	Debiteuren	- 13.300	
6	Kas	- 6.600	
7	Eigen vermogen		€ 210.000
8	4% Hypothecaire lening		- 150.000
9	Crediteuren		- 15.700
10	Opbrengst verkochte lp's		- 257.200
11	Inkoopprijs verkochte lp's	- 192.900	
12	Huur loods	- 5.600	
13	Loonkosten	- 40.000	
14	Overige kosten	- 15.400	
		€ 632.900	€ 632.900

Gevraagd

a Stel de winst- en verliesrekening over januari 2017 en de balans per 31 januari 2017 samen.

b Bereken het Eigen vermogen per 31 januari 2017 op twee manieren.

c Geef de afsluiting per 31 januari 2017 en – zo nodig – de heropening per 1 februari 2017 van de volgende grootboekrekeningen:

Magazijninventaris
Eigen vermogen
4% Hypothecaire lening
Opbrengst verkochte lp's
Inkoopprijs verkochte lp's
Huur loods

4.09 (§ 4.3) Ineke Peters heeft een damesmodezaak in Breda. Aan het einde van juni 2017 ziet haar grootboek er als volgt uit.

Voorraad goederen

30/6	Telling	€ 206.500	30/6	Telling	€ 160.000

Brabantbank

30/6	Telling	€ 75.800	30/6	Telling	€ 21.300

Debiteuren

30/6	Telling	€ 153.000	30/6	Telling	€ 138.500

Kas

30/6	Telling	€ 69.500	30/6	Telling	€ 68.000

Eigen vermogen

			30/6	Telling	€ 98.000

Crediteuren

30/6	Telling	€ 53.000	30/6	Telling	€ 65.000

Opbrengst verkopen

			30/6	Telling	€ 195.000

Inkoopprijs verkopen

30/6	Telling	€ 160.000			

Bedrijfskosten

30/6	Telling	€ 28.000			

Gevraagd

a Stel de kolommenbalans per 30 juni 2017 samen.
b Bereken het Eigen vermogen per 30 juni 2017 op twee manieren.
c Sluit de grootboekrekeningen af per 30 juni 2017 en heropen ze – zo nodig – per 1 juli 2017.

4

4.10 (§ 4.4) Humphrey Hunkar heeft voor zijn groothandel in exotische producten in Alkmaar de volgende proefbalans per 30 juni 2017 opgesteld.

Nr.	Rekening	Debet		Credit	
1	Kas	€	41.100	€	36.900
2	Voorraad goederen	-	137.900	-	124.000
3	Inkoopprijs verkopen	-	124.000		
4	Opbrengst verkopen			-	155.000
5	Debiteuren	-	142.100	-	132.400
6	Inventaris	-	7.300	-	900
7	Gebouw	-	232.000		
8	Crediteuren	-	103.700	-	117.900
9	ING Bank	-	126.200	-	117.400
10	Lonen	-	14.300		
11	Diverse kosten	-	5.900		
12	Eigen vermogen			-	250.000
		€	934.500	€	934.500

Gevraagd

a Stel de kolommenbalans per 30 juni 2017 samen

b Sluit de rekening Eigen vermogen af per 30 juni 2017.

c Bereken de brutowinst op verkopen over juni 2017.

d Bereken de brutowinstmarge in procenten van de omzet over juni 2017.

Voor de vaststelling van de verkoopprijzen van zijn producten legt Humphrey een vast percentage bovenop de inkoopprijzen.

e Bereken dit percentage.

4.11 (§ 4.4) In het grootboek van Andries Dekkers, Arnhem, komen onder andere de volgende rekeningen voor, met de daarbij vermelde tellingen per 31 augustus 2017.

Debiteuren

Telling	€	48.600	Telling	€	35.100

Crediteuren

Telling	€	39.500	Telling	€	87.400

Inkoopwaarde omzet

Telling	€	56.200			

Omzet

			Telling	€	84.300

Huurkosten

Telling	€	16.000			

Loonkosten

Telling	€	21.800			

Overige bedrijfskosten

Telling	€	15.400			

Eigen vermogen

			Telling	€	180.000

Gevraagd

a Stel de winst- en verliesrekening over augustus 2017 samen in de scontrovorm.

NB Onder de hiervoor gegeven rekeningen zijn alle hulprekeningen van het Eigen vermogen opgenomen.

b Bepaal het Eigen vermogen op 31 augustus 2017.

c Sluit voorgaande grootboekrekeningen af per 31 augustus 2017 en heropen ze – zo nodig – per 1 september 2017.

d Stel opnieuw de winst- en verliesrekening over augustus 2017 samen, maar nu in de *verticale* vorm.

4.12 (§ 4.5) Op de balans per 31 december 2016 van de handelsonderneming van Thijs van Zwienen in Waddinxveen komen onder andere de volgende posten voor.

Gedeelteijke balans per 31 december 2016

Voorraad goederen	€ 82.000	Crediteuren	€ 32.000
Debiteuren	- 21.000		
Rabobank	- 45.000		
Kas	- 7.000		

4

In januari 2017 verzamelde Thijs uitsluitend de volgende financiële feiten.

• Ingekocht op rekening	€ 44.000
• Verkocht op rekening	€ 75.000
de inkoopprijs van deze verkopen was	- 50.000
• Per Rabobank betaald:	
aan leveranciers	€ 39.000
voor bedrijfskosten	- 12.000
• Per Rabobank ontvangen:	
van afnemers	€ 16.000
• Per kas betaald:	
aan leveranciers	€ 4.000
voor bedrijfskosten	- 1.000
• Per kas ontvangen:	
van afnemers	€ 2.000

Door middel van inventarisatie zijn op 31 januari 2017 de volgende bedragen vastgesteld:

• Voorraad goederen		€ 76.600
• Debiteuren		€ 78.000
• Rabobank	Debet	€ 10.000
• Kas		€ 3.800
• Crediteuren		€ 33.000

Gevraagd

a Werk over januari 2017 de volgende grootboekrekeningen bij:
Voorraad goederen
Debiteuren
Rabobank
Kas
Crediteuren
Vermeld ook op elke rekening het saldo (debet of credit) per 31 januari 2017.

b Controleer per 31 januari 2017 de aansluiting tussen de saldi van de bij **a** genoemde grootboekrekeningen en de via inventarisatie verkregen bedragen.

4.13 (§ 4.5) Handelsonderneming Emans in Goes, die handelt in gereedschap en ijzerwaren, beschikt per 31 maart 2017 over de volgende saldibalans.

Nr.	Rekening	Debet	Credit
1	Gebouw	€ 180.000	
2	Magazijninventaris	- 16.400	
3	Winkelinventaris	- 28.800	
4	Voorraad gereedschap	- 49.000	
5	Voorraad ijzerwaren	- 24.000	
6	Debiteuren	- 26.600	
7	Kas	- 1.200	
8	Bank	- 12.000	
9	Eigen vermogen		€ 222.000
10	3,4% Hypothecaire lening		- 80.000
11	Crediteuren		- 31.400
12	Inkoopwaarde omzet gereedschap	- 249.200	
13	Inkoopwaarde omzet ijzerwaren	- 222.000	
14	Omzet gereedschap		- 333.800
15	Omzet ijzerwaren		- 264.000
16	Huurkosten magazijn	- 11.200	
17	Loonkosten	- 80.000	
18	Overige bedrijfskosten	- 30.800	
		€ 931.200	€ 931.200

Gevraagd

a Stel de winst- en verliesrekening over maart 2017 en de balans per 31 maart 2017 samen.

b Bereken de brutowinst en de brutowinstmarge (in hele procenten van de omzet) in maart 2017 voor:
1 de artikelgroep gereedschap.
2 de artikelgroep ijzerwaren.

c Bereken het Eigen vermogen per 31 maart 2017 op twee manieren.

d Voor welke vormen van controle kunnen we de cijfers uit de boekhouding gebruiken?
Welke vorm van controle kwam bij vraag **c** aan de orde?

Nadat de saldibalans is opgesteld kunnen de saldi van diverse posten worden gecontroleerd.

Gevraagd

e Noem enkele van dergelijke posten en geef aan hoe de controle verloopt.
f Wat verstaan we onder controletechnische functiescheiding?
Met welk doel wordt deze uitgevoerd?
g Verklaar waarom de effectiviteit van de controle afneemt naarmate in sterkere mate functievermenging optreedt.
h Hoe wordt de controletechnische functiescheiding in een geautomatiseerde omgeving gerealiseerd?

5 De rangschikking van de rekeningen in het grootboek

5.01 (§ 5.1)

a Wat verstaan we in de boekhouding onder een rekeningstelsel?
b Waarom bestaat er geen uniform rekeningenstelsel, dat elke onderneming kan toepassen?
c Noem enkele eisen waaraan een rekeningenstelsel bij een handelsonderneming moet voldoen.
d Wat geven de drie cijfers van een rekeningnummer weer?
e In welke rubriek (van het rekeningenstelsel, opgenomen in paragraaf 5.1 van het tekstboek) vinden we de rekeningen voor de vaststelling van de brutowinst op verkopen?
f Noem enkele punten die de mate van gedetailleerdheid van het grootboekrekeningenstelsel bepalen.

5.02 (§ 5.1)

Hierna zijn enkele verzamelingen van gelijksoortige rekeningen opgenomen.

Gevraagd
Plaats achter elke verzameling het rubrieknummer en vermeld of de betrokken verzameling balansrekeningen (B) of hulprekeningen van het Eigen vermogen (HEV) bevat.

Verzameling gelijksoortige rekeningen	Rubrieknummer	B of HEV
Vreemd vermogen op korte termijn		
Voorraad handelsgoederen		
Vaste kapitaalgoederen		
Kosten		
Vlottende activa (exclusief voorraden)		
Schulden op lange termijn		
Incidentele resultaten		
Brutowinst op verkopen		
Eigen vermogen		

5.03 (§ 5.2)

Henk Tuijtelaars in Middelburg heeft per 1 januari 2017 de volgende inventaris samengesteld.

Bezittingen			
Bedrijfsgebouw	€	750.000	
Bedrijfsinventaris	-	390.000	
Voorraad goederen	-	150.000	
Debiteuren	-	90.000	
ING Bank	-	45.000	
Kasgeld	-	15.000	
			€ 1.440.000

5

Schulden				
Crediteuren	€	102.000		
Triodos Bank	-	50.000		
Lening Tuijtelaars Sr.	-	25.000		
Hypothecaire lening	-	323.000		
			-	500.000
Eigen vermogen			€	940.000

Gevraagd
Stel de balans per 1 januari 2017 samen.
Voorzie elke grootboekrekening van het juiste rubrieknummer.
NB Gebruik hierbij het laatste balansmodel uit paragraaf 5.1 en het rekeningenstelsel uit paragraaf 5.2 van het tekstboek.

5.04* (§ 5.2) In de handelsonderneming van Jessica Broekhuys in Wageningen is de saldibalans per 31 juli 2017 als volgt.

Rekening	**Debet**		**Credit**	
Gebouwen	€	550.000		
Inventaris	-	138.000		
Eigen vermogen			€	371.000
3,5% Hypothecaire lening o/g			-	370.000
Kas	-	13.100		
Rabobank			-	7.800
ING Bank	-	20.840		
Debiteuren	-	18.310		
Crediteuren			-	38.200
Loonkosten	-	23.600		
Verkoopkosten	-	12.750		
Interestkosten	-	32.000		
Algemene kosten	-	12.200		
Voorraad schoenen	-	59.000		
Inkoopprijs verkopen	-	496.200		
Opbrengst verkopen			-	589.000
	€	1.376.000	€	1.376.000

Gevraagd

a Stel voor Jessica Broekhuys de kolommenbalans per 31 juli 2017 samen.
NB Vermeld in de uitwerking bij elke grootboekrekening het nummer van het rekeningenstelsel uit paragraaf 5.2 van het tekstboek.

b Stel volgens de modellen uit paragraaf 5.1 van het tekstboek samen:
1 de balans per 31 juli 2017
2 de winst- en verliesrekening over juli 2017.

6 Journaliseren

In het vervolg moeten bij het uitwerken van een opgave meestal grootboekrekeningen worden vermeld. Wanneer in dat geval in een opgave de rekeningnamen en -nummers niet worden genoemd, moeten deze worden ontleend aan het rekeningenstelsel in paragraaf 5.2 van het tekstboek. Naast de naam van een grootboekrekening moet voortaan ook steeds het nummer in de uitwerking worden vermeld.

6.01 (§ 6.1) In het grootboek van Richard Verhagen, eigenaar van een tuincentrum in Apeldoorn, komen onder andere de volgende grootboekrekeningen voor:

130 Debiteuren
140 Crediteuren
700 Voorraad goederen
800 Inkoopprijs verkopen
840 Opbrengst verkopen

Richard Verhagen beschikt over de volgende twee boekingsstukken.

I-2017023	Gekocht op rekening en ontvangen van Chiel van Beek in		
	Beekbergen een partij bloembollen	€	1.800
V-2017040	Verkocht op rekening en afgeleverd aan Emmy Bots in		
	Loenen de zojuist bedoelde partij bloembollen	€	2.300

Gevraagd
Geef de journaalposten die Richard Verhagen aan de hand van de twee boekingsstukken maakt.

6.02 (§ 6.1) Over mei 2017 moeten de volgende boekingsstukken worden verwerkt in de boekhouding van Steven van Duyn in Bavel.

4/5	B-42	Betaald per ING aan leverancier K. Eckhart	€	6.300
6/5	V-170514	Verkocht op rekening en afgeleverd aan K. Veldhoen		
		diverse goederen	€	12.400
		De inkoopprijs van de goederen is	-	8.800
10/5	B-43	Betaald per ING huur mei	€	1.200
11/5	K-170531	Gekocht en per kas betaald vloerbedekking showroom	€	3.400
14/5	I- 170523	Gekocht op rekening en ontvangen van Telkamp bv		
		diverse goederen	€	24.700
17/5	B-44	Ontvangen per ING van afnemer R. de Roo	€	7.200
19/5	K-170532	Verkocht per kas en afgeleverd diverse goederen	€	8.700
		De inkoopprijs van de goederen is	-	5.900
23/5	K-170533	Betaald per kas overige bedrijfskosten mei	€	800
29/5	B-45	Betaald per ING lonen mei	€	5.200

Gevraagd
Journaliseer voorgaande financiële feiten.

6.03 **(§ 6.1)** Marva Janssens in Middelburg heeft een winkel in badkleding.
De voorraadlijst per 1 maart 2017 bevat onder meer:

160 badjassen à € 55 =	€	8.800
500 badlakens à € 20 =	€	10.000

In maart 2017 vinden de volgende transacties plaats:

1	*Inkoopfactuur I-17319*		
	Gekocht en ontvangen van Badmode bv in Amsterdam		
	400 badjassen à € 55 =	€	22.000
2	*Kasstuk K-17331*		
	Verkocht per kas en afgeleverd		
	100 badjassen à € 80 =	€	8.000
	140 badlakens à € 35 =	-	4.900
		€	12.900
3	*Kopieverkoopfactuur V-17326*		
	Verkocht op rekening en afgeleverd aan Ed van Gestel in Zierikzee		
	60 badlakens à € 35 =	€	2.100
4	*Bankafschrift B-12*		
	Betaald per bank aan Badmode bv in Amsterdam	€	13.400
5	*Bankafschrift B-13*		
	Ontvangen per bank van Ed van Gestel in Zierikzee	€	6.700

In het grootboek komen onder andere voor de rekeningen:
700 Voorraad badjassen
710 Voorraad badlakens
800 Inkoopprijs verkochte badjassen
810 Inkoopprijs verkochte badlakens
840 Opbrengst verkochte badjassen
850 Opbrengst verkochte badlakens

Gevraagd

a Journaliseer voorgaande gegevens.

b Stel de hiervoor genoemde grootboekrekeningen over maart 2017 samen, sluit ze af per 31 maart 2017 en heropen ze – zo nodig – per 1 april 2017.

6.04 **(§ 6.2)** Belle van der Hoogh in Zevenaar heeft de volgende balans opgesteld.

Balans per 1 september 2017

002 Bedrijfsinventaris	€	89.000	040 Eigen vermogen	€	188.000
700 Voorraad goederen	-	132.000	140 Crediteuren	-	72.000
110 Bank	-	31.000			
100 Kas	-	8.000			
	€	260.000		€	260.000

Voorraadlijst per 1 september 2017		
200 stuks Multinorm à € 460 =	€	92.000
100 stuks Space Cube à € 400 =	-	40.000
	€	132.000

In september 2017 komen de volgende financiële feiten voor.

2/9	I-170961	Gekocht op rekening en ontvangen van Herijgers bv		
		in Nijmegen		
		80 stuks Space Cube à € 400 =	€	32.000
7/9	K-170930	Verkocht per kas en afgeleverd		
		50 stuks Multinorm à € 700 =	€	35.000
9/9	B-53	Betaald aan leverancier Cellumica bv in Doesburg		
		door overmaking per bank	€	14.400
14/9	ID-170906*	Gekocht bij de firma Rodelco in Amsterdam twee		
		personal computers, te betalen 15 oktober	€	13.300
16/9	B-54	Betaald per bank huur bedrijfspand september	€	4.200
25/9	B-55	Betaald per bank lonen september	€	9.400
27/9	V-170976	Verkocht op rekening en afgeleverd aan Jos Doeland		
		in Velp		
		75 stuks Space Cube à € 600 =	€	45.000
28/9	K-170931	Betaald per kas overige bedrijfskosten september	€	6.600
30/9	B-56	Ontvangen per bank te veel betaalde huur		
		bedrijfspand september	€	200

* De letters ID staan voor Inkoopfactuur Duurzaam productiemiddel.

Gevraagd
Stel het journaal samen voor september 2017.

6.05 (§ 6.2) In deze opgave maken we gebruik van de gegevens in opgave **4.04**.

Gevraagd
Stel het journaal voor Wim Voetsius in Hoorn samen voor april 2017.
NB Maak onder andere gebruik van de rekening *490 Diverse bedrijfskosten*.

6.06* (§ 6.2) De balans per 1 maart 2017 van Car Centre in Uden vertoont het volgende beeld.

Balans per 1 maart 2017

Gebouw	€	385.000	Eigen vermogen	€	300.000
Inventaris	-	65.000	3% Hypothecaire lening	-	200.000
Citroën C3 (3 stuks)	-	51.000	Crediteuren	-	30.000
Debiteuren	-	12.000			
Bank	-	10.000			
Kas	-	7.000			
	€	530.000		€	530.000

Feiten met betrekking tot de maand maart 2017.

1/3	I-17316	Gekocht bij Citroën nv, Amsterdam		
		3 Citroën C5	à € 22.000 =	€ 66.000
		2 Citroën C5 diesel	à € 29.000 =	- 58.000
2/3	K-17342	Betaald per kas voor advertentie		€ 280
3/3	K-17343	Verkocht per kas aan Jack Zwaans, Uden		
		1 Citroën C5 diesel	à € 33.000 =	€ 33.000
4/3	K-17344	Verkocht per kas aan Emmy Zeilmans, Veghel		
		1 Citroën C3	à € 19.000 =	€ 19.000
7/3	K-17345	Betaald per kas aan Citroën nv, Amsterdam		€ 40.000
9/3	K-17346	Verkocht aan Canninga bv, Eindhoven		
		2 Citroën C3	à € 19.000 =	€ 38.000
		1 Citroën C5	à € 25.000 =	- 25.000
		Overgenomen ter gedeeltelijke betaling		
		2 tweedehands Opel	à € 6.000 =	€ 12.000
		De afrekening vond plaats per kas.		
10/3	K-17347/	Gestort uit de kas bij de Rabobank		€ 35.000
	B-15			
11/3	K-17348	Betaald per kas voor petroleum voor verwarming		€ 570
14/3	K-17349	Ontvangen per kas van Maria Koolen, Uden		€ 3.250
15/3	K-17350	Betaald per kas voor reclamemateriaal		€ 300
16/3	V-17328	Verkocht aan Karina Vermeer, Berlicum		
		1 Citroën C5	à € 25.000 =	€ 25.000
		Overgenomen ter gedeeltelijke betaling		
		1 Renault Mégane	à € 3.500 =	- 3.500
		De afrekening zal plaatsvinden in april a.s.		
17/3	K-17351	Betaald per kas voor reparatie garagevloer		€ 450
18/3	K-17352	Verkocht per kas aan Pieter Wolfs, Volkel		
		1 tweedehands Opel	à € 7.000 =	€ 7.000
21/3	B-16	Betaald via de Rabobank aan Citroën nv,		
		Amsterdam		€ 20.000
22/3	I-17317	Gekocht bij Citroën nv, Amsterdam		
		2 Citroën C3	à € 17.000 =	€ 34.000
		2 Citroën C5	à € 22.000 =	- 44.000
		1 Citroën C5 diesel	à € 29.000 =	- 29.000
24/3	V-17329	Verkocht aan Mia Linhors, Vorstenbosch		
		1 Renault Mégane	à € 3.000 =	€ 3.000
		Mia Linhors zal in elk van de maanden		
		april, mei en juni € 1.000 per kas betalen.		
25/3	K-17353	Betaald per kas voor lonen		€ 3.400
28/3	B-17	Ontvangen op onze rekening bij de Rabobank		
		van Henk Nijnsel, Odiliapeel		€ 4.000
30/3	B-18	Betaald via de Rabobank aan Citroën nv,		
		Amsterdam		€ 25.000
31/3	K-17354/	Verkocht aan de firma Goedbloed, Mill		
	V-17330	2 Citroën C5	à € 25.000 =	€ 50.000
		Ontvangen per kas ter gedeeltelijke betaling		- 30.000
		Het restant zal in april a.s. op onze rekening		
		bij de Rabobank worden overgeschreven.		

6

Alle ingekochte auto's werden onmiddellijk ontvangen, alle verkochte auto's werden onmiddellijk afgeleverd.

In het grootboek van Car Centre komen met betrekking tot de auto's de volgende rekeningen voor:
700 Citroën C3
701 Citroën C5
702 Citroën C5 diesel
710 Tweedehands auto's
800 Inkoopprijs verkopen nieuwe auto's
805 Inkoopprijs verkopen tweedehands auto's
840 Opbrengst verkopen nieuwe auto's
845 Opbrengst verkopen tweedehands auto's

Gevraagd
Stel uit voorgaande gegevens het journaal over maart 2017 samen.

7 Belastingen

7.01 (§ 7.1) **a** Tot welke van de drie in het tekstboek genoemde belastinggroepen hoort
1 inkomstenbelasting
2 omzetbelasting
3 onroerendezaakbelasting woonhuis
4 motorrijtuigenbelasting bedrijfsauto
5 loonbelasting, ingehouden bij het personeel
6 waterschapslasten winkelpand?

b In welke rubriek vinden we de grootboekrekening
1 Belastingkosten
2 Af te dragen loonheffingen?

7.02* (§ 7.2) Bas Oosterwaal, groothandelaar in cross-bikes in Middelburg, verzamelde over juni 2017 de volgende financiële feiten.

10/6	I-17614	Gekocht op rekening van Risky Biking bv in Goes		
		50 cross-bikes à € 300 =	€	15.000
		21% OB	-	3.150
		Totaalbedrag van de factuur	€	18.150
		De bikes zijn in het magazijn ontvangen.		
14/6	V-17666	Verkocht op rekening aan Pieter Leenaerts in Vlissingen		
		30 cross-bikes à € 400 =	€	12.000
		21% OB	-	2.520
		Totaalbedrag van de factuur	€	14.520
		De expeditie heeft de bikes afgeleverd.		
		De inkoopprijs van deze bikes was € 300 per stuk.		
19/6	B-44	Afrekening ontvangen van de ING:		
		Af: Nota Waterleidingbedrijf Zeeland	€	424
		Het notabedrag is inclusief 6% OB (= € 24).		
21/6	ID-1762	Gekocht op rekening van Corporate Styling bv in Delft		
		Kantoormeubilair	€	5.600
		21% OB	-	1.176
		Totaalbedrag van de factuur	€	6.776
		Het meubilair is ontvangen.		

29/6	IB-1764	Aangifte omzetbelasting over het tweede		
		kwartaal van 2017 ingetoetst op de website van		
		de Belastingdienst met de volgende gegevens:		
		Te betalen wegens gerealiseerde omzet	€	48.000
		Te vorderen wegens betaalde OB	-	40.000
		Af te dragen OB tweede kwartaal	€	8.000
30/6	B-45	Afrekening ontvangen van de ING:		
		Af: Belastingdienst inzake OB	€	8.000
		Bij: P. Leenaerts, Vlissingen	-	14.520

Het grootboek van Bas Oosterwaal bevat onder andere de volgende rekeningen:

002 Inventaris
120 ING Bank
130 Debiteuren
140 Crediteuren
180 Te vorderen OB
181 Te betalen OB
182 Af te dragen OB
442 Kosten gas, water en elektra
700 Voorraad goederen
800 Inkoopprijs verkopen
840 Opbrengst verkopen

7

Gevraagd
Geef de journaalposten van de genoemde financiële feiten.

7.03 (§ 7.2) In februari 2017 heeft Elise van Beers, hostess/verkoopster van damescosmetica in Zwolle, de volgende boekingsstukken verzameld.

3/2	I-17008	Ingekocht en ontvangen van Cosmetics bv in Dronten		
		35 potjes Fleur-des-fleurs à € 40 =	€	1.400
		21% OB	-	294
			€	1.694
5/2	K-17015	Verkocht tijdens de cosmetica-party bij Alice Visser in Kampen		
		12 potjes Fleur-des-fleurs à € 90,75 =	€	1.089
		Lipsticks voor totaal	-	193,60
		Per kas ontvangen	€	1.282,60
		Het ontvangen bedrag is inclusief 21% omzetbelasting.		
		De inkoopprijs van de cosmetica-artikelen bedroeg	€	580
		De artikelen zijn meteen aan de gasten van Alice		
		Visser meegegeven.		

10/2	ID-17002	Van Euro Kantoormeubelen in Zwolle een magazijnrek		
		ontvangen met bijbehorende factuur		
		Aan u geleverd magazijnrek	€	800
		21% OB	-	168
		Totaal factuurbedrag	€	968
15/2	K-17016/	Verkocht tijdens de cosmetica-party bij Carola		
	V-17003	Dubois in Biddinghuizen:		
		8 potjes Fleur-des-fleurs à € 90,75 =	€	726
		Lipsticks voor totaal	-	48,40
		Totaal	€	774,40
		Het bedrag van € 774,40 is inclusief 21% omzetbelasting.		
		De inkoopprijs van de cosmetica-artikelen bedroeg	€	350
		De artikelen zijn meteen aan de gasten van Carola		
		Dubois meegegeven.		
		Eén van de kopende gasten van Carola Dubois had geen		
		geld bij zich; zij zal € 96,80 overmaken op de bankrekening		
		van Elise van Beers.		
		De overige gasten hebben contant voldaan.		
		(NB Maak hiervan één journaalpost.)		
23/2	KO-17006	Benzinerekening (inclusief 21% OB) ontvangen van		
		autobedrijf Strijker in Dronten	€	484
		De benzine is geleverd in verband met ritten voor		
		hostess-activiteiten.		
28/2	KO-17007	Ontvangen nota voor het vakblad *Cosmic*	€	106
		Dit bedrag is inclusief 6% OB.		

Gevraagd
Geef de journaalposten voor Elise van Beers.

7.04 (§ 7.2) Hierna volgen de financiële feiten voor Alexandra Jager, winkelier in kantoorartikelen in Winterswijk, over september 2017.

13/9	I-179077	Op rekening gekocht bij Valdoor bv in Almelo		
		35 bureaurekenmachines à € 20 =	€	700
		21% OB	-	147
		Factuurbedrag	€	847
		De rekenmachines zijn ontvangen.		
18/9	V-179090	Op rekening verkocht aan Grünbau GmbH in Bocholt (Duitsland)		
		2 rekenmachines met maxitoetsen	€	220
		Aangezien het een intracommunautaire levering betreft aan		
		een afnemer in Duitsland, waar btw wordt geheven, geldt in		
		Nederland het 0%-tarief.		
		De inkoopprijs van de rekenmachines was	€	175

29/9	K-179088	Contante verkopen in september 2017		
		volgens kassa	€	19.360
		Dit bedrag is inclusief 21% OB.		
		De inkoopprijs van de verkopen was	€	11.500
30/9	IB-179009	De aangifte omzetbelasting bevat als gegevens:		
		• Omzet over 3e kwartaal	€	60.000
		Dit bedrag is exclusief omzetbelasting (hoog tarief).		
		• Te betalen OB over omzet 3e kwartaal	€	12.600
		• Te vorderen OB	€	8.600

Gevraagd

a Maak de journaalposten naar aanleiding van voorgaande financiële feiten.
NB In het grootboek komt onder andere voor rekening *182 Af te dragen OB.*

b Wat is de betekenis van het saldo op grootboekrekening *182*?

7.05 (§ 7.2) Mariëlle Verboord is fysiotherapeute in Groningen. Zij verzendt op 15 augustus 2017 factuur V-1787 aan haar patiënt Gerard Dekkers met de volgende gegevens:

12 behandelingen fysiotherapie à € 34 =	€	408
Deze behandelingen zijn vrijgesteld van omzetbelasting.		

7

Op 18 augustus 2017 ontvangt Mariëlle factuur 92553 van MedicalUnits bv in Utrecht met de volgende gegevens:

Geleverde behandeltafel voor uw fysiotherapiepraktijk	€	2.600
21% omzetbelasting	-	546
Factuurbedrag	€	3.146

Mariëlle Verboord maakt onder andere gebruik van de grootboekrekeningen *008 Inventaris* en *840 Opbrengst fysiotherapiebehandelingen.*

Gevraagd

Geef de journaalposten die Mariëlle maakt van:

1 de verzonden factuur op 15 augustus 2017.
2 de ontvangen factuur op 18 augustus 2017.

7.06 (§7.2) De boekhouder van winkelier Theo van Dost verzamelde over juli 2017 de volgende gegevens (alle bedragen zijn inclusief 21% omzetbelasting):

1	Contante omzet	€	96.800
2	Omzet op rekening	-	4.840
3	Per bank ontvangen van afnemers	-	2.420
4	Inkopen op rekening	-	54.450

De inkoopprijs van de verkopen bedraagt 40% van de verkoopprijs exclusief omzetbelasting.

Theo past voor de omzetbelasting het kasstelsel toe. Facturen voor verkopen op rekening boekt Theo pas na ontvangst van de betrokken bedragen.

Gevraagd
Geef de journaalposten van voorgaande gegevens.

7.07 (§ 7.2) Willem van de Venne kweekt bloembollen en handelt in materialen. De bloembollen vallen onder het lage btw-tarief en de materialen vallen onder het hoge btw-tarief. Hij verkoopt zowel aan de groothandels in Nederland als aan importeurs binnen en buiten de EU. Voor de aangifte omzetbelasting over maart 2017 heeft hij onder andere de volgende gegevens uit zijn administratie verzameld.

Nr.	Rekening	Debet	Credit
180	Te vorderen OB 6%	€ 1.381,62	
181	Te vorderen OB 21%	- 3.600,44	
182	Te betalen OB 6%		€ 630,21
183	Te betalen OB 21%		- 1.328,19
185	Af te dragen omzetbelasting		
850	Omzet bloembollen binnenland		- 10.212,80
851	Omzet bloembollen overige EU-landen		- 18.383,50
852	Omzet bloembollen niet-EU-landen		- 48.560,20
860	Omzet materialen binnenland		- 6.324,70
861	Omzet materialen overige EU-landen		- 11.756,56
862	Omzet materialen niet-EU-landen		- 23.435,12
981	Betalingsverschillen	- 6,30	

Gevraagd

a Bereken op basis van de betrokken grootboekrekeningen het bedrag van de te betalen omzetbelasting 6%. De rekeningen in rubriek 1 mogen niet worden gebruikt.

b Verklaar waarom dit bedrag afwijkt van het bedrag op grootboekrekening *182 Te betalen OB 6%*.

c Stel de berekening van de omzetbelasting over maart 2017 op volgens het model van de aangifte in figuur 7.2 in paragraaf 7.2 van het tekstboek.
NB Rond alle in te vullen bedragen in hele euro's af in het voordeel van Willem.

d Journaliseer de overboeking naar rekening *185 Af te dragen omzetbelasting*. Boek hierbij de verschillen tussen de bedragen die op de grootboekrekeningen in rubriek 1 staan en de bedragen op de aangifte omzetbelasting over naar de grootboekrekening *981 Betalingsverschillen*.

7

8 Dagboeken

8.01 (§ 8.2) Bij handelsonderneming Luxus bv in Den Helder zijn over april 2017 de volgende feiten verzameld.

1/4		Saldo in kas	€	3.270
		Verschuldigd aan de bank	-	13.710
4/4	K-17018	Per kas betaald aan autobedrijf Zwaans		
		reparatie bestelauto	€	800
		21% OB	-	168
			€	968
5/4	B-17028	Per bank ontvangen van afnemer		
		Ben van Zwetting	€	7.820
6/4	V-17089	Verkocht op rekening en afgeleverd		
		aan Felix Beisiegel		
		diverse goederen	€	12.000
		21% OB	-	2.520
			€	14.520
		De inkoopprijs van deze goederen is	€	9.600
7/4	I-17037	Gekocht op rekening en ontvangen		
		van Linhors bv		
		diverse goederen	€	25.000
		21% OB	-	5.250
			€	30.250
12/4	B-17029	Per bank ontvangen van afnemer		
		Eric Werner	€	16.520
13/4	K-17019	Per kas betaald diverse bedrijfskosten	€	600
		21% OB	-	126
			€	726
14/4	V-17090	Verkocht op rekening en afgeleverd		
		aan Rob van Dijk		
		diverse goederen	€	8.000
		21% OB	-	1.680
			€	9.680
		De inkoopprijs van deze goederen is	€	6.400
15/4	B-17030	Per bank betaald aan crediteur Linhors	€	8.900
18/4	B-17031	Bij de Centrale Spaardienstbank een lening		
		afgesloten voor een bedrag van	€	20.000
		Het bedrag is op de bankrekening		
		van Luxus bv bijgeschreven.		

19/4	B-17032	Per bank betaald over het eerste kwartaal:		
		motorrijtuigenbelasting bedrijfsauto	€	470
20/4	V-17091	Verkocht op rekening en afgeleverd		
		aan Arnold Coomans		
		diverse goederen	€	9.000
		21% OB	-	1.890
			€	10.890
		De inkoopprijs van deze goederen is	€	7.200
21/4	I-17038	Gekocht op rekening en ontvangen van Hyper Card bv		
		diverse goederen	€	35.000
		21% OB	-	7.350
			€	42.350
22/4	K-17020	Per kas ontvangen van afnemer		
		Francien Vervoort	€	9.400
25/4	B-17033	Per bank betaald aan Hyper Card bv	€	10.000
27/4	V-17092	Verkocht op rekening en afgeleverd aan Rob van Dijk		
		diverse goederen	€	4.600
		21% OB	-	966
			€	5.566
		De inkoopprijs van deze goederen is	€	3.600
28/4	K-17021	Per kas betaald: lonen april	€	3.280
29/4	B-17034	Per bank betaald de aflossing op de		
		4% hypothecaire lening	€	1.000

Gevraagd

a Geef de samenstelling van kasboek, bankboek, inkoopboek, verkoopboek over april 2017. Sluit de dagboeken zo nodig ook af.

b Geef de collectieve journaalposten uit de dagboeken.

8.02 (§ 8.2) Het kassaldo van groothandel Jolles in Den Haag op 1 juli 2017 is €17.180. In juli doen zich de volgende financiële feiten voor.

2/7	K-2017038	Betaald leverancier Kuypers bv, Rotterdam	€	7.100
4/7	V-2017051	Geleverd aan P. Spronk, Delft		
		diverse goederen	€	8.800
		omzetbelasting 21%	-	1.848
		Eindbedrag factuur	€	10.648
7/7	K-2017039	Contant gekocht 1 bureaustoel	€	600
		omzetbelasting 21%	-	126
		Betaald per kas	€	726

17/7	I-2017019	Ontvangen van Cristofori bv, Haarlem		
		diverse goederen	€	18.000
		omzetbelasting 21%	-	3.780
		Eindbedrag factuur	€	21.780
21/7	K-2017040	Ontvangen van afnemer R. Dirven, Leiden	€	3.600
22/7	K-2017041	Afgerekend met onze leverancier en		
		afnemer R. Slot, Gouda:		
		ontvangen factuur I-2017016	€	20.400
		verzonden factuur V-2017047	-	17.200
		Per kas betaald	€	3.200
24/7	V-2017052	Geleverd aan M. Mulder, Wassenaar		
		diverse goederen	€	6.400
		omzetbelasting 21%	-	1.344
		Eindbedrag factuur	€	7.744
26/7	K-2017042	Contant betaald diverse bedrijfskosten	€	1.400
		omzetbelasting 21%	-	294
		Betaald per kas	€	1.694
27/7	I-2017020	Ontvangen van Dexion bv, Amsterdam		
		diverse goederen	€	9.000
		omzetbelasting 21%	-	1.890
		Eindbedrag factuur	€	10.890
29/7	V-2017053	Geleverd aan L. Westdorp, Bleiswijk		
		diverse goederen	€	11.000
		omzetbelasting 21%	-	2.310
		Eindbedrag factuur	€	13.310
30/7	K-2017043	Per kas betaald huur magazijn over juli	€	1.900
31/7	K-2017044	Bij kascontrole een kastekort geconstateerd van	€	170

Gevraagd

a Stel voor groothandel Jolles het kasboek, het inkoopboek en het verkoopboek over juli 2017 samen en sluit deze boeken af.
NB Het verkoopboek bevat een kolom 'Inkoopprijs verkopen'.
De inkoopprijs is steeds 50% van de verkoopprijs (exclusief OB).

b Geef de enkelvoudige journaalposten uit deze dagboeken over juli 2017.

8

8.03 (§ 8.2) Bij een groothandel komen op de voorraadlijst goederen per 1 september 2017 voor:

400 kg goederen DD/3,5 à € 30 per kg =	€	12.000
200 kg goederen PP/2,5 à € 40 per kg =	-	8.000
	€	20.000
Het kassaldo per 1 september 2017 bedraagt	€	7.500

In de loop van september 2017 doen zich de volgende financiële feiten voor.

3/9	K-17092	Betaald per kas aan leverancier		
		MBT Tilburg bv	€	3.500
5/9	V-17074	Verkocht op rekening aan Petra Jansen		
		100 kg goederen DD/3,5 à € 50 =	€	5.000
		21% OB	-	1.050
		Factuurbedrag	€	6.050
		De goederen zijn afgeleverd.		
8/9	K-17093	Betaald per kas bedrijfskosten	€	400
		21% OB	-	84
		Totaal	€	484
12/9	I-17031	Gekocht op rekening van Kahla bv		
		100 kg goederen PP/2,5 à € 40 =	€	4.000
		21% OB	-	840
		Factuurbedrag	€	4.840
		De goederen zijn ontvangen.		
24/9	K-17094	Ontvangen per kas van afnemer Ingrid Bertens	€	1.750
27/9	V-17075	Verkocht op rekening aan Ingrid Bertens		
		50 kg goederen PP/2,5 à € 60 =	€	3.000
		21% OB	-	630
		Factuurbedrag	€	3.630
		De goederen zijn afgeleverd.		
30/9	M-17018	Bij inventarisatie van de voorraden blijkt een tekort tegen		
		inkoopprijs, excl. OB van	€	140

Gevraagd

a Geef de samenstelling en afsluiting van het kasboek, het inkoopboek, het verkoopboek en het memoriaal over september 2017.
NB Na telling van het kassaldo op 30 september 2017 blijkt dit te zijn €5.276 (Kasstuk K-17095).

b Geef de collectieve journaalposten uit de onder **a** genoemde dagboeken.

8

8.04* (§ 8.3) Voor de handelsonderneming van Dolf Rutten in Hoogeveen zijn voor de ontvangsten en uitgaven per kas, Rabobank en ING over april 2017 de volgende gegevens verzameld.

1/4	Saldo in kas			€	6.500
	Saldo schuld aan de Rabobank			-	12.700
	Saldo vordering op de ING			-	14.200
4/4	*Rekeningafschrift ING B-22*				
	Betaald huur winkelpand			€	2.100
5/4	*Rekeningafschrift Rabobank B-17*				
	Ontvangen van afnemer K. Mestrom in Meppel			€	8.400
	Rekeningafschrift ING B-23				
	Betaald nota elektriciteit	€	600		
	omzetbelasting 21%	-	126		
				€	726
7/4	*Rekeningafschrift ING B-24*				
	Betaald aan leverancier B. Damen in Norg			€	3.600
	Ontvangen van afnemer S. Keun in Gees			-	7.800
12/4	*Rekeningafschrift Rabobank B-18*				
	Afdracht omzetbelasting 1e kwartaal 2017			€	18.700
15/4	*Kasstuk K-32*				
	Winkelontvangsten 1e helft april			€	21.780
	Dit bedrag is inclusief 21% omzetbelasting.				
17/4	*Kasstuk K-33*				
	Uit de kas gestort op de rekening bij de ING			€	20.000
19/4	*Rekeningafschrift Rabobank B-19*				
	Ontvangen van afnemer J. Hoos in Zuidwolde			€	12.000
20/4	*Kasstuk K-34*				
	Ontvangen van afnemer R. Wessels in Lutten			€	2.400
	Kasstuk K-35				
	Betaald diverse kosten	€	3.400		
	omzetbelasting 21%	-	714		
				€	4.114
21/4	*Rekeningafschrift ING B-25*				
	Betaald aan leverancier De Hövel bv in Assen			€	11.760
	Bijgeschreven de storting op eigen rekening (zie 17/4)			-	20.000
24/4	*Rekeningafschrift Rabobank B-20*				
	Betaald lonen april			€	3.170
27/4	*Kasstuk K-36*				
	Winkelontvangsten 2e helft april			€	23.716
	Dit bedrag is inclusief 21% omzetbelasting.				
28/4	*Kasstuk K-37*				
	Uit de kas gestort op de rekening van de Rabobank			€	25.000
28/4	*Boekingsstuk Memoriaal M-6*				
	Er blijkt een voorraadtekort (inkoopprijs, excl. OB)			€	120

8

29/4	*Boekingsstuk Memoriaal M-7*		
	De gemiddelde brutowinst is 40% van		
	de omzet (exclusief OB).		
	Aan de hand van dit gegeven kan worden		
	vastgesteld dat de inkoopprijs van de verkopen		
	in april bedraagt	€	....
30/4	*Kasstuk K-38*		
	Na telling van de hoeveelheid kasgeld		
	blijkt deze te zijn	€	5.232

Gevraagd

a Bereken het bedrag dat vermeld moet worden op boekingsstuk Memoriaal M-7.

b Stel het kasboek, het Rabobank bankboek, het ING bankboek en het memoriaal samen over april 2017 (inclusief afsluiten).
NB Maak onder andere gebruik van de grootboekrekening *490 Diverse kosten.*

c Geef de collectieve journaalposten uit de genoemde dagboeken.

8.05 (§ 8.3) Marion Rooda in Arnhem beschikt voor juni 2017 over de volgende gegevens.

1/6		Kassaldo (munten en bankbiljetten)				€	13.200
		Saldo schuld aan de ABN AMRO				-	24.100
3/6	K-17025	Gestort in de vorm van munten en					
		bankbiljetten bij de ABN AMRO				€	10.000
4/6	K-17026	Reparatie bestelwagen	€	400			
		omzetbelasting 21%	-	84			
		Per kas voldaan				€	484
5/6	B-17014	Afnemer H. Muller, Nijmegen					
		(factuur V-17034)			C	€	2.178
		Uw storting van 3/6			C	-	10.000
8/6	B-17015	Onroerendezaakbelasting magazijn			D	€	430
		Huur magazijn			D	-	350
15/6	K-17027	De contante omzet over de eerste helft					
		van juni was (inclusief 21% OB)				€	25.410
		Dit bedrag bestond uit:					
		creditcardbetalingen (American Express)	€	1.100			
		munten en bankbiljetten	-	3.910			
		pinbetalingen	-	20.400			
19/6	B-17016	Pinbetalingen			C	€	20.400
22/6	B-17017	Garage Vosmaer, Arnhem			D	€	16.940
		(aankoop tweedehands bestelwagen,					
		inclusief 21% OB)					
		American Express			C	€	1.100
25/6	K-17028	Per kas voldaan door afnemer					
		H.Hartkamp, Wageningen				€	2.350

28/6	B-17018	Leverancier Kavé bv, Renkum				
		I-17014			€	4.700
29/6	K-17029	Opgenomen bij de ABN AMRO				
		en in de kas gestort			€	5.000
30/6	K-17030	De contante omzet over de tweede helft				
		van juni was (inclusief 21% OB)			€	29.040
		Dit bedrag bestond uit:				
		creditcardbetalingen (American Express)	€	1.600		
		munten en bankbiljetten	-	4.165		
		pinbetalingen	-	23.275		

Gevraagd

a Boek de hiervoor gegeven posten voor Marion Rooda in het kasboek en het bankboek over juni 2017. Sluit de boeken ook af.

b Geef de enkelvoudige journaalposten uit de onder **a** genoemde dagboeken.

c Bepaal het kassaldo dat volgens de boekhouding per 30 juni 2017 aanwezig moet zijn, met behulp van de grootboekrekening *100 Kas*.

d Stel de grootboekrekening *129 Kruisposten* op over 30 juni 2017.

8

9 Inkoop- en verkoopretouren en kortingen

9.01 (§ 9.1) Michel Dekker in Alkmaar begint op 1 november 2017 een groothandel in exclusieve tuindecoratie-artikelen.
In zijn grootboek neemt hij onder meer de volgende rekeningen op:
110 ING Bank
140 Crediteuren
180 Te vorderen OB
700 Voorraad goederen

In november 2017 doen zich onder andere de volgende financiële feiten voor.

12/11	I-1701	Op rekening gekocht en ontvangen van Alibert bv in Amsterdam		
		200 terracotta potten, merk Italia, à € 150 =	€	30.000
		omzetbelasting 21%	-	6.300
		Factuurbedrag inclusief omzetbelasting	€	36.300
23/11	IC-1701	Ontvangen creditnota voor aan Alibert bv in Amsterdam teruggezonden		
		8 terracotta potten, merk Italia, à € 150 =	€	1.200
		omzetbelasting 21%	-	252
		Notabedrag inclusief omzetbelasting	€	1.452
30/11	B-08	Afgerekend met Alibert bv in Amsterdam		
		eindbedrag boekingsstuk I-1701	€	36.300
		eindbedrag boekingsstuk IC-1701	-	1.452
		Betaald via de ING	€	34.848

Gevraagd
Journaliseer voorgaande financiële feiten uit het inkoopboek en het bankboek. Vermeld het dagboek bij iedere journaalpost.

9.02 (§ 9.1) Angelique Bolland heeft in Wassenaar een groothandel in cosmetica. Over september 2017 verzamelde zij de volgende financiële feiten in diverse dagboeken.

4/9	*Inkoopfactuur I-170933*		
	Gekocht op rekening en ontvangen van Sandrini bv, Amsterdam		
	120 B-CL-E crème Biodermax à € 30 =	€	3.600
	omzetbelasting 21%	-	756
	Eindbedrag factuur	€	4.356

7/9	*Inkoopcreditnota IC-170904*		
	In verband met beschadigingen aan de verpakking geretourneerd		
	aan Sandrini bv, Amsterdam		
	20 B-CL-E crème Biodermax à € 30 =	€	600
	omzetbelasting 21%	-	126
	Eindbedrag creditnota	€	726
15/9	*Inkoopfactuur I-170934*		
	Gekocht op rekening en ontvangen van Firma Magic Color bv,		
	Heemstede		
	180 Gentle Milk Bath Sanny Jill à € 40 =	€	7.200
	omzetbelasting 21%	-	1.512
	Eindbedrag factuur	€	8.712
24/9	*Afrekening ING B-56*		
	Afgerekend met Sandrini bv, Amsterdam		
	eindbedrag inkoopfactuur I-170933	€	4.356
	eindbedrag inkoopcreditnota IC-170904	-	726
	Per ING voldaan	€	3.630
29/9	*Inkoopcreditnota IC-170905*		
	Wegens beschadiging van de geleverde goederen volgens		
	inkoopfactuur I-170934 van		
	Firma Magic Color bv Heemstede, een korting ontvangen van	€	200
	omzetbelasting 21%	-	42
		€	242

Bij het verwerken van de hiervóór vermelde financiële feiten in de boekhouding van Angelique Bolland moet uitsluitend worden gebruikgemaakt van de volgende grootboekrekeningen:

110 ING Bank
140 Crediteuren
180 Te vorderen OB
700 Voorraad goederen

Gevraagd

Geef de journaalposten van de verstrekte financiële feiten. Vermeld bij iedere journaalpost het dagboek waaruit deze wordt opgesteld.

9.03 (§ 9.2) Joris Meijer, handelaar in bedrijfskleding en uniformen in Roermond, heeft de volgende gegevens verzameld over mei 2017.

4/5	I-17065	Op rekening gekocht en ontvangen van Miranda Kleijn		
		in Echt, bedrijfskleding	€	20.000
		kwantumkorting 10%	-	2.000
			€	18.000
		omzetbelasting 21%	-	3.780
		Eindbedrag factuur	€	21.780
10/5	V-17089	Op rekening verkocht en afgeleverd aan autobedrijf		
		Auto Nova bv in Weert		
		overalls	€	2.600
		omzetbelasting 21%	-	546
		Eindbedrag factuur	€	3.146
		Inkoopprijs overalls	€	2.000
15/5	IC-17004	Een op 21/4 door Miranda Kleijn in Echt volgens		
		factuur I-17062 aan Joris Meijer geleverde partij bevatte		
		enkele tweedekeusartikelen. Na telefonisch overleg is		
		besloten dat Joris Meijer de artikelen houdt, maar een		
		korting ontvangt. Volgens creditnota IC-17004 is het		
		bedrag van de korting	€	800
		omzetbelasting 21%	-	168
		Eindbedrag creditnota	€	968
20/5	B-17017	Afgerekend met Miranda Kleijn in Echt		
		eindbedrag inkoopfactuur I-17062	€	14.520
		eindbedrag creditnota IC-17004	-	968
		Per bank betaald	€	13.552

Gevraagd

Geef de journaalposten van voorgaande gegevens uit het inkoopboek, het verkoopboek en het bankboek.

9.04 (§ 9.2) Kees van Soest ontvangt van zijn leverancier Walters bv de volgende factuur.

Factuurnummer	CC1776555		
Factuurdatum	28-4-2017		
Wegens het bereiken van een inkoopbedrag van € 50.000 in het eerste kwartaal 2017			
verlenen wij u een omzetbonus van 2%		€	1.000
Omzetbelasting 21%		-	210
Factuurbedrag		€	1.210

Kees heeft onder andere de volgende rekeningen in gebruik:
140 Crediteuren
180 Te vorderen OB
181 Te betalen OB
700 Voorraad goederen
906 Ontvangen omzetbonussen

Gevraagd
Geef de journaalpost(en) uit het inkoopboek die Kees van deze factuur kan maken.

9.05 (§ 9.2) Webwinkel Klus-shop.com in Culemborg ontvangt de volgende inkoopfactuur.

100 Bosch decoupeerzaagmachines XT31, à € 160 per stuk =	€	16.000
kwantumkorting 5%	-	800
	€	15.200
omzetbelasting 21%	-	3.192
	€	18.392
factuurdatum: 19 mei 2017		

Bij betaling binnen 10 dagen na de factuurdatum is uw korting voor contant 2% (van het bedrag na aftrek van de kwantumkorting).

Gevraagd
a Geef voor Klus-shop.com de journaalpost van de ontvangen inkoopfactuur.
b Geef voor Klus-shop.com de journaalpost van de betaling per bank van de inkoopfactuur, als deze gebeurt op:
- 25 mei 2017
- 10 juni 2017.

c Geef voor Klus-shop.com de journaalpost van de betaling per bank als deze plaatsvindt op 25 mei 2017 en de leverancier een creditnota verstuurt.

9

9.06 (§ 9.2) Koen Verhoeff is eigenaar van een groothandel in elektrische apparatuur in Alkmaar.
Op 26 november 2017 koopt hij van Elektrolux bv in Hilversum de volgende artikelen:
80 keukenmachines type Axel à €75
160 keukenklokken type Rotha à €25
120 mixers type Onkar à €50.

Koen Verhoeff ontvangt een rabat van 25%.
Op de ontvangen factuur staat onder andere aangegeven:
- kredietbeperkingstoeslag 2%
- omzetbelasting 21%
- de volgende toevoeging:

Bij betaling binnen 30 dagen kan de kredietbeperkingstoeslag worden afgetrokken.

Bij de uitwerking van deze opgave mag uitsluitend worden gebruikgemaakt van de volgende grootboekrekeningen:
110 Rabobank
140 Crediteuren
180 Te vorderen OB
700 Voorraad goederen
901 Kredietbeperkingstoeslag inkopen

Gevraagd

a Stel de factuur samen die Koen Verhoeff op 26 november 2017 ontvangt van Elektrolux bv.

b Geef de journaalpost uit het inkoopboek die Koen Verhoeff maakt bij ontvangst van de onder **a** gevraagde factuur.

c Geef de journaalpost die Koen Verhoeff maakt als hij deze factuur per Rabobank betaalt:
- op 3 december 2017
- op 28 januari 2018.

d Geef de journaalpost die Koen Verhoeff maakt als hij op 3 december 2017 betaalt en een creditnota ontvangt.

9.07* (§ 9.3) Rianne van der Velde in Utrecht begint op 1 mei 2017 een handel in espressokoffiezetters.
In haar grootboek worden onder meer opgenomen de rekeningen:
130 Debiteuren
140 Crediteuren
180 Te vorderen OB
181 Te betalen OB
442 Energiekosten
700 Voorraad koffiezetters
800 Inkoopprijs verkopen
840 Opbrengst verkopen

In mei 2017 doen zich de volgende feiten voor:

2/5	I-17001	Gekocht op rekening en ontvangen van		
		Mirafiori bv in Etten-Leur		
		200 koffiezetters, merk Novo,		
		à € 140 per stuk =	€	28.000
		omzetbelasting 21%	-	5.880
		Factuurbedrag inclusief omzetbelasting	€	33.880
1/5	V-17001	Verkocht op rekening en afgeleverd aan		
t/m	t/m	diverse afnemers		
31/5	V-17050	140 koffiezetters, merk Novo,		
		à € 180 per stuk =	€	25.200
		omzetbelasting 21%	-	5.292
		Factuurbedrag inclusief omzetbelasting	€	30.492

12/5	VC-17001	Retour ontvangen van een afnemer		
		5 koffiezetters, merk Novo.		
		Hiervoor creditnota gezonden		
		à € 180 per stuk =	€	900
		omzetbelasting 21%	-	189
		Bedrag creditnota inclusief omzetbelasting	€	1.089
20/5	VC-17002	Aan een afnemer een creditnota gezonden wegens lichte		
		beschadiging aan een geleverde koffiezetter	€	50,00
		omzetbelasting 21%	-	10,50
		Bedrag creditnota inclusief omzetbelasting	€	60,50
28/5	B-1	Nota voor gasverbruik	€	200
		omzetbelasting 21%	-	42
		Per ING betaald	€	242
31/5	IC-17001	Ontvangen creditnota voor aan leverancier		
		Mirafiori bv in Etten-Leur teruggezonden 5 koffiezetters, merk Novo,		
		à € 140 per stuk =	€	700
		omzetbelasting 21%	-	147
		Bedrag creditnota inclusief omzetbelasting	€	847

Gevraagd
Journaliseer voorgaande gegevens. Vermeld bij elke journaalpost het dagboek waaruit deze wordt opgesteld.

9

9.08 (§ 9.4) In het grootboek van handelsonderneming Xpress in Oldenzaal zijn in rubriek 8 van het grootboek opgenomen de rekeningen:
800 Inkoopprijs verkopen
830 Kortingen bij verkopen
840 Opbrengst verkopen

Over januari 2017 zijn de volgende gegevens verzameld.

1 Ontvangen facturen voor gekochte en ontvangen goederen	€	50.000
21% OB	-	10.500
Totaal	€	60.500
2 Verzonden facturen voor verkochte en geleverde goederen	€	80.000
21% OB	-	16.800
Totaal	€	96.800
De inkoopprijs van deze verkopen is	€	65.000

3 Ontvangen creditnota's van leveranciers in verband met		
teruggezonden goederen	€	1.000
21% OB	-	210
Totaal	€	1.210
4 Verzonden creditnota's aan afnemers in verband met		
teruggenomen goederen	€	800
21% OB	-	168
Totaal	€	968
De inkoopprijs van deze goederen is	€	650
5 Verzonden creditnota in verband met lichte beschadigingen		
aan afgeleverde goederen; verstrekte korting	€	200
21% OB	-	42
Totaal	€	242

Gevraagd

a Geef de journaalposten voor Xpress. Vermeld bij elke journaalpost het dagboek waaruit deze wordt opgesteld.

b Hoe wordt de journaalpost van gegeven 5 wanneer in rubriek 8 grootboekrekening *830 Kortingen bij verkopen* niet voorkomt?

9.09 (§ 9.4) Op 11 maart 2017 verzendt Frank van Goor in Ter Apel de volgende factuur naar Doemarkt Boskamp in Assen.

FRANK VAN GOOR
Fabriekslaan 30
9561 TH Ter Apel

Bankrelaties	Rabobank 91.12.17.711	Doemarkt Boskamp
Factuurdatum	11-3-2017	Boutenslaan 12
Afnemernummer	13097	9405 AS Assen

50 boormachines type KB22 à € 100 =	€	5.000
30 schuurmachines type VS19 à € 200 =	-	6.000
	€	11.000
Rabat 20%	-	2.200
	€	8.800
Omzetbelasting 21%	-	1.848
	€	10.648

Uw eventuele korting voor contant is 1% bij betaling binnen 10 dagen.

9

Voor Frank van Goor is de inkoopprijs van de tegelijkertijd met de factuur afgeleverde gereedschappen €6.180. Frank van Goor verstuurt altijd een creditnota als een afnemer gebruikmaakt van de korting voor contant.

Bij het uitwerken van deze opgave mag uitsluitend gebruik worden gemaakt van de volgende grootboekrekeningen:

110	Rabobank	800	Inkoopprijs verkopen
130	Debiteuren	801	Verstrekte contantkortingen
140	Crediteuren	830	Kortingen bij verkoop
180	Te vorderen OB	840	Opbrengst verkopen
181	Te betalen OB	900	Ontvangen contantkortingen
700	Voorraad gereedschappen		

Gevraagd

a Geef de journaalpost uit het verkoopboek die Frank van Goor maakt bij het verzenden van de gegeven factuur.

b Geef de journaalpost uit het bankboek die Frank van Goor maakt als de factuur door Doemarkt Boskamp per Rabobank wordt betaald op 18 maart 2017.

c Geef de journaalpost uit het inkoopboek die Doemarkt Boskamp maakt bij het ontvangen van de gegeven factuur.

d Geef de journaalpost uit het bankboek die Doemarkt Boskamp maakt als deze de factuur per Rabobank betaalt op 18 maart 2017.

9.10 (§ 9.4) Nico Hamel in Alkmaar verzamelde over december 2017 de volgende financiële feiten.

6/12	I-17048	Gekocht op rekening van Remco Broks		
		artikelen voor	€	4.000
		kwantumkorting 5%	-	200
			€	3.800
		bij: omzetbelasting 21%	-	798
			€	4.598
		De eventuele contantkorting is 1% (van het bedrag na aftrek van de kwantumkorting) bij betaling binnen 14 dagen.		
8/12	B-182	Per bank ontvangen van onze afnemer Evanne Spruit in Hem, het bedrag van onze factuur van 24/11 (V-17085)	€	6.110
14/12	V-17094	Verkocht op rekening aan Jan Nawijn in Den Helder		
		artikelen voor	€	12.000
		bij: omzetbelasting 21%	-	2.520
			€	14.520
		De inkoopprijs van de afgeleverde artikelen was	€	8.000

15/12	B-183	Per bank betaald aan Remco Broks, het eindbedrag		
		van de factuur van 6/12 (I-17048) na aftrek van de		
		contantkorting.		
18/12	VC-17027	Creditnota gezonden aan Jan Nawijn in Den Helder		
		wegens mindere kwaliteit van de door ons		
		verkochte artikelen	€	600
		bij: omzetbelasting 21%	-	126
			€	726
		De artikelen zijn niet teruggenomen.		
20/12	V-17095	Verkocht op rekening aan Stefan Numan in Hoorn		
		artikelen voor	€	6.400,00
		kwantumkorting 25%	-	1.600,00
			€	4.800,00
		kredietbeperkingstoeslag 2%	-	96,00
			€	4.896,00
		bij: omzetbelasting 21%	-	1.028,16
			€	5.924,16
		Bij betaling binnen 30 dagen kan de kredietbeperkingstoe		
		slag worden afgetrokken.		
		De inkoopprijs van de afgeleverde artikelen was	€	3.000
22/12	IC-17018	Van Bas Ewijk in Schagen heeft de volgende creditnota		
		ontvangen in verband met		
		door ons teruggezonden artikelen	€	200
		bij: omzetbelasting 21%	-	42
			€	242
23/12	VC-17028	Creditnota gezonden aan Jan Nawijn in Den Helder		
		in verband met		
		omzetbonus 2017	€	1.000
		bij: omzetbelasting 21%	-	210
			€	1.210

29/12	B-184	Per bank ontvangen van Stefan Numan in Hoorn		
		het eindbedrag van onze factuur van 20/12 (V-17095)		
		na aftrek van de kredietbeperkingstoeslag.		
30/12	K-170109	In december heeft Nico Hamel aan de hand van zijn		
		kasregister vastgesteld:		
		omzet (inclusief 21% OB)	€	54.450
		omzet (inclusief 6% OB)	-	15.370
		Totale omzet per kas (inclusief OB)	€	69.820
		De inkoopprijs van de afgeleverde artikelen was	€	40.000
31/12	B-185	Per bank ontvangen van Jan Nawijn in Den Helder		
		verkoopfactuur V-17094	€	14.520
		creditnota's VC-17027 + VC-17028 = € 726 + € 1.210 =	-	1.936
			€	12.584

In het grootboek van Nico Hamel komen onder andere de volgende rekeningen voor:

100	Kas	800	Inkoopprijs verkopen
110	ABN AMRO Bank	810	Kortingen bij verkoop
130	Debiteuren	840	Opbrengst verkopen
139	Kredietbeperkingstoeslag bij verkoop	860	Verleende contantkortingen
140	Crediteuren	865	Kredietbeperkingstoeslag bij verkoop
180	Te vorderen OB	868	Verstrekte omzetbonussen
181	Te betalen OB	960	Ontvangen contantkortingen
700	Voorraad goederen	965	Kredietbeperkingstoeslag bij inkoop

Gevraagd
Journaliseer voor Nico Hamel de over december 2017 vermelde financiële feiten. Vermeld bij elke journaalpost het dagboek waaruit deze wordt opgesteld.

10 Subadministraties

In alle opgaven in dit hoofdstuk worden de rekeningen (kaarten) in de subadministraties bijgehouden in de horizontale staffelvorm (tenzij anders is aangegeven).

10.01 (§ 10.1) In de debiteurenadministratie van groothandel Alexis in Breda moeten over februari 2017 uitsluitend de volgende gegevens worden verwerkt.

1/2	Te vorderen van		
	John Backbier, Ulvenhout (openstaande factuur V-17014)	€	2.178
	Karin Markgraaf, Tilburg (openstaande factuur V-17017)	-	968
	Rutger Masselink, Zundert (openstaande factuur V-17020)	-	4.114
3/2	Ontvangen per ING (afrekening B-8) van John Backbier,		
	Ulvenhout, ter betaling van factuur V-17014	€	2.178
4/2	Aan Karin Markgraaf, Tilburg, gezonden factuur V-17023		
	voor geleverde goederen	€	484
8/2	Aan Rutger Masselink, Zundert, gezonden factuur V-17024		
	voor geleverde goederen	€	4.840
11/2	Ontvangen per kas van Karin Markgraaf, Tilburg,		
	ter betaling van factuur V-17017	€	968
	Hiervoor afgegeven een kwitantie (kasstuk K-17034).		
15/2	Aan Karin Markgraaf, Tilburg, gezonden factuur V-17025		
	voor geleverde goederen	€	242
16/2	Aan Nico Tillemans, Roosendaal, gezonden factuur V-17026		
	voor geleverde goederen	€	2.662
17/2	Ontvangen per Rabobank (afrekening B-1797) van Rutger Masselink,		
	Zundert, ter betaling van factuur V-17020	€	4.114
21/2	Aan John Backbier, Ulvenhout, gezonden factuur V-17027		
	voor geleverde goederen	€	1.210
23/2	Ontvangen per kas van Karin Markgraaf, Tilburg, ter betaling		
	van factuur V-17023	€	484
	Hiervoor afgegeven een kwitantie (kasstuk K-17040).		
24/2	Aan Nico Tillemans, Roosendaal, gezonden factuur V-17028		
	voor geleverde goederen	€	1.936
25/2	Ontvangen per ING (afrekening B-10) van		
	Rutger Masselink, Zundert, ter betaling van factuur V-17024	€	4.840
28/2	Ontvangen per kas van Karin Markgraaf, Tilburg, ter betaling		
	van factuur V-17025	€	242
	Hiervoor afgegeven een kwitantie (kasstuk K-17047).		

Gevraagd

a Stel voor groothandel Alexis over februari 2017 de kaarten in de debiteurenadministratie samen.

b Geef de saldilijst uit de debiteurenadministratie per 28 februari 2017.

10.02 (§ 10.1) In de handelsonderneming The Light House bv in Haarlem komt op de balans per 1 januari 2017 de post *Debiteuren* voor met €38.720.
De specificatie van dit bedrag is als volgt:

Flos van Drunen, Heemstede	€	16.940
Karelse bv, Bloemendaal	-	13.310
Firma Groot Licht, Haarlem	-	8.470

In januari 2017 deden zich de volgende financiële feiten voor.

3/1	V-17001	Verkocht op rekening aan Karelse bv, Bloemendaal		
		goederen	€	12.000
		kwantumkorting 5%	-	600
			€	11.400
		omzetbelasting 21%	-	2.394
		eindbedrag verkoopfactuur	€	13.794
		De inkoopprijs van de verkochte goederen is	€	6.600
5/1	VC-1701	Korting verstrekt aan Flos van Drunen, Heemstede		
		i.v.m. beschadiging aan de op 27-12-2016 geleverde		
		goederen volgens verkoopfactuur V-16272	€	600
		omzetbelasting 21%	-	126
		eindbedrag creditnota	€	726
7/1	B-17001	Ontvangen per bank van Karelse bv, Bloemendaal		
		eindbedrag verkoopfactuur V-16265	€	13.310
10/1	B-17002	Ontvangen per bank van Flos van Drunen, Heemstede		
		eindbedrag verkoopfactuur V-16272	€	9.680
		eindbedrag creditnota VC-1701	-	726
			€	8.954
		korting voor contant exclusief omzetbelasting	-	80
		per saldo ontvangen	€	8.874
13/1	V-17002	Verkocht op rekening aan Firma Groot Licht, Haarlem		
		goederen	€	8.000
		kwantumkorting 5%	-	400
			€	7.600
		omzetbelasting 21%	-	1.596
		eindbedrag verkoopfactuur	€	9.196
		De inkoopprijs van de verkochte goederen is	€	4.400

18/1	VC-1702	Retourgenomen van Karelse bv, Bloemendaal		
		goederen	€	4.000
		kwantumkorting 5%	-	200
			€	3.800
		omzetbelasting 21%	-	798
			€	4.598
		De inkoopprijs van de teruggenomen goederen is	€	2.200
23/1	B-17003	Ontvangen per bank van Firma Groot Licht, Haarlem		
		eindbedrag verkoopfactuur V-16269	€	4.840
26/1	V-17003	Verkocht op rekening aan Flos van Drunen, Heemstede		
		goederen	€	18.000
		kwantumkorting 10%	-	1.800
			€	16.200
		omzetbelasting 21%	-	3.402
		eindbedrag verkoopfactuur	€	19.602
		De inkoopprijs van de verkochte goederen is	€	9.900
30/1	B-17004	Ontvangen per bank van Karelse bv, Bloemendaal		
		eindbedrag verkoopfactuur V-17001	€	13.794
		eindbedrag creditnota VC-1702	-	4.598
			€	9.196
		korting voor contant exclusief omzetbelasting	-	90
		per saldo ontvangen	€	9.106

Voor de uitwerking van deze opgave worden de volgende grootboekrekeningen gegeven:

110	Bank	810	Verleende kortingen in verband met verkopen
130	Debiteuren	820	Verleende betalingskortingen
181	Te betalen OB	850	Opbrengst verkopen
700	Voorraad goederen		
800	Inkoopprijs verkopen		

Gevraagd

a Geef de enkelvoudige journaalposten van voorgaande financiële feiten, onder vermelding van de dagboeken.

b 1 Stel grootboekrekening *130 Debiteuren* over januari 2017 samen (niet afsluiten!).

2 Met welke bedragen komt deze rekening voor op de proef- en saldibalans per 31 januari 2017?

c 1 Stel de rekeningen in de subadministratie debiteuren over januari 2017 samen.

2 Stel de saldilijst debiteuren per 31 januari 2017 samen.

10.03 (§ 10.2) In de boekhouding van audiocentrum The Sound in Fijnaart zijn de grootboekrekeningen *130 Debiteuren* en *140 Crediteuren* onderverdeeld in de volgende subgrootboekrekeningen:

1301 G. de Jong, Fijnaart
1302 U. Maris, Willemstad
1303 J. Mus, Fijnaart
1401 Groothandel Goossens, Breda
1402 Schaaf bv, Amsterdam

Men heeft per 1 maart 2017 de volgende specificaties van de debiteuren en de crediteuren samengesteld:

Specificatie debiteuren per 1 maart 2017			
1301	G. de Jong, Fijnaart (openstaande factuur V-17010)	€	968
1302	U. Maris, Willemstad (openstaande factuur V-17002)	-	1.694
1303	J. Mus, Fijnaart	-	0
		€	2.662

Specificatie crediteuren per 1 maart 2017			
1401	Groothandel Goossens, Breda 17010)	€	5.566
	(openstaande factuur I-17005)		
1402	Schaaf bv, Amsterdam (openstaande factuur I-17000)	-	2.420
		€	7.986

In maart 2017 doen zich de volgende financiële feiten voor.

3/3	B-12	Betaald per ING aan		
		groothandel Goossens, Breda	€	1.694
		(Dit is een deel van factuur I-17005)		
5/3	I-17007	Ontvangen factuur van Schaaf bv, Amsterdam, voor		
		10 geleverde luidsprekers Magnat A-7	€	3.630
7/3	B-13	Ontvangen per ING van U. Maris, Willemstad	€	800
		(Dit is een deel van factuur V-17002)		
		Betaald per ING aan Schaaf bv, Amsterdam	€	2.420
		(Dit is factuur V-17002)		
9/3	V-17013	Factuur gezonden aan J. Mus, Fijnaart, voor een		
		geleverde Panasonic home cinema projector	€	1.210
		Inkoopprijs	€	840
13/3	B-14	Betaald per ING aan		
		groothandel Goossens, Breda	€	3.872
		(Dit is het laatste deel van factuur I-17005)		
15/3	I-17008	Ontvangen factuur van groothandel Goossens, Breda,		
		voor diverse geleverde onderdelen	€	1.936

17/3	B-15	Ontvangen per ING van G. de Jong, Fijnaart	€	968
		(Dit is factuur V-17010)		
		Betaald per ING aan Schaaf bv, Amsterdam	€	2.500
		(Dit is een deel van factuur V-17007)		
20/3	IC-17002	Creditnota ontvangen van groothandel Goossens, Breda,		
		voor teruggezonden onderdelen	€	242
21/3	V-17014	Factuur gezonden aan J. Mus, Fijnaart, voor een		
		geleverde Sonos Playbar	€	726
		Inkoopprijs	€	500
24/3	VC-17004	Creditnota gezonden aan J. Mus, Fijnaart, in verband		
		met een gegeven korting op factuur V-17013 (zie 9/3)	€	94
27/3	B-16	Ontvangen per ING van U. Maris, Willemstad	€	894
		(Dit is het laatste deel van factuur I-17002)		
29/3	V-17015	Factuur gezonden aan U. Maris, Willemstad, voor een		
		geleverde Denon platenspeler XTZ-3	€	242
		Inkoopprijs	€	160

Gevraagd

a Geef de enkelvoudige journaalposten van voorgaande financiële feiten, onder vermelding van de dagboeken. (Met omzetbelasting hoeft geen rekening te worden gehouden,)

b Stel de debiteurenkaarten van The Sound samen over maart 2017.

c Stel de crediteurenkaarten van The Sound samen over maart 2017.

d Stel de saldilijst debiteuren en de saldilijst crediteuren per 31 maart 2017 samen.

e Stel de grootboekrekening *130 Debiteuren* op (in gewijzigde scontrovorm) en vergelijk het saldo met de saldilijst debiteuren.

10.04 (§ 10.2) Automaterialen Vonk in Bodegraven heeft in het assortiment onder andere accu's van het merk Start.

In de boekhouding van Vonk zijn de volgende subgrootboekrekeningen in gebruik:

1301 Garage Stroom bv, Gouda
1302 Quickservice Flits, Woerden
1303 Garage Snel, Utrecht
1401 Accu-import Pool bv, Rotterdam
1402 B. Zuurmond en Zn., Den Haag
7010 Start R10
7015 Start T15
7030 Start P30
7045 Start U45

Voor de debiteuren-, crediteuren- en voorraadadministratie beschikt Vonk voor maart 2017 over de volgende gegevens.

Specificatie debiteuren per 1 maart 2017		
1301 Garage Stroom bv, Gouda (factuur V-17005)	€	1.936
1302 Quickservice Flits, Woerden (factuur V-17006)	-	968
1303 Garage Snel, Utrecht	-	0
	€	2.904

Specificatie crediteuren per 1 maart 2017		
1401 Accu-import Pool bv, Rotterdam (factuur I-17003)	€	4.114
1402 B. Zuurmond en Zn., Den Haag (factuur I-17002)	-	5.808
	€	9.922

Specificatie voorraad accu's per 1 maart 2017

Type	Aantal	Prijs		Totaal	
7010 Start R10	60	€	30	€	1.800
7015 Start T15	40	-	35	-	1.400
7030 Start P30	50	-	50	-	2.500
7045 Start U45	0	-	60	-	0
				€	5.700

Over maart 2017 doen zich in de onderneming de volgende financiële feiten voor.

2/3	B-17005	Ontvangen per bank van Quickservice				
		Flits, Woerden (deel factuur V-17006)			€	484
5/3	V-17007	Verkocht op rekening aan Garage Snel, Utrecht				
		30 accu's Start R10 à € 40 =	€	1.200		
		10 accu's Start P30 à € 60 =	-	600		
			€	1.800		
		omzetbelasting 21 %	-	378		
		eindbedrag factuur			€	2.178
8/3	I-17004	Gekocht op rekening van Accu-import Pool bv, Rotterdam				
		30 accu's Start R10 à € 30 =	€	900		
		omzetbelasting 21%	-	189		
		eindbedrag factuur			€	1.089

12/3	K-17010	Verkocht tegen contante betaling in de		
		onderdelenshop aan Quickservice Flits, Woerden		
		4 accu's Start T15 à € 50 =	€ 200	
		omzetbelasting 21%	- 42	
				€ 242
15/3	VC-17002	Terugontvangen van Garage Snel, Utrecht		
		wegens onjuiste uitvoering van de order 4 accu's Start P30.		
		Creditnota verzonden voor		€ 290,40
		Dit bedrag is inclusief 21% omzetbelasting.		
19/3	IC-17004	Accu-import Pool bv, Rotterdam, verleent		
		alsnog een kwantumkorting van 5% op de		
		order van 8 maart 2017	€ 45	
		omzetbelasting 21%	- 9,45	
		eindbedrag creditnota		€ 54,45
22/3	B-17006	Betaald per bank aan B. Zuurmond en Zn.,		
		Den Haag (deel factuur I-17002)		€ 3.630
26/3	I-17005	Gekocht op rekening van B.		
		Zuurmond en Zn., Den Haag		
		40 accu's Start U45 à € 60 =	€ 2.400	
		omzetbelasting 21%	- 504	
		eindbedrag factuur		€ 2.904
28/3	V-17008	Verkocht op rekening aan Garage Stroom,		
		Gouda		
		20 accu's Start R10 à € 40 =	€ 800	
		20 accu's Start T15 à € 45 =	- 900	
		10 accu's Start U45 à € 75 =	- 750	
			€ 2.450	
		omzetbelasting 21%	- 514,50	
				€ 2.964,50
31/3	IC-17005	Creditnota ontvangen van B. Zuurmond en Zn., Den Haag,		
		wegens teruggezonden beschadigde accu's		
		4 stuks Start U45 à € 60 =	€ 240	
		omzetbelasting 21%	- 50,40	
		eindbedrag creditnota		€ 290,40

Gevraagd

a Geef de enkelvoudige journaalposten van voorgaande financiële feiten, onder vermelding van de dagboeken.

b Werk aan de hand van de voorgaande gegevens over maart 2017 de volgende subadministraties bij:
1 de debiteurenkaarten
2 de crediteurenkaarten
3 de voorraadkaarten (in de vorm van bijboeken).

c Stel de voorraadlijst accu's per 31 maart 2017 samen.

10.05 (§ 10.2) Clemens Spoorenberg heeft een groothandel in haarverzorgingsproducten in Rotterdam.
Clemens maakt onder andere gebruik van de volgende grootboekrekeningen:

100	Kas	701	Voorraad conditioners (uitgesplitst in subgrootboekrekeningen)
110	ABN AMRO Bank	800	Inkoopprijs verkopen shampoos
130	Debiteuren (uitgesplitst in subgrootboekrekeningen)	801	Inkoopprijs verkopen conditioners
140	Crediteuren (uitgesplitst in subgrootboekrekeningen)	810	Verleende kortingen bij verkoop
180	Te vorderen OB	840	Opbrengst verkopen shampoos
181	Te betalen OB	841	Opbrengst verkopen conditioners
700	Voorraad shampoos (uitgesplitst in subgrootboekrekeningen)	900	Ontvangen contantkorting

Over de maand september 2017 heeft hij de volgende gegevens verzameld.

Kassaldo per 1 september 2017	€	9.850
Tegoed bij de bank per 1 september 2017	-	4.700

Saldilijst debiteuren per 1 september 2017

Nr.	Naam en vestingsplaats	Factuur-nr.		Factuur-bedrag		Totaal-bedrag
1300	Erik van Raaij, Schiedam	V-170280	€	484		
		V-170288	-	968		
					€	1.452
1310	Stefan Brink, Vlaardingen	V-170285	€	1.694	-	1.694
1380	Sheelah Sanchez, Maassluis	V-170302	€	605		
		V-170303	-	605		
					-	1.210
					€	4.356

Saldilijst crediteuren per 1 september 2017

Nr.	Naam en vestingsplaats	Factuur-nr.		Factuur-bedrag		Totaal-bedrag
1400	Oduber bv, Den Haag	I-170096	€	726		
		I-170098	-	1.936		
					€	2.662
1440	Hartmann bv, Rotterdam	I-170106	€	5.808	-	5.808
					€	8.470

Voorraadlijst per 1 september 2017

Nr.	Artikel	Aantal dozen van 6 flacons	Inkoopprijs per doos	Totaal-bedrag
7110	Shampoo Sano	200	€ 8	€ 1.600
7120	Shampoo Aqua	400	- 8	- 3.200
7130	Shampoo Lexis	300	- 9	- 2.700
7140	Conditioner Volumina	1.000	- 10	- 10.000
				€ 17.500

2/9	*Kopieverkoopfactuur V-170304*	
	Geleverd aan Sheelah Sanchez, Maassluis	
	40 dozen shampoo Sano à € 9 =	€ 360
	60 dozen shampoo Aqua à € 9 =	- 540
	50 dozen shampoo Lexis à € 10 =	- 500
	100 dozen conditioner Volumina à € 14 =	- 1.400
		€ 2.800
	omzetbelasting 21%	- 588
	totaalbedrag factuur	€ 3.388
5/9	*Afschrift ABN AMRO B-98*	
	Bij: Erik van Raaij, Schiedam	€ 1.452
	betalingskenmerk: facturen V-170280 en V-170288	
11/9	*Inkoopfactuur I-170109*	
	Door Oduber bv, Den Haag, geleverd	
	400 dozen shampoo Sano à € 8,50 =	€ 3.400
	korting	- 200
		€ 3.200
	omzetbelasting 21%	- 672
	totaalbedrag factuur	€ 3.872
11/9	*Kasstuk K-170080*	
	Aan Oduber bv, Den Haag, betaald voor factuur	
	I-170096	€ 726
	I-170098	- 1.936
	I-170109	- 3.812
		€ 6.474
	Wegens snelle betaling van factuur I-170109 is een korting verleend van € 60 (exclusief omzetbelasting).	
17/9	*Afschrift ABN AMRO B-99*	
	Af: Hartman bv, Rotterdam	€ 5.808
	betalingskenmerk: factuur I-170106	

21/9	*Kopieverkoopfactuur V-170305*		
	Geleverd aan Stefan Brink, Vlaardingen		
	60 dozen shampoo Sano à € 9 =	€	540
	60 dozen shampoo Aqua à € 9 =	-	540
	100 dozen shampoo Lexis à € 10 =	-	1.000
	200 dozen conditioner Volumina à € 14 =	-	2.800
		€	4.880
	verleende verkoopkorting	-	80
		€	4.800
	omzetbelasting 21%	-	1.008
	totaalbedrag factuur	€	5.808
23/9	*Kasstuk K-170081*		
	Contant ingekocht		
	100 dozen shampoo Sano voor	€	968
	Dit bedrag is inclusief 21% omzetbelasting.		
25/9	*Inkoopfactuur I-170110*		
	Door Hartmann bv, Rotterdam, geleverd		
	100 dozen shampoo Aqua à € 8 =	€	800
	200 dozen shampoo Lexis à € 9 =	-	1.800
		€	2.600
	omzetbelasting 21%	-	546
	totaalbedrag factuur	€	3.146
25/9	*Inkoopfactuur I-170111*		
	Door Oduber bv Den Haag, geleverd		
	600 dozen conditioner Volumina à € 10 =	€	6.000
	omzetbelasting 21%	-	1.260
	totaalbedrag factuur	€	7.260
29/9	*Afschrift ABN AMRO B-100*		
	Bij: Stefan Brink, Vlaardingen		
	betalingskenmerk factuur V-170285	€	1.694
30/9	*Inkoopcreditnota IC-170026*		
	Door Hartman bv, Rotterdam, teruggenomen goederen		
	wegens scheef gemonteerde sluitingen		
	100 dozen shampoo Aqua à € 8 =	€	800
	omzetbelasting 21%	-	168
	totaalbedrag creditnota	€	968

10

Gevraagd
Boek de hiervoor vermelde financiële feiten van september 2017 in het:
- inkoopboek
- verkoopboek
- kasboek
- bankboek

Maak gebruik van de liniaturen uit voorbeeld 10.4 in het tekstboek.

.0.06* (§ 10.2) Carlo de Graaff in Emmen is eigenaar van een handelsonderneming in verlichtingsartikelen.
De balans per 1 december 2017 van zijn onderneming ziet er als volgt uit.

Balans per 1 december 2017

002	Inventaris	€	45.700	040	Eigen vermogen	€	110.000
700	Voorraad lampen	-	71.300	140	Crediteuren	-	19.360
130	Debiteuren	-	24.200	110	Rabobank	-	15.340
100	Kas	-	9.200	182	Af te dragen omzetbelasting	-	5.700
		€	150.400			€	150.400

Carlo de Graaff maakt gebruik van subgrootboekrekeningen.

Specificatie voorraad artikelen per 1 december 2017			
7001 Staande lamp Cassandra	80 stuks × € 270 =	€	21.600
7006 Hanglamp Bellista	120 stuks × € 210 =	-	25.200
7010 Bureaulamp Sandrina	140 stuks × € 175 =	-	24.500
		€	71.300

Specificatie debiteuren per 1 december 2017

Deb. nr.	Naam en vestingsplaats de afnemer	Openstaande factuur Nr.	Datum	Bedrag		Te vorderen per 1-12-2017	
1303	Design Light, Meppel	V-17133	10-11-17	€	7.502	€	7.502
1308	Feeling bv, Utrecht	V-17130	1-11-17	€	2.178		
		V-17141	24-11-17	-	8.470		
						-	10.648
1315	Hans Wevers, Amersfoort	V-17126	25-10-17	€	6.050	-	6.050
						€	24.200

Specificatie crediteuren per 1 december 2017

Cred. nr.	Naam en vestingsplaats van de leverancier	Openstaande factuur				Te betalen per 1-12-2017	
		Nr.	Datum	Bedrag			
1405	Coligon bv, Haarlem	I-17035	29-10-17	€	6.534		
		I-17042	21-11-17	-	5.082		
						€	11.616
1412	Cargo Licht bv, Zutphen	I-17045	25-11-17	€	7.744	-	7.744
						€	19.360

In de loop van de maand december 2017 doen zich de volgende financiële feiten voor.

2/12	*Kasstuk K-17058*		
	Gestort in de automaat van de Rabobank		
	bankbiljetten	€	6.000
4/12	*Kopieverkoopfactuur V-17145*		
	Geleverd aan Feeling bv, Utrecht		
	10 staande lamp Cassandra à € 340 =	€	3.400
	15 hanglamp Bellista à € 270 =	-	4.050
	10 bureaulamp Sandrina à € 225 =	-	2.250
		€	9.700
	omzetbelasting 21%	-	2.037
	totaalbedrag factuur	€	11.737
7/12	*Afschrift Rabobank B-17081*		
	Af: Leverancier Cargo Licht bv, Zutphen		
	€ 7.744 (I-17045) - € 84 (contantkorting) =	€	7.660
	Huur bedrijfspand december	-	3.400
	Bij: Kasstorting 2/12	-	6.000
8/12	*Kasstuk K-17059*		
	Betaald voor diverse kosten december	€	800
	omzetbelasting 21%	-	168
	Betaald met bankbiljetten en munten	€	968
11/12	*Kopieverkoopcreditnota VC-17009*		
	Retourontvangen van Feeling bv, Utrecht		
	4 bureaulamp Sandrina à € 225 =	€	900
	omzetbelasting 21%	-	189
	totaalbedrag creditnota	€	1.089

13/12	*Inkoopfactuur I-17047*		
	Ontvangen van Cargo Licht bv, Zutphen		
	60 bureaulamp Sandrina à € 200 =	€	12.000
	kwantumkorting 12,5%	-	1.500
		€	10.500
	omzetbelasting 21%	-	2.205
	totaalbedrag factuur	€	12.705
15/12	*Kasstuk K-17060*		
	Winkelverkopen 1e helft december		
	14 staande lamp Cassandra à € 411,40 =	€	5.759,60
	27 hanglamp Bellista à € 326,70 =	-	8.820,90
	42 bureaulamp Sandrina à € 272,25 =	-	11.434,50
	totaalbedrag inclusief 21% omzetbelasting	€	26.015
	Van dit bedrag is ontvangen door middel van		
	pinpasbetalingen	€	14.132,80
17/12	*Afschrift Rabobank B-17082*		
	Af: Omzetbelasting november 2017	€	5.700
	Bij: Pinpasbetalingen 1e helft december	-	14.132,80
18/12	*Kasstuk K-17061*		
	Gestort in de automaat van de Rabobank bankbiljetten	€	10.000
20/12	*Inkoopcreditnota IC-17006*		
	Retourgezonden aan Cargo Licht bv, Zutphen		
	6 bureaulampen Sandrina à € 200 =	€	1.200
	kwantumkorting 12,5%	-	150
		€	1.050
	omzetbelasting 21%	-	220,50
	totaalbedrag creditnota	€	1.270,50
22/12	*Afschrift Rabobank B-17083*		
	Af: Leverancier Coligon bv, Haarlem (I-17035)	€	6.534
	Bij: Afnemer Feeling bv, Utrecht (V-17130 en V-17141)	€	10.648
	Kasstorting 18/12	-	10.000

10

23/12	*Kopieverkoopfactuur V-17146*		
	Geleverd aan Design Light, Meppel		
	15 staande lamp Cassandra à € 340 =	€	5.100
	5 hanglamp Bellista à € 270 =	-	1.350
	10 bureaulamp Sandrina à € 225 =	-	2.250
		€	8.700
	korting	-	700
		€	8.000
	omzetbelasting 21%	-	1.680
	totaalbedrag factuur	€	9.680
24/12	*Inkoopfactuur I-17048*		
	Ontvangen van Coligon bv, Haarlem		
	40 staande lamp Cassandra à € 270 =	€	10.800
	40 hanglamp Bellista à € 210 =	-	8.400
		€	19.200
	omzetbelasting 21%	-	4.032
		€	23.232
27/12	*Afschrift Rabobank B-17084*		
	Af: Lonen december	€	5.500,00
	Bij: Afnemer Hans Wevers, Amersfoort (V-17126)	€	6.050,00
	Het afschrift vermeldt een eindsaldo van	€	2.696,80
30/12	*Kasstuk K-17062*		
	winkelverkopen 2e helft december		
	18 staande lamp Cassandra à € 411,40 =	€	7.405,20
	30 hanglamp Bellista à € 326,70 =	-	9.801,00
	50 bureaulamp Sandrina à € 272,25 =	-	13.612,50
	totaalbedrag inclusief 21% omzetbelasting	€	30.818,70
	Van dit bedrag is ontvangen door middel van pinpasbetalingen	€	17.326,10
31/12	*Kasstuk K-17063*		
	Op 31 december is een nadelig kasverschil vastgesteld van	€	100

Naast de grootboekrekeningen die op de balans per 1 december 2017 staan, komen verder onder andere nog voor:

129	Kruisposten	481	Voorraadverschillen
180	Te vorderen OB	800	Inkoopprijs verkopen
181	Te betalen OB	830	Kortingen bij verkoop
410	Loonkosten	840	Opbrengst verkopen Cassandra
440	Huurkosten	841	Opbrengst verkopen Bellista
470	Diverse kosten	842	Opbrengst verkopen Sandrina
480	Kasverschillen	900	Ontvangen contantkortingen

Gevraagd

a Boek bovenvermelde financiële feiten van december 2017 in het
- inkoopboek
- verkoopboek
- kasboek
- bankboek

Maak gebruik van de liniaturen uit voorbeeld 10.4 in het tekstboek.
De inkoopprijs van de verkopen wordt geboekt tegen de prijzen uit de specificatie voorraad artikelen per 1 december 2017.

b Stel vanuit het verkoopboek de enkelvoudige journaalpost op van de financiële transactie per 23/12.

c Stel de grootboekrekening *129 Kruisposten* op over december 2017.

11 Het boekhoudkundig model

11.01 (§ 11.1)

a Wat verstaan we onder bestuurlijke informatieverzorging?
b Noem de vier stappen van de planning & control cyclus (PDCA) en licht deze toe.
c Wat verstaan we onder een jaarrekening?
d Noem drie verschillende jaarrekeningen. Geef bij elke jaarrekening aan voor wie zij wordt opgesteld.
e Waarom vervangen veel ondernemingen de interne jaarrekening door interne maandoverzichten of kwartaaloverzichten?
f 1 Wat is het hoofddoel van de fiscale jaarrekening?
2 Waarom wijkt de fiscale jaarrekening meestal af van de interne jaarrekening?
g 1 Wat verstaan we onder de externe jaarrekening?
2 Moet een nv/bv zich bij het opstellen van de externe jaarrekening houden aan wettelijke en overige regels? Motiveer het antwoord.
h 1 Wanneer spreken we van een gepubliceerde jaarrekening?
2 Welke ondernemingen moeten met een gepubliceerde jaarrekening naar buiten treden?
i Welke functie heeft de gepubliceerde jaarrekening voor de lezer ervan?

11.02 (§ 11.2)

a Welk verschil bestaat er tussen interne controle en externe controle?
b Wat verstaan we onder controletechnische functiescheiding?
c Is controletechnische functiescheiding in elke onderneming mogelijk?
d Geef een voorbeeld van een verbandscontrole in een onderneming.

11.03 (§ 11.3)

a Voor de verwerking van de financiële feiten geldt het boekhoudkundig model. Beschrijf kort de fasen van dit model.
b Geef een voorbeeld van een boekingsfeit waarvan de gegevens in één dagboek en twee subadministraties moeten worden vastgelegd.
c Geef van de volgende grootboekrekeningen aan of deze balansrekeningen of resultaatrekeningen zijn en of deze debet of credit op financiële overzichten worden geboekt:

- Vooruitbetaalde bedragen
- 3,6% Hypothecaire lening
- Huuropbrengsten
- Belastingen
- Te betalen OB
- Kortingen bij verkoop
- Machines
- Afschrijvingskosten
- Nog te ontvangen huur
- Eigen vermogen
- Inkoopprijs verkopen
- Kruisposten

11.04 (§ 11.4)

a Wat zijn stamgegevens?
b Welke stappen gaan bij het inrichten van een boekhouding vooraf aan het aanleggen van het overgrote deel van de grootboekrekeningen?
c Wat verstaan we onder het onderhoud van de stamgegevens?
d Wat zijn vaste grootboekrekeningen?
e Noem van vier dagboeken de vaste grootboekrekening.
f Wat verstaan we onder reconciliatie?
g Wat verstaan we onder ERP?

11.05*(§ 11.4)

Gebruik voor deze opgave de gegevens van Kamphuis Audio en Video in Middelburg uit voorbeeld 11.1 in het tekstboek.

Naast de eerder gegeven grootboekrekeningen komen in het rekeningenschema onder andere voor:
076 4% Hypothecaire lening
410 Loonkosten
450 Verkoopkosten
Kamphuis Audio en Video in Middelburg heeft over april 2017 gegevens over een aantal financiële feiten verzameld.

Gevraagd
Boek de volgende gegevens in de invoerschermen (dagboeken):
a *30 Inkoopboek*, met als vaste grootboekrekening *140 Crediteuren*
b *40 Verkoopboek*, met als vaste grootboekrekening *130 Debiteuren*
c *10 Kasboek*, met als vaste grootboekrekening *100 Kas*
d *20 Bankboek*, met als vaste grootboekrekening *110 Rabobank*
e *70 Memoriaal*.

Gegevens voor het *inkoopboek* en *verkoopboek*.

Inkoopfactuur 821

Video Nederland NV, Amsterdam

datum: 03-04-2017
factuurnummer: 821

Aan u geleverd			
20 Roby Blue-ray dvd-recorders à € 275		€	5.500
Actiekorting 2%		-	110
		€	5.390
6 Roby actioncamera's à	€ 700	-	4.200
30 Roby DAB+ radio's à	€ 100	-	3.000
		€	12.590
Omzetbelasting 21%		-	2.643,90
		€	15.233,90

Inkoopfactuur 822

Boks Elektronica BV, Utrecht

datum: 06-04-2017
factuurnummer: 822

Creditnota wegens kwaliteitsafwijking		
3 Roby draadloze luidsprekers	€	600
Omzetbelasting 21%	-	126
	€	726

11

Verkoopfactuur 50125

Kamphuis Audio en Video, Middelburg

Aan:	Jacob Carstens Video, Goes
datum:	05-04-2017
factuurnummer:	50125

Aantal	Omschrijving	Prijs per stuk	Bedrag
Aan u geleverd:			
6	Roby Blue-ray dvd-recorders	€ 375	€ 2.250
4	Roby actioncamera's	€ 900	- 3.600
6	Roby draadloze luidsprekers	€ 275	- 1.650
			€ 7.500
	Kwantumkorting 4%		- 300
			€ 7.200
	Omzetbelasting 21%		- 1.512
			€ 8.712

Creditnota 215

Kamphuis Audio en Video, Middelburg

Aan:	Firma Sanders en Van Riel, Sluis
datum:	07-04-2017 factuurnummer: 215

Van u teruggenomen:		
2	Roby OLED-televisies à € 550	€ 1.100
	Omzetbelasting 21%	- 231
		€ 1.331

Gegevens voor het *kasboek*. De beginstand is €3.065.

datum:	05-04-2017
stuknummer:	64

Contant betaald door een medewerker van de afdeling Verkoop bij benzinestation Breedveld, Breda

Artikel	Omzetbelasting %	Omzetbelasting Bedrag	Totaal, incl. omzetbelasting
Euro ongelood	21	€ 10,50	€ 60,50
Wassen bedrijfswagen	21	€ 0,84	- 4,84
Broodje gezond			- 2,54
Totaal			€ 67,88

Van het broodje gezond is de btw niet verrekenbaar.

```
datum:                07-04-2017
stuknummer:           65

De contante verkopen op 5, 6 en 7 april zijn, inclusief 21% OB:
        7 Roby OLED-televisies                     €   4.658,50
        4 Roby Blue-ray dvd-recorders              -   1.815
        2 Roby actioncamera's                      -   2.178
        1 Roby draadloze luidspreker               -     332,75
        1 Roby DAB+ radio                          -     181,50
                                                   ____________
                                                   €   9.165,75

Dit bedrag is als volgt ontvangen:
        munten en bankbiljetten                    €   2.469,25
        creditcardbetalingen                       €   2.000,00
        pinpasbetalingen                           €   4.696,50
```

Gegevens voor *bankboek* verzameld.

datum: 02-04-2017
afschriftnummer: 127

	Betaald/ debet	Ontvangen/ credit
Firma Sanders en Van Riel, Sluis, factuur nr. 50116 € 6.292 en creditnota nr. 210 € 363		€ 5.929
Restaurant de Pompoen, Middelburg, factuur nr. 50113		- 470
Zeeuwsche Hypotheekbank, aflossing 4% hypothecaire lening o/g	€ 5.000	
Zeeuwsche Hypotheekbank, interest 4% hypothecaire lening o/g, april 201	- 1.080	
Totaal	€ 6.080	€ 6.399
Vorig saldo	€ 2.231	credit
Nieuw saldo	€ 2.550	credit

datum: 04-04-2017
afschriftnummer: 128

	Betaald/ debet	Ontvangen/ credit
Video Zeeland BV, Goes, factuur nr. 50120		€ 968
Lonen april 2017	€ 6.800	
Clean-up BV, Middelburg, factuur nr. 31	- 1.936	
	€ 8.736	€ 968
Vorig saldo	€ 2.550	credit
Nieuw saldo	€ 5.218	debet

Kamphuis Audio en Video heeft over april 2017 onder andere de volgende gegevens voor het *memoriaal* verzameld.

```
datum: 05-04-2017
bonnummer: 181

Afgeleverd in verband met factuur 50125:
        6 Roby Blue-ray dvd-recorders
        4 Roby action camera's
        6 Roby draadloze luidsprekers
```

```
datum: 07-04-2017
bonnummer: 182

Teruggenomen in verband met creditnota 215:
        2 Roby OLED-televisies
```

```
datum: 07-04-2017
bonnummer: 183

Afgeleverd voor contante verkopen op 5, 6 en 7 april 2017:
        7 Roby OLED-televisies
        4 Roby Blue-ray dvd-recorders
        2 Roby actioncamera's
        1 Roby draadloze luidspreker
        1 Roby DAB+ radio
```

11

12 De permanence in de kosten en de opbrengsten

12.01 (§ 12.4) Hans van Zon heeft een groothandel in auto-onderdelen. In zijn onderneming past hij het beginsel van de permanence toe, waarbij maandelijks een winst- en verliesrekening wordt samengesteld.
Tot zijn kosten behoren onder meer assurantiekosten, die vooruit moeten worden betaald en onderhoudskosten die achteraf verschuldigd zijn.

In het grootboek van Hans van Zon komen onder meer voor de rekeningen:
110 Bank
180 Te vorderen OB
190 Vooruitbetaalde bedragen
193 Nog te betalen bedragen
441 Assurantiekosten
442 Onderhoudskosten

Over september 2017 wordt onder meer gegeven:

1	Per bank vooruitbetaald voor assurantiepremies	€	8.600
2	De maandelijkse assurantiekosten zijn	€	2.200
3	De maandelijkse onderhoudskosten zijn	€	350
4	Achteraf per bank betaald		
	jaarcontract onderhoud	€	4.200
	omzetbelasting 21%	-	882
	Factuurbedrag	€	5.082

Gevraagd
Journaliseer de voorgaande gegevens. Geef hierbij aan uit welke dagboeken de journaalposten worden gemaakt.

12.02 (§ 12.4) Handelsonderneming Assa in Breukelen past in haar boekhouding de maandelijkse permanence toe. Alle betalingen vinden plaats per ING.

De administrateur van Assa verzamelde de volgende gegevens.

- De motorrijtuigenbelasting voor de vrachtauto bedraagt €2.100 per jaar en wordt vooruitbetaald op 1 februari van elk jaar.
- De huur voor een kleine opslagplaats bedraagt €1.500 per jaar. Deze huur moet per zes maanden worden vooruitbetaald op 1 april en 1 oktober van elk jaar.
- Per jaar bedragen de assurantiekosten voor de opslagplaatsen €1.800 en voor de vrachtauto €2.700. De premie moet worden vooruitbetaald op 1 september van elk jaar.
- Omstreeks de 15e van elke maand wordt de elektriciteitsnota over de voraf- gaande maand ontvangen. Aan het eind van elke maand berekent de administrateur van Assa zelf aan de hand van de meterstand de elektriciteitskosten over die maand.
- Over september 2017 zijn deze kosten €2.650, terwijl de in september ontvangen factuur van €2.900 is betaald.

Het grootboek van Assa bevat onder andere de volgende rekeningen:
120 ING Bank
190 Vooruitbetaalde motorrijtuigenbelasting
191 Vooruitbetaalde huur
192 Vooruitbetaalde assurantiepremies
194 Te betalen facturen energiebedrijf
440 Huurkosten
441 Assurantiekosten
442 Energiekosten
460 Belastingen

Gevraagd
Journaliseer over september 2017 de boeking(en) met betrekking tot:
1 de motorrijtuigenbelasting
2 de huur
3 de assurantie
4 de elektriciteit.

Geef hierbij aan uit welke dagboeken de journaalposten worden gemaakt.

12.03 (§ 12.4) Juan Santiago heeft voor zijn handelsonderneming in Vlaardingen een winkelpand en een groot magazijn gehuurd. Juan stelt maandelijks een winst- en verliesrekening samen. Alle betalingen verlopen per bank.

Verdere gegevens
- De huur van het winkelpand is €8.000 per maand en moet voor drie maanden vooruit worden betaald op 1 januari, 1 april, 1 juli en 1 oktober.
- De huur voor het magazijn is €2.000 per maand en wordt voor drie maanden achteraf betaald op 31 maart, 30 juni, 30 september en 31 december.

Gevraagd
a Geef de journaalposten die in januari, februari en maart op basis van voorgaande gegevens moeten worden gemaakt voor:
  1 het gehuurde winkelpand
  2 het gehuurde magazijn.
b Welke wijzigingen zouden in de onder **a**1 gevraagde journaalposten moeten worden aangebracht, als de huur voor het winkelpand moet worden betaald op de *laatste* dag, voorafgaand aan het kwartaal waarop die huur betrekking heeft? Verklaar tevens in hoeverre het perioderesultaat door deze wijzigingen wordt beïnvloed.

12.04 (§ 12.4) Groothandelsonderneming Centre Commercial in Vianen heeft een gedeelte van een multifunctioneel bedrijvencomplex gehuurd. Aan het begin van het boekjaar 2017 bedraagt de huur €60.000 per maand. De huur moet steeds voor drie maanden tegelijk vooruit worden betaald op 1 februari, 1 mei, 1 augustus en 1 november. De betaling vindt steeds plaats per ING.
Per 1 augustus 2017 gaat een huurverhoging in van 10%.

Centre Commercial past in haar administratie de permanence toe met maandelijkse resultatenoverzichten.

Gevraagd

a Welke journaalposten maakt Centre Commercial uit het bankboek naar aanleiding van de betalingen van huur voor het bedrijvencomplex in elk van de maanden van het derde kwartaal van 2017?

b Welke journaalposten maakt Centre Commercial in de onder **a** bedoelde maanden voor de huurkosten uit het memoriaal?

Zo nodig kan in het complex tijdelijk extra opslagruimte worden gehuurd (voor minimaal een maand) à €175 per m^2 per maand. De huur voor deze extra opslagruimte moet worden voldaan op de eerste dag, die volgt op de maand waarop de huur betrekking heeft.
Per 1 augustus 2017 wordt ook voor de extra gehuurde ruimte de huurverhoging met 10% van kracht.

In 2017 heeft de onderneming uitsluitend extra opslagruimte gehuurd in:

- juli 160 m^2
- augustus 200 m^2
- september 300 m^2.

Gevraagd

c Welke journaalposten maakt Centre Commercial in het bankboek naar aanleiding van de betalingen van huur voor de extra opslagruimte in elk van de maanden van het derde kwartaal van 2017?

d Welke journaalposten maakt Centre Commercial in de onder **c** bedoelde maanden voor de extra huurkosten in het memoriaal?

12.05 (§ 12.4) *In deze opgave blijft de omzetbelasting buiten beschouwing.*

Eind april 2017 sluit Anne-Marie ter Muyden in Naarden een contract af met schoonmaakbedrijf Reino voor het schoonmaken van haar bedrijfspand gedurende de periode mei 2017 t/m april 2018.
Overeengekomen wordt dat Anne-Marie op 30 april 2017 en op 31 oktober 2017 een bedrag van €13.200 per bank vooruit zal betalen.

Aangezien Anne-Marie ter Muyden in haar boekhouding de permanence toepast en maandelijks een resultatenoverzicht samenstelt, voegt zij aan de bestaande rekeningen toe de rekeningen:

445 Schoonmaakkosten
195 Vooruitbetaalde schoonmaakkosten

Gevraagd

a Geef de journaalposten die Anne-Marie naar aanleiding van het voorgaande maakt in:

1 april 2017
2 mei 2017
3 oktober 2017.

Geef hierbij aan uit welke dagboeken de journaalposten worden gemaakt.

b Stel de grootboekrekeningen *195* en *445* samen over 2017 (inclusief de afsluiting per 31 december 2017).

Eind april 2018 verlengt Anne-Marie het schoonmaakcontract met een jaar. Overeengekomen wordt dat Anne-Marie op 30 april 2018 en op 31 oktober 2018 een bedrag van €14.400 per bank vooruit zal betalen.

Gevraagd

c Geef de journaalposten die Anne-Marie naar aanleiding van het verlengde contract maakt in:
1 april 2018
2 mei 2018
3 oktober 2018.
Geef hierbij aan uit welke dagboeken de journaalposten worden gemaakt.

d Stel de rekeningen *195* en *445* samen over 2018 (inclusief de afsluiting per 31 december 2018).

12.06 (§ 12.5) Charles Roodhuysen heeft een van zijn magazijnen onderverhuurd voor €11.400 per jaar, door de huurder bij vooruitbetaling per ING te voldoen op 1 maart, 1 juni, 1 september en 1 december.
Zowel de verhuurder als de huurder stellen maandelijks een resultatenoverzicht samen.

Gevraagd

a Welke journaalposten moeten door de *verhuurder* worden gemaakt
1 in mei?
2 in juni?
Geef hierbij aan uit welke dagboeken de journaalposten worden gemaakt.
NB Maak onder andere gebruik van de rekeningen
191 Vooruitontvangen bedragen
960 Huuropbrengst

b Welke journaalposten maakt de *huurder* van het magazijn
1 in november?
2 in december?
Geef hierbij aan uit welke dagboeken de journaalposten worden gemaakt.
NB Maak onder andere gebruik van de rekeningen
190 Vooruitbetaalde bedragen
440 Huurkosten

12.07* (§ 12.5) Els Wiaf in Ter Apel verhuurt al enkele jaren een winkelpand en een loods.
De huur voor het winkelpand is €5.000 per maand en moet door de huurder vooruit worden betaald op 1 april en 1 oktober.
De huur voor de loods is €800 per maand en moet door de huurder achteraf worden betaald op 28 februari, 31 mei, 31 augustus en 30 november.
Els Wiaf stelt aan het eind van elk *kwartaal* een resultatenoverzicht samen.

In het grootboek komen onder andere voor de rekeningen:
191 Vooruitontvangen bedragen
192 Nog te ontvangen bedragen
980 Huuropbrengst

Huurbedragen worden door Els Wiaf steeds per bank ontvangen.

Gevraagd

a Geef de journaalposten die in januari 2017 t/m december 2017 op basis van voorgaande gegevens door Els Wiaf worden gemaakt
1 voor het verhuurde winkelpand
2 voor de verhuurde loods.
Geef hierbij aan uit welke dagboeken de journaalposten worden gemaakt.

b Stel de grootboekrekeningen *191*, *192* en *980* voor 2017 samen (inclusief afsluiten en – zo nodig – heropenen).

12.08 (§ 12.5) Mike Welby, eigenaar van twaalf kapsalons Scissors in Nederland, komt met het cosmeticahuis Furore overeen om in de periode september 2017 t/m augustus 2018 maandelijks diverse cursusavonden te verzorgen.
Overeengekomen wordt dat hij op 30 november 2017, 28 februari 2018, 31 mei 2018 en 31 augustus 2018 €3.300 per bank zal ontvangen.
In augustus 2018 wordt het contract verlengd t/m 31 december 2019. Overeengekomen wordt dat hij op 31 december 2018 per bank €4.800 zal ontvangen over de periode september t/m december 2018 en vervolgens aan het eind van elk (kalender)kwartaal in 2019 per bank €3.600 zal ontvangen.

Mike Welby past in zijn boekhouding de permanence toe en stelt maandelijks een resultatenoverzicht samen.
In verband met de hiervoor beschreven cursusactiviteiten opent hij in zijn grootboek de rekeningen
195 Nog te ontvangen bedragen
855 Opbrengst cursussen Furore

Gevraagd
a Geef de journaalposten die Mike Welby in verband met hiervoor bedoelde cursussen maakt in:
1 december 2017
2 december 2018.
Geef hierbij aan uit welk(e) dagboek(en) de journaalposten worden gemaakt.
b Stel de rekeningen *195* en *855* samen over 2017 en 2018 (inclusief de afsluiting per 31 december).

12.09 (§ 12.5) Peter Faber te Franeker past in zijn boekhouding de permanence toe en stelt maandelijks een winst- en verliesrekening samen.
Over december 2017 zijn voor zijn handelsonderneming in het memoriaal onder andere de volgende kosten en opbrengsten geboekt, met behulp van transitorische posten (grootboekrekeningen):
- de assurantiekosten van €800 met behulp van een uitstelpost
- de interestkosten van €600 met behulp van een anticipatiepost
- de huuropbrengst van €1.100 met behulp van een uitstelpost
- de interestopbrengst van €100 met behulp van een anticipatiepost.

Peter Faber maakt in zijn boekhouding gebruik van de volgende transitorische posten:
190 Vooruitbetaalde bedragen
191 Vooruitontvangen bedragen
192 Nog te betalen bedragen
193 Nog te ontvangen bedragen

Gevraagd
Geef de journaalposten uit het memoriaal.

12.10 (§ 12.5) Jan Peter en Rita van der Vlag exploiteren een dansschool in Doetinchem.
De danscursussen worden verzorgd door parttime instructeurs.
In de tweede helft van 2017 worden op de zaterdagavond een cursus stijldansen voor jeugdigen, een cursus stijldansen voor volwassenen en een cursus streetdance aangeboden.

Cursisten kunnen zich elk halfjaar inschrijven voor een cursus die twaalf weken duurt. Bij inschrijving verbindt de cursist zich voor de gehele periode van twaalf weken. De uit de inschrijving voortvloeiende vordering/verplichting noteert dansschool Van der Vlag op de grootboekrekeningen *160 Te ontvangen cursusgelden* en *170 Vooruitberekende cursusgelden*. Bij het vervallen van een termijn vindt terugboeking van de overeenkomstige vordering/verplichting plaats. De tarieven per cursist per periode van twaalf weken bedragen: stijldansen voor jeugdigen €145, stijldansen voor volwassenen €175 en streetdance €175. De cursusgelden moeten in twee gelijke termijnen worden betaald; de eerste termijn vervalt in week 38 en de tweede in week 44.
Bij inschrijving betalen cursisten een inschrijfgeld van €20. Dit inschrijfgeld wordt in mindering gebracht bij het afrekenen van de eerste termijn.
Dansschool Van der Vlag past in de boekhouding de permanence toe met maandelijkse resultaatberekening.
Met omzetbelasting hoeft geen rekening te worden gehouden.

In de boekhouding van dansschool Van der Vlag komen onder meer de volgende grootboekrekeningen voor:

100	Kas	440	Onderhoudskosten
120	Rabobank	820	Opbrengst stijldansen jeugdigen
130	Kruisposten	821	Opbrengst stijldansen volwassenen
140	Inschrijfgelden	822	Opbrengst streetdance
160	Te ontvangen cursusgelden	830	Niet te innen cursusgelden
170	Vooruitberekende cursusgelden		
180	Vervallen termijnen		

In week 36 t/m 48 hebben zich onder meer de volgende feiten voorgedaan.

1	In week 36 hebben zich in totaal 150 cursisten ingeschreven.		
	50 cursisten stijldansen jeugdigen à € 145	€	7.250
	50 cursisten stijldansen volwassenen à € 175	-	8.750
	50 cursisten streetdance à € 175	-	8.750
		€	24.750
	Contant ontvangen inschrijfgeld: 150 à € 20 =	€	3.000
2	In week 38 is van 150 cursisten de eerste termijn vervallen.		
	50 cursisten stijldansen jeugdigen à € 72,50	€	3.625
	50 cursisten stijldansen volwassenen à € 87,50	-	4.375
	50 cursisten streetdance à € 87,50	-	4.375
		€	12.375

3	In week 39 is van cursisten contant ontvangen:		
	• stijldansen jeugdigen: 40 × € 72,50 =	€	2.900
	• stijldansen volwassenen: 30 × € 87,50 =	-	2.625
	• streetdance: 20 × € 87,50 =	-	1.750
		€	7.275
	Verrekend inschrijfgeld: 90 × € 20 =	-	1.800
		€	5.475
	Het bedrag is als volgt ontvangen:		
	• pinbetalingen	€	4.425
	• creditcardbetalingen	€	350
	• kasgeld	€	700
4	In week 40 is van de bank bericht ontvangen dat is bijgeschreven:		
	• pinbetalingen	€	4.425
	• creditcardbetalingen	-	350
		€	4.775

5 Van drie cursisten van de cursus stijldansen voor jeugdigen is de eerste termijn niet ontvangen. Het van hen te vorderen bedrag ad €72,50 per cursist moet worden afgeboekt. Het ontvangen inschrijfgeld wordt hiermee verrekend en niet terugbetaald. De resterende vordering/verplichting van €72,50 per cursist moet worden teruggeboekt.

6 Een lekkage in een toilet bij zaal 2 is door een monteur verholpen. De monteur volgt een cursus stijldansen voor volwassenen en met hem is afgesproken dat de kosten van de reparatie worden verrekend met de door hem verschuldigde tweede termijn van €87,50.

7 Wegens een verhuizing naar Amsterdam zijn twee cursisten in week 45 gestopt met de cursus streetdance. De van hen vervallen tweede termijnen van in totaal €175 moeten als oninbaar worden afgeboekt.

Gevraagd
Journaliseer de voorgaande gegevens.

12.11 (§ 12.6) Romario Brendjes in Beverwijk heeft op 1 maart 2017 een bedrijfsschadeverzekering afgesloten. Hij betaalt de premie per bank voor drie maanden vooruit op:

1 maart 2017	€	4.500
1 juni 2017	-	4.500
1 september 2017	-	4.800
1 december 2017	-	4.800

Romario Brendjes stelt uitsluitend aan het eind van het boekjaar een winst- en verliesrekening over het betrokken boekjaar samen. In de loop van het jaar boekt hij daarom alle betaalde verzekeringspremies op de grootboekrekening *Assurantiekosten*.

Gevraagd
a Geef de journaalposten die Romario Brendjes van voorgaande gegevens maakt in 2017.
b Stel de grootboekrekening *Assurantiekosten* samen over 2017 (inclusief afsluiten en – zo nodig – heropenen).
c Geef een controleberekening van beide eindsaldi.

12.12 (§ 12.6) Marieke Delfgauw in Arnhem betaalt steeds per bank op 1 maart, 1 juni, 1 september en 1 december de huur voor haar winkelpand voor drie maanden vooruit. Vanaf september 2016 tot en met augustus 2017 is deze huur €6.600 per drie maanden. Met ingang van 1 september 2017 is de huur verhoogd tot €6.900 per drie maanden.

In het grootboek van Marieke komen onder andere voor de rekeningen:
Bank
Huurkosten (gemengde rekening)

Gevraagd
a Geef de journaalposten van de huurbetalingen in 2017.
b Geef voor 2017 de opstelling, de afsluiting en – zo nodig – de heropening van de grootboekrekening *Huurkosten*.
c Toon aan hoe het beginsaldo en de beide eindsaldi zijn berekend.

12.13 (§ 12.7) Peter Koenders heeft een onderneming in Elst. Zijn administrateur maakt de volgende financiële gegevens bekend.

Per 1 januari 2017:		
• Vooruitontvangen huur	€	1.200
• Nog te ontvangen honorarium advieswerk	-	3.500
In 2017 per bank ontvangen in verband met:		
• Huur	€	15.500
• Honorarium advieswerk	-	6.000
Per 31 december 2017:		
• Vooruitontvangen huur	€	1.500
• Nog te ontvangen honorarium advieswerk	-	3.900

De administratie van Peter Koenders bevat onder andere de volgende grootboekrekeningen:
Huuropbrengst
Opbrengst advieswerk

In de loop van het jaar ontvangen bedragen voor huur en honorarium advieswerk boekt Peter rechtstreeks op de gemengde opbrengstrekeningen *Huuropbrengst* en *Opbrengst advieswerk*.

Gevraagd
a Geef de journaalpost(en) die Peter naar aanleiding van de verstrekte gegevens over 2017 maakt.
b Geef aan met welke bedragen de rekeningen *Huuropbrengst* en *Opbrengst advieswerk* voorkomen op de kolommenbalans per 31 december 2017.
c Geef een controleberekening van de huuropbrengst over 2017 en van de opbrengst van het advieswerk over 2017.

12.14 (§ 12.7) Aleid Schreuder in Wageningen verhuurt met ingang van 1 juni 2016 een deel van haar winkelpand aan een vriendin. Overeengekomen is dat Aleid achteraf aan huur zal ontvangen op:

31 augustus 2016	€	3.000
30 november 2016	-	3.000
28 februari 2017	-	3.000
31 mei 2017	-	3.000
31 augustus 2017	-	3.180
30 november 2017	-	3.180
28 februari 2018	-	3.180

Aleid zal de bedragen ontvangen op haar rekening bij de ING (rekening *ING Bank*).

Aleid past niet de permanence toe en boekt de ontvangen huurbedragen dan ook rechtstreeks op de grootboekrekening *Huuropbrengst*.

Gevraagd

a Geef alle journaalposten die Aleid maakt in 2017 met betrekking tot de huur.

b Stel de grootboekrekening *Huuropbrengst* over 2017 samen (inclusief afsluiten en – zo nodig – heropenen).

c Toon aan hoe het beginsaldo en de beide eindsaldi zijn berekend.

12.15 (§ 12.8) We maken gebruik van de gegevens van Aleid Schreuder in opgave **12.14**. Nu nemen we echter aan dat Aleid de *permanence* toepast met maandelijkse resultaatberekening. Ze maakt uitsluitend gebruik van zuivere grootboekrekeningen, zoals:

110 ING Bank
192 Nog te ontvangen huur
936 Huuropbrengst

Gevraagd

a Geef alle journaalposten die Aleid maakt in 2017 met betrekking tot de huur. Vermeld de dagboeken waarin deze journaalposten worden gemaakt.

b Stel de grootboekrekeningen *192 Nog te ontvangen huur* en *936 Huuropbrengst* over 2017 samen (inclusief afsluiten).

12.16 (§ 12.8) Wilfried Born in Oud-Beijerland past de permanence toe met maandelijkse resultatenoverzichten. Over januari 2017 wordt het volgende gegeven.

1 Vooruitbetaald voor januari 2017 t/m april 2017 per bank voor assurantiepremie €4.800.
2 De maandelijkse assurantiekosten zijn €1.200.
3 Het maandelijkse bedrag aan (achteraf te betalen) algemene kosten is €1.890.
4 Achteraf per bank betaald voor algemene kosten €2.670.

Gevraagd

a Wat is een vaste boeking?

b Geef twee voordelen van vaste boekingen.

c Aan welke voorwaarde moet het grootboekrekeningenschema voldoen om vaste boekingen mogelijk te maken?

d Geef van elk van voorgaande gegevens aan of deze al dan niet in aanmerking komt voor een vaste boeking en motiveer het antwoord.

13 De brutowinst bij wisselende inkoopprijzen

13.01 (§ 13.2) Bert Hanegraaf in Oss handelt in grondstoffen voor de chemische industrie. In zijn grootboek komen onder andere voor de rekeningen:

130	Debiteuren	700	Voorraad goederen
140	Crediteuren	800	Inkoopprijs verkopen
180	Te vorderen OB	840	Opbrengst verkopen
181	Te betalen OB		

Van een bepaalde grondstof heeft Bert Hanegraaf op 1 januari 2017 in voorraad
30.000 kg à €0,50 per kg = €15.000.

In januari 2017 vinden de volgende inkopen op rekening plaats:

3/1	I-1701 Soladex bv in Hoorn	30.000 kg à € 0,54 =	€	16.200
29/1	I-1702 Quantum bv in 's-Hertogenbosch	20.000 kg à € 0,60 =	-	12.000
			€	28.200

De grondstoffen zijn op de genoemde data ontvangen in het magazijn.

In januari 2017 verkoopt Bert Hanegraaf op rekening:

8/1	V-1701 Medical Production bv in Oss	7.000 kg à € 0,65 =	€	4.550
18/1	V-1702 Diabetical supplies bv in Arnhem	3.000 kg à € 0,65 =	-	1.950
30/1	V-1703 Medical Production bv in Oss	24.000 kg à € 0,75 =	-	18.000
			€	24.500

Elke dag vindt aflevering plaats van de op die dag verkochte grondstoffen.

Alle genoemde prijzen zijn exclusief omzetbelasting.

De inkoopprijs van de verkopen berekent Bert Hanegraaf met behulp van het fifo-systeem.

Gevraagd

a Geef voor januari 2017 de berekening van de inkoopprijzen van de verkopen met behulp van een staffel.

b Geef de journaalposten van de inkopen en van de verkopen over januari 2017. Geef hierbij aan in welke dagboeken de journaalposten worden gemaakt.
NB Houd rekening met 6% omzetbelasting.

c Bereken de brutowinst op de verkopen over januari 2017.

13.02 (§ 13.2) Frans Vuister heeft een groothandel in eieren in Alkmaar. De onderneming koopt de eieren in bij de Barneveldse eierveiling in overdozen met een inhoud van 25 doosjes van 10 eieren.
Op 1 maart 2017 zijn in voorraad 170 overdozen à €100.

In maart 2017 vinden de volgende inkopen plaats:

4/3	I-170088	Eierveiling in Barneveld	150 overdozen à € 90
27/3	I-170089	Eierveiling in Barneveld	400 overdozen à € 85

In maart 2017 wordt door Frans Vuister het volgende verkocht:

2/3	V-170091	Superkoop in Hoorn	40 overdozen à € 110
9/3	V-170092	Dodi in Bergen	90 overdozen à € 110
25/3	V-170093	Superkoop in Hoorn	70 overdozen à € 110
31/3	V-170094	CarryGrocy in Alkmaar	50 overdozen à € 105

Alle genoemde prijzen zijn exclusief 6% omzetbelasting. Alle in- en verkopen vinden plaats op rekening. Facturen en goederen worden steeds tegelijkertijd ontvangen respectievelijk verzonden.
Als inkoopprijs van de verkopen wordt de fifo-prijs gehanteerd.
In de debiteurenadministratie maakt Frans Vuister gebruik van de volgende subgrootboekrekeningen:
1301 Dodi, Bergen
1302 Superkoop, Hoorn
1303 CarryGrocy, Alkmaar

Gevraagd

a Geef voor maart 2017 de berekening van de inkoopprijzen van de verkopen met behulp van een staffel.

b Geef de journaalpost van 27/3 uit het inkoopboek en van 31/3 uit het verkoopboek.
NB Houd rekening met omzetbelasting.

13.03 (§ 13.3) Victor Mulder heeft een handelsonderneming in bouwmaterialen, landbouwproducten en aanverwante artikelen.
Zijn balans per 1 januari 2017 ziet er als volgt uit:

Balans per 1 januari 2017

Winkelpand	€	480.000	**Eigen vermogen**	€	200.000
Inventaris	-	84.000			
Vaste activa	€	564.000	3% Hypothecaire lening	-	330.000
			2,5% Lening Rabobank	-	38.000
Voorraad goederen	€	32.986	**Vreemd vermogen lang**	€	368.000
Debiteuren	-	8.000			
Vooruitbetaalde bedragen	-	6.300	Crediteuren	€	25.000
Rabobank	-	1.500	Nog te betalen bedragen	-	16.500
Kas	-	150	ING Bank	-	3.436
Vlottende activa	€	48.936	**Vreemd vermogen kort**	€	44.936
	€	612.936		€	612.936

Victor past de permanence toe met maandelijkse resultaatberekening. De voorraden worden bijgehouden tegen de VVP.
Victor houdt in zijn boekhouding de volgende subgrootboekrekeningen bij:

1301	Jurgens & Co.	1402	Paalman bv
1302	Bejo bv	1403	Agromax vof
1303	Jansen bv	1404	Ten Cate bv
1304	Formido bv	7001	Bouwmaterialen
1305	Indra bv	7002	Landbouwproducten
1306	Van den Bergh nv	7003	Overige handelsgoederen
1401	Hendrix nv		

In januari 2017 hebben de volgende mutaties plaatsgevonden in het inkoopboek, het verkoopboek en in het memoriaal:

- 2/1 Verkocht op rekening aan Jansen bv bouwmaterialen voor €26.456. De VVP van de bouwmaterialen is €16.800.
- 4/1 Bij Paalman bv op rekening ingekocht en ontvangen overige artikelen voor €12.325. De VVP is €12.800.
- 8/1 Ingekocht op rekening bij Agromax vof en ontvangen landbouwproducten voor €9.889. De VVP is €9.750.
- 11/1 Verkocht op rekening aan Indra bv landbouwproducten voor €31.500. De VVP is €16.300.
- 16/1 Op rekening ingekocht van Hendrix nv en ontvangen bouwmaterialen voor €19.500. De VVP bedraagt €19.750.
- 18/1 Verkocht op rekening aan Jurgens & Co. overige artikelen voor €29.125. De VVP is €15.000.
- 20/1 Verkocht op rekening aan Formido bv bouwmaterialen voor €12.389. De VVP van de bouwmaterialen is €6.900.
- 24/1 Bij Ten Cate bv op rekening ingekocht en ontvangen overige artikelen met een inkoopprijs van €7.625. De VVP bedraagt €7.500.
- 28/1 Ingekocht op rekening bij Agromax bv en ontvangen landbouwproducten voor €8.189. De VVP is €8.189.
- 30/1 Retourgezonden voor €668. Dit is een deel van de ingekochte bouwmaterialen van 16 januari. De VVP is €650.
- 31/1 Bij het tellen van de voorraad blijkt dat de werkelijke voorraad landbouwproducten een tekort vertoont van €300 (tegen VVP).

Gevraagd
Maak de journaalposten over januari 2017 uit de genoemde drie dagboeken. Er hoeft geen rekening te worden gehouden met de OB.

13.04 (§ 13.3) De dagboeken van een handelsonderneming vermelden eind mei 2017 de volgende totalen:

Inkoopboek		
totaal factuurbedragen	€	111.000
totaal omzetbelasting	-	23.310
	€	134.310
totaal vaste verrekenprijzen	€	108.500

13

Retourinkoopboek		
totaal factuurbedragen	€	2.600
totaal omzetbelasting	-	546
	€	3.146
totaal vaste verrekenprijzen	€	2.500

Verkoopboek		
totaal factuurbedragen	€	118.000
totaal omzetbelasting	-	24.780
	€	142.780
totaal vaste verrekenprijzen	€	97.000

Retourverkoopboek		
totaal factuurbedragen	€	1.200
totaal omzetbelasting	-	252
	€	1.452
totaal vaste verrekenprijzen	€	1.000

Memoriaal		
Geconstateerde nadelige voorraadverschillen tegen vaste verrekenprijzen	€	485

Gevraagd

a Journaliseer de voorgaande dagboekgegevens met behulp van collectieve journaalposten.

b Bereken de brutowinst op de verkopen over mei 2017.

13.05 (§ 13.3) Op de saldibalans per 31 januari 2017 van Peter van Ingen in Schagen komt onder andere voor:

Nr.	Rekening	Debet		Credit	
481	Voorraadverschillen	€	1.100		
700	Voorraad goederen	-	73.900		
800	Inkoopprijs verkopen	-	100.000		
840	Opbrengst verkopen			€	125.000

Verdere gegevens

1 De retourontvangst van een partij goederen met een inkoopprijs van €2.000 (op basis van fifo-prijs) moet nog worden geboekt. Ook de verzonden creditnota voor een bedrag van €3.146 (inclusief 21% OB) moet nog worden geboekt.

2 Bij inventarisatie op 31 januari 2017 is een nadelig voorraadverschil van €900 vastgesteld.

Gevraagd

a Geef de journaalpost uit het retourverkoopboek en de journaalpost van het voorraadverschil.

b Met welke bedragen komen de op voorgaande saldibalans vermelde rekeningen voor op de winst- en verliesrekening over januari 2017 en op de balans per 31 januari 2017?

c Waar moeten aantekeningen worden gemaakt van het voorraadverschil?

13.06 (§ 13.3) Op de saldibalans per 31 december 2017 van Linda Hadders in Lochem komt onder andere voor:

Nr.	Rekening	Debet		Credit	
481	Voorraadverschillen	€	325		
700	Voorraad goederen	-	80.350		
720	Prijsverschillen bij inkoop			€	400

Zonder de VVP te wijzigen moet de voorraad op de balans worden gewaardeerd op €78.000.
De grootboekrekening *950 Resultaat prijsverschillen* wordt niet gebruikt.

Gevraagd

Geef de bedragen waarmee de gegeven grootboekrekeningen op de winst- en verliesrekening over 2017 en op de balans per 31 december 2017 voorkomen.
Stel ook de drie gegeven rekeningen samen en sluit ze af per 31 december 2017.

13.07 (§ 13.3) We maken gebruik van de gegevens op de *saldibalans* in opgave **13.06**.

Nu nemen we echter aan dat na inventarisatie van de voorraad per 31 december 2017 blijkt, dat de voorraad tegen VVP €80.125 bedraagt.
Verder gaan we ervan uit dat de voorraad op de balans moet worden gewaardeerd op €81.000; de VVP wordt niet gewijzigd.

Gevraagd

Geef de journaalpost uit het memoriaal in verband met het voorraadverschil en geef de bedragen waarmee de gegeven rekeningen op de winst- en verliesrekening over 2017 en op de balans per 31 december 2017 voorkomen.
Stel ook de drie gegeven rekeningen samen en sluit ze af per 31 december 2017.

13.08 (§ 13.3) Op de saldibalans per 31 december 2017 van Jacco van Genugten in Vlaardingen komen onder andere de volgende rekeningen voor:

Nr.	Rekening	Debet		Credit	
481	Voorraadverschillen	€	1.200		
700	Voorraad goederen	-	59.000		
720	Prijsverschillen bij inkoop			€	3.500
950	Resultaat prijsverschillen				

Bij inventarisatie per 31 december 2017 blijkt van de voorraad aanwezig te zijn tegen VVP: €58.700.

Jacco wil de voorraden op de balans per 31 december 2017 waarderen tegen de inkoopprijs. Deze bedraagt: €56.000.

Gevraagd

a Geef de journaalposten uit het memoriaal in verband met het voorraadverschil en met het resultaat op prijsverschillen.
NB Houd – waar nodig – rekening met 21% OB.

b Geef de bedragen waarmee de hiervoor genoemde vier rekeningen voorkomen op de kolommenbalans per 31 december 2017.
Stel ook de vier gegeven grootboekrekeningen samen en sluit ze af per 31 december 2017.

13.09* (§ 14.3) Op de saldibalans per 31 december 2017 van Rickert van Heugten in Maastricht – handelaar in tuinstoelen – komen onder andere de volgende posten voor:

Nr.	Rekening	Debet	Credit
700	Voorraad Royal Crown	€ 38.000	
710	Voorraad Ibiza Silver	- 35.500	
720	Prijsverschillen bij inkoop	- 5.200	
910	Resultaat voorraadverschillen	- 700	
920	Resultaat prijsverschillen		

Bij inventarisatie blijkt de voorraad tuinstoelen tegen VVP te zijn:

Royal Crown	376 stuks à € 100 = €	37.600
Ibiza Silver	286 stuks à € 125 = -	35.750
Totaal	€	73.350

Rickert wil de voorraad tuinstoelen op de balans per 31 december 2017 *waarderen* op €79.000.

Gevraagd

a Geef de journaalposten uit het memoriaal in verband met het resultaat op voorraadverschillen en met het resultaat op prijsverschillen.

b Met welke bedragen komen de gegeven grootboekrekeningen voor op de winst- en verliesrekening over 2017 en op de balans per 31 december 2017? Stel ook de vijf gegeven grootboekrekeningen samen en sluit ze af per 31 december 2017.

Per 1 januari 2018 besluit Rickert de VVP van de tuinstoelen te wijzigen.
De VVP van

• Royal Crown wordt per stuk	€	110,00
• Ibiza Silver wordt per stuk	€	137,50

Gevraagd

c Welke journaalpost wordt naar aanleiding van deze wijziging gemaakt in het memoriaal?

14 De brutowinst bij ontvangst/afgifte van goederen en facturen op verschillende tijdstippen

14.01 (§ 14.2) Bij handelsonderneming Royal in Heerhugowaard worden de facturen steeds ontvangen voordat de goederen arriveren. In verband hiermee komt in het grootboek rekening *710 Nog te ontvangen goederen* (tegen inkoopprijs, exclusief OB) voor; saldo per 1 juli 2017: €43.400.
De goederen worden bij ontvangst tegen VVP vastgelegd op rekening *700 Voorraad goederen.*

Over juli 2017 zijn de volgende gegevens verzameld.

1	Ontvangen facturen van diverse leveranciers van goederen	€	96.000
	omzetbelasting 21%	-	20.160
	Totaal	€	116.160
2	Van diverse leveranciers goederen ontvangen		
	tegen factuurprijs (exclusief OB)	€	122.600
	tegen VVP	-	124.000
3	Verkocht op rekening		
	goederen	€	144.000
	omzetbelasting 21%	-	30.240
	Totaal	€	174.240
	De waarde tegen VVP van de afgeleverde goederen is	€	120.000
4	Wegens beschadiging goederen van afnemers teruggenomen	€	7.200
	omzetbelasting 21%	-	1.512
	Totaal van de verzonden creditnota's	€	8.712
	De waarde tegen VVP van de teruggenomen goederen is	€	6.000

Gevraagd

a Geef de journaalposten van de gegevens 1 t/m 4. Vermeld de dagboeken waarin deze journaalposten worden gemaakt.

b Stel de grootboekrekening *710 Nog te ontvangen goederen* samen over juli 2017 (inclusief afsluiten en heropenen).

c Is het saldo van rekening *710* een debet- of een creditsaldo?

d Op welke grootboekrekening vormt het saldo van rekening *710 Nog te ontvangen goederen* een aanvulling?

14.02 (§ 14.2) In handelsonderneming Fruit & Fris in Zaltbommel worden de rekeningen *700 Voorraad goederen* en *710 Nog te ontvangen goederen* bijgehouden tegen VVP. Over februari 2017 zijn de volgende gegevens vastgelegd.

1	*Inkoopboek*		
	Ontvangen facturen	€	210.000
	omzetbelasting 21%	-	44.100
	Totaal	€	254.100
	VVP-waarde van de inkopen	€	214.000
2	*Magazijnontvangstenboek*		
	Ontvangen goederen tegen VVP	€	196.000
3	*Verkoopboek*		
	Verzonden facturen	€	260.000
	omzetbelasting 21%	-	54.600
	Totaal	€	314.600
	De in deze periode gefactureerde goederen zijn ook in deze periode afgeleverd; zie punt 4 hierna.		
4	*Magazijnafgifteboek*		
	Afgeleverde goederen tegen VVP	€	200.000

Gevraagd

a Journaliseer de dagboekgegevens voor Fruit & Fris.

b Op welke wijze kan – na verwerking van voorgaande gegevens in het grootboek – het saldo van rekening *710 Nog te ontvangen goederen* worden gecontroleerd?

14.03 (§ 14.2) Groothandelsonderneming HoGro in Arnhem ontvangt de facturen van de ingekochte goederen steeds enige tijd ná de ontvangst van deze goederen (nafacturering). Het grootboek bevat daarom rekening *145 Nog te ontvangen facturen*, die per 1 februari 2017 een saldo heeft van €31.400 (tegen VVP). Per 28 februari 2017 beschikt HoGro onder meer over de volgende dagboektotalen:

	Dagboek		Goederen	Prijsgrondslag	OB		Totaal	
1	Magazijnontvangstenboek	€	208.000	VVP				
2	Register ontvangen facturen	-	220.000	inkoopprijs	€	46.200	€	266.200
		-	224.000	VVP				
3	Register verzonden facturen	-	276.000	verkoopprijs	-	57.960	-	333.960
4	Magazijnafgifteboek	-	216.000	VVP				

Van de in deze periode verzonden facturen zijn ook de goederen afgeleverd.

Gevraagd

a Journaliseer de hiervóór vermelde dagboekgegevens voor HoGro.

b Stel de grootboekrekening *145 Nog te ontvangen facturen* samen over februari 2017 (inclusief afsluiten en heropenen).

c Is het saldo van rekening *145* een debet- of een creditsaldo?

d Op welke grootboekrekening vormt het saldo van rekening *145 Nog te ontvangen facturen* een aanvulling?

e Onder welke naam komt, bij nafacturering, grootboekrekening *145* ook wel in de boekhouding voor?

14.04 (§ 14.2) De handelsonderneming van Miny van Liempt in Nijmegen administreert de goederen op de grootboekrekening *700 Voorraad goederen* tegen VVP. Omdat er tussen de ontvangst van de facturen en de ontvangst van de goederen geen vaste tijdsvolgorde bestaat, zijn in het grootboek opgenomen de rekeningen
145 Ontvangen goederen (tegen VVP)
710 Ontvangen facturen (tegen inkoopprijzen)

Over maart 2017 zijn de volgende gegevens vastgelegd.

1	*Inkoopboek*		
	Ontvangen facturen	€	380.000
	omzetbelasting 21%	-	79.800
	Totaal	€	459.800
2	*Magazijnontvangstenboek*		
	Ontvangen goederen tegen VVP	€	352.000
3	*Verkoopboek*		
	Gefactureerd	€	450.000
	omzetbelasting 21%	-	94.500
	Totaal	€	544.500
4	*Magazijnafgifteboek*		
	De gefactureerde goederen zijn afgegeven: VVP-waarde	€	376.000
5	*Afstemregister ontvangen facturen/goederen*		
	Totale VVP-waarde	€	320.000
	Totale factuurprijs	-	312.000

Gevraagd
a Journaliseer de hiervóór vermelde dagboekgegevens.
b Op welke manier kunnen – na verwerking van voorgaande gegevens in het grootboek – de saldi van de rekeningen *145* en *710* worden gecontroleerd?
c Onder welke naam komt, als er tussen de ontvangst van de facturen en de ontvangst van de goederen geen vaste tijdsvolgorde bestaat, grootboekrekening *710* ook wel in de boekhouding voor?

14.05 (§ 14.2) In het grootboek van de handelsonderneming van Mike Nahumury in Sittard komen onder andere de volgende rekeningen voor:

Nr.	Rekening	Debet		Credit	
145	Ontvangen goederen			€	114.000
700	Voorraad goederen	€	384.000		
710	Ontvangen facturen	-	48.000		
720	Prijsverschillen bij inkoop			-	9.000

De ontvangst van de facturen wordt tegen factuurprijs gejournaliseerd aan de hand van de gegevens uit het Register ontvangen facturen.

De ontvangst van de goederen in het magazijn wordt tegen VVP geboekt onder gebruikmaking van een Register ontvangen goederen.
Per het eind van elke maand worden van de partijen waarvan in die maand is bereikt dat zowel de goederen als de facturen zijn ontvangen, de verschillen tussen de factuurprijs en de VVP vastgesteld en geboekt op rekening *720*.

In het Register verzonden facturen worden zowel de bedragen van de uitgaande facturen als de tegen VVP omgerekende bedragen aangetekend. Alle partijen die in een bepaalde maand worden gefactureerd, worden nog diezelfde maand afgeleverd.
Houd rekening met 21% omzetbelasting.

Over januari 2017 zijn de volgende gegevens verzameld.

1	Totaal van de factuurbedragen, inclusief OB, volgens		
	het Register ontvangen facturen	€	193.600
2	Totaal van de factuurbedragen, inclusief OB, volgens		
	het Register verzonden facturen	€	363.000
	De VVP-waarde van de gefactureerde, tevens afgeleverde		
	goederen bedraagt	-	240.000
3	Het Register ontvangen goederen geeft in totaal aan	€	85.000
4	Bij vergelijking tussen het Register ontvangen goederen		
	en het Register ontvangen facturen blijkt dat eind januari:		
	• van diverse ontvangen facturen de goederen nog niet zijn		
	ontvangen voor een totaal factuurbedrag (exclusief OB) van	€	54.000
	• van diverse ontvangen goederen de facturen nog niet zijn		
	ontvangen voor een totaalbedrag (VVP) van	-	40.000

Gevraagd

a Journaliseer de hiervóór verstrekte gegevens voor Mike Nahumury over januari 2017.

b Stel de rekeningen *145* en *710* samen over januari 2017 (inclusief afsluiten en heropenen).

14.06 MC (§ 14.2)

Bij Hollandia Textiel in Alkmaar arriveren de goederen altijd voordat de factuur binnenkomt.
Welke grootboekrekening(en) worden gebruikt wanneer Hollandia Textiel streeft naar een zo gering mogelijk aantal grootboekrekeningen?

a 145 Nog te ontvangen facturen
b 710 Nog te ontvangen goederen
c 145 Nog te ontvangen facturen én 710 Nog te ontvangen goederen
d Geen van de genoemde rekeningen.

14.07 (§ 14.3)

Op de balans per 31 december 2016 van Gé Schultink in Emmen komen onder andere de volgende rekeningen voor.

Balans per 31 december 2016

700 Voorraad goederen	€	180.000	735 Verzonden facturen	€	45.000
710 Te ontvangen goederen	-	34.000			
720 Prijsverschillen bij inkoop	-	8.000			

De rekeningen *700, 710* en *735* worden bijgehouden tegen vaste verrekenprijzen.

Zowel bij de inkoop als bij de verkoop is sprake van voorfacturering.

Naast de hiervoor genoemde rekeningen komen in het grootboek van Gé Schultink onder andere ook nog voor:

110	Bank	181	Te betalen OB
130	Debiteuren	800	Inkoopprijs verkopen
140	Crediteuren	840	Opbrengst verkopen
180	Te vorderen OB	910	Verleende contantkortingen

Over januari 2017 zijn de volgende gegevens verzameld.

1	*Inkoopboek*		
	Facturen ontvangen van leveranciers van goederen	€	62.000
	omzetbelasting 21%	-	13.020
	eindbedrag facturen	€	75.020
	De vaste verrekenprijs is	€	60.000
2	*Magazijnontvangstenboek*		
	Van leveranciers ontvangen goederen tegen vaste verrekenprijs	€	66.000
3	*Verkoopboek*		
	Facturen verzonden aan afnemers van goederen	€	80.000
	omzetbelasting 21%	-	16.800
	eindbedrag facturen	€	96.800
	De vaste verrekenprijs is	€	55.000
4	*Magazijnafgifteboek*		
	Aan afnemers afgeleverde goederen tegen vaste verrekenprijs	€	63.000
5	*Bankboek*		
	Ontvangen van afnemers	€	76.000
	korting voor contante betaling (exclusief omzetbelasting)	-	3.000
		€	73.000

Gevraagd

a Geef de journaalposten van voorgaande dagboekgegevens.
b Bereken de brutowinst op verkopen over januari 2017.
c Stel de rekeningen *710* en *735* samen over januari 2017 (inclusief afsluiten en heropenen).

14.08 (§ 14.3) Gert-Jan de Laat heeft in Goes een groothandel in audio-apparatuur.

In zijn grootboek komen onder andere de volgende rekeningen voor:

145	Ontvangen goederen	
700	Voorraad soundbars	(per 1/6: 800 stuks à €250 = €200.000)
705	Voorraad receivers	(per 1/6: 400 stuks à €300 = €120.000)
710	Af te leveren soundbars	
715	Af te leveren receivers	
750	Ontvangen facturen soundbars	
755	Ontvangen facturen receivers	
800	Inkoopprijs omzet soundbars	
805	Inkoopprijs omzet receivers	
850	Omzet soundbars	
855	Omzet receivers	

Aan de inkoopkant is geen sprake van een vaste volgorde bij ontvangst van goederen en facturen. Aan de verkoopkant is sprake van voorfacturering.

Gert-Jan de Laat verzamelde over juni 2017 de volgende financiële feiten.

1	*Register verzonden facturen*		
	440 soundbars à € 400 =	€	176.000
	120 receivers à € 450 =	-	54.000
		€	230.000
	omzetbelasting 21%	-	48.300
	Totaal	€	278.300
2	*Kasboek (gedeeltelijk)*		
	Contante verkopen:		
	120 soundbars à € 400 =	€	48.000
	280 receivers à € 450 =	-	36.000
		€	84.000
	omzetbelasting 21%	-	17.640
	Totaal	€	101.640
3	*Magazijnafgifteboek*		
	Afgeleverd:		
	480 soundbars		
	160 receivers		

4 *Register ontvangen facturen*		
Gekocht op rekening van Akony Soundimport in Rotterdam		
400 soundbars à € 250 =	€	100.000
200 receivers à € 300 =	-	60.000
	€	160.000
omzetbelasting 21%	-	33.600
Totaal	€	193.600

5 *Magazijnontvangstenboek*
Ontvangen:
300 soundbars
200 receivers

6 *Afstemregister inkopen*
Van een aantal ingekochte partijen is in deze maand bereikt dat zowel de facturen als de goederen zijn ontvangen.
Het betreft 380 soundbars en 250 receivers.

Gevraagd

a Geef de journaalposten.

b Wat is de betekenis van het saldo op rekening *750 Ontvangen facturen soundbars*?

14.09 (§ 14.3) Ilona Tuytjens begint op 1 januari 2017 een groothandelsbedrijf in de exclusieve keukenmachine van het merk Kitchen-Aid.
Op haar balans per 1 januari 2017 komt onder andere voor:
700 Voorraad keukenmachines €32.000 (80 stuks à €400 per stuk).

Ilona verkoopt uitsluitend op rekening; steeds worden eerst de keukenmachines afgeleverd, daarna wordt de verkoopfactuur pas aan de afnemer verzonden (nafacturering).

Naast de hiervoor genoemde rekeningen komen in het grootboek onder andere nog voor:
134 Afgeleverde keukenmachines
800 Inkoopprijs omzet
840 Omzet

Over januari 2017 zijn de volgende gegevens vastgelegd.

1 Gekocht op rekening en ontvangen van Gucci bv in Vlijmen		
100 keukenmachines à € 400 =	€	40.000
omzetbelasting 21%	-	8.400
Totaal	€	48.400
2 Afgeleverd: 140 keukenmachines		

3	Gefactureerd wegens levering van		
	80 keukenmachines aan Herman Krake in Boxtel	€	48.000
	40 keukenmachines aan Ton Wouters in Oss	-	24.000
		€	72.000
	omzetbelasting 21%	-	15.120
	Totaal	€	87.120
4	20 keukenmachines retour ontvangen.		
5	Creditnota gezonden aan Herman Krake in Boxtel		
	wegens retourontvangst van 20 keukenmachines	€	12.000
	omzetbelasting 21%	-	2.520
	Totaal	€	14.520

Gevraagd

a Geef de journaalposten van genoemde gegevens. Vermeld het dagboek.

b Onder welke naam komt, bij nafacturering, grootboekrekening *134* ook wel in de boekhouding voor?

c Geef de kolommenbalans voor de rekeningen *134*, *700*, *800* en *840*. NB Rekening *134* had op 1 januari 2017 geen saldo.

d Bereken de brutowinst op de verkochte keukenmachines over januari 2017 met behulp van de gegevens uit de kolommenbalans.

14.10 (§ 14.3) In het grootboek van Jeans en Go! in Harderwijk komen onder andere voor de rekeningen:

134 Afgeleverde goederen
145 Ontvangen goederen
700 Voorraad goederen
710 Ontvangen facturen
720 Prijsverschillen bij inkopen
735 Verzonden facturen

Zowel aan de inkoopkant als aan de verkoopkant is er tussen de ontvangst, respectievelijk verzending van de facturen en de ontvangst, respectievelijk verzending van de goederen geen vaste tijdsvolgorde.

De financiële feiten over juli 2017 zijn als volgt.

1	Facturen ontvangen van leveranciers; tegen inkoopprijs	€	80.000
2	Goederen ontvangen van leveranciers; tegen VVP	€	82.500
3	Facturen verzonden aan afnemers; tegen verkoopprijs	€	170.000
	De bijbehorende VVP bedraagt	-	130.000
4	Goederen verzonden aan afnemers; tegen VVP	€	110.000

5	Afstemming inkoopzijde:		
	Factuurprijs van de partijen waarvan facturen en goederen		
	zijn ontvangen	€	75.500
	VVP van deze partijen	-	79.000
6	Afstemming verkoopzijde:		
	VVP van de partijen waarvan facturen en goederen		
	zijn verzonden	€	125.000

Alle hiervoor vermelde bedragen zijn exclusief OB.

Gevraagd
Geef de journaalposten voor Jeans en Go!. Vermeld het dagboek.
Houd – waar nodig – rekening met 21% omzetbelasting.

14.11 (§ 14.3) In het grootboek van de handelsonderneming van Paul van Ingen in Chaam komen onder andere de volgende grootboekrekeningen voor:

134 Afgeleverde goederen (tegen VVP); saldo 1 januari 2017 €24.300 (debet)
135 Debiteuren
165 Crediteuren
180 Te vorderen OB
185 Te betalen OB
700 Voorraad goederen (tegen VVP)
710 Nog te ontvangen goederen (tegen VVP)
720 Prijsverschillen bij inkoop
735 Verzonden facturen (tegen VVP); saldo 1 januari 2017 €14.500 (credit)
800 Inkoopwaarde verkopen
850 Opbrengst verkopen

De ontvangst van de facturen – die steeds arriveren vóór de betrokken goederen – wordt tegen vaste verrekenprijzen geboekt aan de hand van de gegevens in het Inkoopboek.
De ontvangst van de goederen in en de afgifte van de goederen uit het magazijn worden tegen vaste verrekenprijzen geboekt onder gebruikmaking van een Register ontvangen goederen en een Register afgeleverde goederen.
In het Verkoopboek worden zowel de bedragen van de uitgaande facturen als de tegen de vaste verrekenprijzen omgerekende bedragen aangetekend.

Per het eind van elke maand worden met betrekking tot de partijen waarvan in de betrokken maand is bereikt dat én de afgifte van de goederen én de afgifte van de desbetreffende facturen heeft plaatsgevonden, de rekeningen *134* en *735* tegengeboekt.

Over januari 2017 beschikt de handelsonderneming over de volgende gegevens.

1	*Inkoopboek*		
	kolom factuurbedragen exclusief OB	€	82.000
	kolom omzetbelasting	-	17.220
		€	99.220
	kolom ontvangen facturen tegen VVP	€	80.000

2	*Register ontvangen goederen*		
	kolom ontvangen goederen tegen VVP	€	84.200
3	*Register afgeleverde goederen*		
	kolom afgegeven goederen tegen VVP	€	86.000
4	*Verkoopboek*		
	kolom factuurbedragen exclusief OB	€	108.000
	kolom omzetbelasting	-	22.680
		€	130.680
	kolom VVP-bedrag	€	92.000
5	*Afstemregister verkopen*		
	Eind januari blijkt, dat:		
	• van diverse verzonden facturen de goederen nog *niet* zijn afgeleverd; VVP-bedrag	€	13.600
	• van diverse afgeleverde goederen de facturen nog *niet* zijn verzonden; VVP-bedrag	€	17.400

Gevraagd
Journaliseer voorgaande gegevens over januari 2017. Vermeld de dagboeken.

14.12 MC (§ 14.3) Bij Hollandia Textiel worden steeds eerst de facturen verzonden voordat wordt overgegaan tot het verzenden van de goederen.
Welke grootboekrekening(en) worden gebruikt wanneer Hollandia Textiel streeft naar een zo gering mogelijk aantal grootboekrekeningen?

a 134 Afgeleverde goederen
b 735 Af te leveren goederen
c 134 Afgeleverde goederen én 735 Af te leveren goederen
d Geen van de genoemde rekeningen.

14.13* (§ 14.3) De stamgegevens van handelsonderneming Kobol bevatten onder andere de volgende
- *grootboekrekeningen*
  140 Crediteuren
  145 Ontvangen goederen
  700 Voorraad goederen
  710 Ontvangen facturen
  720 Prijsverschillen bij inkoop
  800 Inkoopprijs verkopen
- *rekeningen in de subadministratie crediteuren*
  14071 Groothuis bv
  14083 Limperg nv

In mei 2017 zijn onder meer de volgende gegevens verzameld.

3/5	I-170044	Factuur ontvangen van Groothuis bv		
		Goederen	€	15.000
		Omzetbelasting 21%	-	3.150
		Factuurbedrag	€	18.150

11/5	MO-170052	Ontvangen goederen tegen VVP	€	17.000
18/5	IC-170002	Creditnota ontvangen van Limperg nv		
		Goederen	€	1.000
		Omzetbelasting 21%	-	210
		Factuurbedrag	€	1.210
20/5	MO-170053	Ontvangen goederen tegen VVP	€	2.000
24/5	MO-170054	Retourgezonden goederen tegen VVP	€	1.500
25/5	I-170045	Factuur ontvangen van Limperg nv		
		Goederen	€	3.500
		Omzetbelasting 21%	-	735
		Factuurbedrag	€	4.235
31/5	MA-170005	Afstemregister ontvangen facturen/goederen		
		Totale VVP-waarde	€	14.500
		Totale factuurprijs	€	15.000

Gevraagd
Boek voorgaande financiële feiten in het inkoopboek, het magazijnontvangstenboek en het afstemregister inkopen, volgens de volgende lineatuur. Journaliseer vervolgens deze dagboeken.

Lineatuur inkoopboek

Inkoopboek (tegenrekening 710 Ontvangen facturen)					
Datum	**Boekingsstuk**	**Crediteur**	**Totaal**	**Goederen**	**OB**

Lineatuur magazijnontvangstenboek

Magazijnontvangstenboek				
Datum	**Boekingsstuk**	**Grootboekrekening**	**Debet**	**Credit**

Lineatuur afstemregister inkopen

Afstemregister inkopen				
Datum	**Boekingsstuk**	**Grootboekrekening**	**Debet**	**Credit**

15 Periodeafsluiting (1/2)

15.01 (§ 15.3) Op de saldibalans per 31 december 2017 van de handelsonderneming van Mary Lewin komt onder andere voor:

Nr.	Rekening	Debet		Credit	
002	Inventaris	€	52.000		
130	Debiteuren	-	54.000		
180	Te vorderen OB	-	28.000		
181	Te betalen OB			€	37.100
185	Af te dragen OB				
410	Loonkosten	-	14.000		
700	Voorraad goederen	-	70.000		
830	Kortingen bij verkoop	-	6.000		

Bij de periodeafsluiting is gebleken dat de gegevens op de volgende boekingsstukken nog niet in de boekhouding zijn verwerkt.

20/12	IB-17018	Een werkstudent is voor enkele dagen werken		
		uitbetaald in natura. De afgegeven goederen hadden		
		een verkoopprijs (inclusief 21% OB) van	€	726
		De brutowinstmarge van deze goederen is 50% van		
		de inkoopprijs.		
27/12	VC-17012	In verband met kwaliteitsafwijkingen aan geleverde		
		goederen korting verstrekt aan Flip Milano.		
		bedrag van de korting	€	200
		21% OB	-	42
		Eindbedrag creditnota	€	242
31/12	IB-17019	De (gecorrigeerde) saldi op de rekeningen *180* en *181*		
		moeten worden overgebracht naar rekening		
		185 Af te dragen omzetbelasting.		

Gevraagd

a Geef de voorafgaande journaalposten uit het memoriaal.

b Stel de gewijzigde (gedeeltelijke) saldibalans per 31 december 2017 samen.

15.02 (§ 15.3) Op de saldibalans per 31 juli 2017 van Chris Oosterwaal, handelaar in verf en verfbenodigdheden in Bergen op Zoom, komt onder meer voor:

Nr.	Rekening	Debet		Credit	
077	Hypothecaire lening o/g			€	125.000
110	ING Bank	€	25.400		
130	Debiteuren	-	18.700		
182	Af te dragen OB			-	23.600
700	Voorraad verf	-	155.900		
701	Voorraad verfbenodigdheden	-	72.300		
800	Inkoopprijs verkopen verf	-	270.000		
801	Inkoopprijs verkopen verfbenodigdheden	-	49.400		
830	Kortingen bij verkoop	-	35.800		
840	Opbrengst verkopen verf			-	540.000
841	Opbrengst verkopen verfbenodigdheden			-	87.500

Na het opmaken van de saldibalans blijkt dat nog geen rekening is gehouden met de volgende financiële feiten.

1	*Bankafschrift B-55*			
	Op dit afschrift stond vermeld:			
	Aflossing hypothecaire lening Hypobank, Roosendaal	Debet	€	12.500
2	*Kopiecreditnota VC-14*			
	In verband met opgetreden kleurverschillen tussen			
	verschillende bussen verf korting verleend aan			
	Janny de Laat in Woensdrecht.			
	Bedrag van de korting (inclusief 21% OB)		€	242
3	*Kopieverkoopfactuur V-65*			
	blikken verf		€	1.250
	verfbenodigdheden		-	350
			€	1.600
	omzetbelasting 21%		-	336
	Eindbedrag factuur		€	1.936
	De inkoopprijs van de afgeleverde artikelen was			
	blikken verf		€	980
	verfbenodigdheden		-	189
4	*Intern boekingsstuk IB-11*			
	Inkoopprijs contante verkopen juli 2017			
	blikken verf		€	110.000
	verfbenodigdheden		-	38.500
	Totaal		€	148.500
5	*Intern boekingsstuk IB-12*			
	In verband met voorgaande boekingsstukken moet de			
	aangifte omzetbelasting worden aangepast.			

Gevraagd

a Geef de voorafgaande journaalposten van de gegevens op de vermelde vijf boekingsstukken.

b Stel de gewijzigde (gedeeltelijke) saldibalans per 31 juli 2017 samen.

15

15.03 (§ 15.3) Per 31 december 2017 beschikt Chris Corbijn in Middelburg voor zijn handelsonderneming over de volgende saldibalans.

Nr.	Rekening	Debet		Credit	
001	Bedrijfspand	€	300.000		
020	3,8% Lening u/g	-	25.000		
040	Eigen vermogen			€	327.500
077	4% Hypothecaire lening o/g			-	120.000
100	Kas	-	6.800		
110	Bank	-	24.300		
130	Debiteuren	-	33.000		
140	Crediteuren			-	14.200
180	Te vorderen OB	-	25.400		
181	Te betalen OB			-	32.700
190	Vooruitbetaalde bedragen	-	4.000		
191	Vooruitontvangen bedragen			-	4.400
192	Nog te betalen bedragen			-	2.400
193	Nog te ontvangen bedragen	-	300		
410	Loonkosten	-	30.400		
445	Assurantiekosten	-	8.400		
460	Interestkosten	-	6.600		
480	Overige kosten	-	15.400		
700	Voorraad goederen	-	100.400		
800	Inkoopprijs verkopen	-	600.000		
840	Opbrengst verkopen			-	670.000
960	Huuropbrengst			-	7.700
961	Interestopbrengst			-	1.100
		€	1.180.000	€	1.180.000

Alsnog te boeken over december 2017:

1 de assurantiekosten van €800 (vooruitbetaald)
2 de interestkosten van €600 (nog te betalen)
3 de huuropbrengst van €1.100 (vooruit ontvangen)
4 de interestopbrengst van €100 (nog te ontvangen).

Gevraagd

a Geef de voorafgaande journaalposten uit het memoriaal.

b Stel de winst- en verliesrekening over 2017 en de balans per 31 december 2017 samen.

15.04 (§ 15.4) Paul van der Linden in Nijmegen past in zijn boekhouding de permanence toe met maandelijkse resultaatbepaling.
Hij heeft de volgende gedeeltelijke saldibalans per 31 maart 2017 opgemaakt.

Nr.	Rekening	Debet		Credit	
100	Kas	€	800		
110	Bank			€	1.600
130	Debiteuren	-	8.600		
140	Crediteuren			-	9.300
180	Te vorderen OB	-	12.600		
181	Te betalen OB			-	21.600
185	Af te dragen OB				
490	Algemene kosten	-	27.800		
700	Voorraad goederen	-	76.500		
800	Inkoopprijs verkopen	-	145.500		
830	Kortingen bij verkoop	-	12.000		
840	Opbrengst verkopen			-	216.400

Bij de periodeafsluiting werden de volgende fouten geconstateerd:
1 Een betaling aan een crediteur van €1.210 (inclusief 21% OB) werd abusievelijk geboekt als een ontvangst van een debiteur.
2 Een verleende korting van €242 inclusief 21% OB werd ten onrechte voor €200 gedebiteerd op rekening *840 Opbrengst verkopen*.
3 De kasontvangst van een betaling door een afnemer van €820 werd geboekt voor een bedrag van €280.
4 De per bank betaalde factuur van de energiekosten over maart 2017, groot €968, inclusief 21% OB, is geboekt zonder omzetbelasting.
5 De aangifte omzetbelasting moet nog worden opgesteld en geboekt.

Gevraagd
a Geef de voorafgaande journaalposten.
b Stel de kolommenbalans samen, waarin zijn opgenomen:
- de voorlopige saldibalans per 31 maart 2017
- de voorafgaande journaalposten
- de gewijzigde saldibalans per 31 maart 2017
- de winst- en verliesrekening over maart 2017
- de balans per 31 maart 2017.

c Bepaal in hoeverre het perioderesultaat gecorrigeerd is met behulp van de voorafgaande journaalposten.

15.05 (§ 15.4) Bij controle van de boekhouding van de handelsonderneming van Edith Weijsters in Edam komen de volgende onvolkomenheden aan het licht:
1 De afgelopen periode is bij het vastleggen van de verkopen in rubriek 8 uitsluitend gebruikgemaakt van de grootboekrekening *850 Brutowinst op verkopen*, terwijl deze rekening niet meer in gebruik is.
Edith had de rekeningen *800 Inkoopprijs verkopen*, *830 Kortingen bij verkoop* en *840 Opbrengst verkopen* moeten gebruiken.
De gegevens van de afgelopen periode zijn als volgt:

Omzet	€	3.200.000
Af: verleende korting	-	800.000
Netto-omzet	€	2.400.000
21% OB	-	504.000
Totaal gefactureerd	€	2.904.000
De inkoopprijs bedroeg	€	1.100.000

Hiervan is gejournaliseerd:

	130	Debiteuren	€	2.904.000		
Aan	700	Voorraad goederen			€	1.100.000
Aan	850	Brutowinst op verkopen			-	1.300.000
Aan	181	Te betalen OB			-	504.000

2 De huurkosten van het magazijn, groot €2.200, zijn geboekt op de rekening *490 Algemene kosten*. Dit bedrag had geboekt moeten worden op rekening *440 Huurkosten*. Over deze huurkosten is geen OB verschuldigd.
3 De creditnota die verzonden is aan afnemer Jan Karelse, is geboekt alsof het een van leverancier Karel Jansse ontvangen creditnota betrof. De creditnota voor een bedrag van €484, inclusief 21% OB, heeft betrekking op een korting wegens beschadigingen.

Gevraagd
Geef de correctiejournaalposten naar aanleiding van de hiervóór vermelde gegevens.

15.06 (§ 15.5) In de handelsonderneming van Onno Veldkamp in Emmen bleek bij de periodeafsluiting per 31 december 2017 na inventarisatie:

Voorraad kasgeld	€	1.350
Voorraad goederen	-	34.600

De saldibalans per 31 december 2017 bevatte onder andere de volgende posten:

Nr.	Rekening	Debet		Credit
100	Kas	€	1.390	
700	Voorraad goederen	-	33.900	

Naast de zojuist genoemde rekeningen komen in het grootboek van Onno Veldkamp onder andere nog voor:
480 Kasverschillen
481 Voorraadverschillen

Gevraagd
Geef de voorafgaande journaalposten van het kasverschil en het voorraadverschil.

15.07 (§ 15.5) De gedeeltelijke saldibalans per 31 december 2017 van Jolande van Amelsfoort in Maastricht ziet er als volgt uit:

Nr.	Rekening	Debet		Credit	
100	Kas	€	4.850		
700	Voorraad goederen	-	36.750		

Bij de periodeafsluiting is geconstateerd dat de volgende fouten zijn gemaakt bij de verwerking van de financiële feiten over de afgelopen periode:

1. Een contante verkoop van €968 inclusief 21% OB is niet geboekt. De inkoopprijs van de verkochte goederen is €520. De goederen zijn afgeleverd.
2. Bij een contante inkoop voor een totaalbedrag van €726 is vergeten de OB te boeken. Het bedrag is inclusief 21% OB.
3. Een opname van €200 uit de kas van de onderneming werd geboekt voor €300.

Na inventarisatie per 31 december 2017 bleken de volgende cijfers:

Voorraad kasgeld	€	5.848
Voorraad goederen	-	36.400

Gevraagd

a Geef de voorafgaande journaalposten van de gegevens 1, 2 en 3.
b Bereken per 31 december 2017:
  1 het kasverschil
  2 het voorraadverschil.
  Vermeld bij elk verschil of dit voor- of nadelig is.
c Geef de voorafgaande journaalposten van de onder **b** berekende verschillen.

15.08* (§ 15.6) De saldibalans per 31 december 2017 van Bouwvaria in Meppel vertoont het volgende beeld:

Nr.	Rekening	Debet		Credit	
001	Verkooploods	€	450.000		
002	Inventaris	-	125.000		
040	Eigen vermogen			€	425.000
076	4% Lening L. Vasalis			-	40.000
077	3% Hypothecaire lening o/g			-	160.000
100	Kas	-	4.000		
120	ING Bank	-	38.000		
130	Debiteuren	-	56.000		
140	Crediteuren			-	62.000
182	Af te dragen OB			-	40.000
410	Lonen en salarissen	-	88.000		
448	Onderhoudskosten loods	-	14.000		
490	Overige bedrijfskosten	-	33.000		
700	Voorraad plavuizen	-	35.000		
701	Voorraad wandbedekking	-	47.000		

Nr.	Rekening	Debet	Credit
702	Voorraad open haarden	- 22.000	
800	Inkoopprijs verkochte plavuizen	- 150.000	
801	Inkoopprijs verkochte wandbedekking	- 200.000	
802	Inkoopprijs verkochte open haarden	- 84.000	
840	Opbrengst verkochte plavuizen		- 262.000
841	Opbrengst verkochte wandbedekking		- 277.000
842	Opbrengst verkochte open haarden		- 80.000
		€ 1.346.000	€ 1.346.000

Voordat Bouwvaria de kolommenbalans kan opstellen, moeten de volgende feiten worden verwerkt:

- De verkoop per kas en de aflevering van een partij plavuizen – verkoopopbrengst €5.000 (exclusief 21% OB), inkoopwaarde €3.000 – is geboekt alsof het een verkoop van wandbedekking was.
- Nog niet geboekt is de per ING betaalde aflossing op de 4% Lening L. Vasalis, groot €4.000.
- Het op een ontvangen factuur vermelde bedrag van €4.200 (exclusief 21% OB) voor een reparatie aan het dak van de loods is geboekt op rekening *490 Overige bedrijfskosten*.
- Van de verkoop per kas van een open haard – verkoopopbrengst €2.000 (exclusief 21% OB), inkoopwaarde €2.500 – is geboekt

	Kas	€ 2.420	
Aan	Voorraad open haarden		€ 2.000
Aan	Te betalen OB		- 420

Gevraagd

a Geef de voorafgaande journaalposten uit het memoriaal.

b Stel de kolommenbalans samen, waarin zijn opgenomen:
- de voorlopige saldibalans per 31 december 2017
- de voorafgaande journaalposten
- de gewijzigde saldibalans per 31 december 2017
- de winst- en verliesrekening over 2017
- de balans per 31 december 2017.

15

15.09 (§ 15.6) De saldibalans per 31 januari 2017 van Adriaan Keuning in Bussum toont het volgende beeld:

Nr.	Rekening	Debet		Credit	
002	Inventaris	€	163.000		
040	Eigen vermogen			€	200.000
076	4% Lening			-	31.400
100	Kas	-	5.900		
110	Bank	-	18.400		
130	Debiteuren	-	24.500		
140	Crediteuren			-	22.300
180	Te vorderen omzetbelasting	-	9.300		
181	Te betalen omzetbelasting			-	12.600
182	Af te dragen omzetbelasting				
410	Loonkosten	-	5.700		
440	Huurkosten	-	4.400		
480	Algemene kosten	-	2.200		
700	Voorraad goederen	-	48.200		
800	Inkoopprijs omzet	-	53.400		
840	Omzet			-	68.300
850	Brutowinst op verkopen			-	400
		€	335.000	€	335.000

Verdere gegevens

002 De aanschaf van een videobewakingssysteem voor €2.200 (exclusief 21% OB) is ten onrechte op rekening *480* geboekt.

110 Nog niet geboekt is de per bank betaalde aflossing op de 4% lening, groot €2.000.

180 Het saldo moet worden overgeboekt naar rekening *182*.

181 Het saldo moet worden overgeboekt naar rekening *182*.

850 Bij verkoop van een partij goederen voor €3.000 (exclusief 21% OB) is voor het vastleggen van de brutowinst van €400 in rubriek 8 ten onrechte gebruikgemaakt van rekening *850 Brutowinst op verkopen*. Deze rekening komt sinds 1 januari 2013 niet meer voor in het rekeningenschema van Adriaan Keuning.

Gevraagd

a Geef de voorafgaande journaalposten uit het memoriaal.

b Stel de kolommenbalans samen, waarin zijn opgenomen:
- de voorlopige saldibalans per 31 januari 2017
- de voorafgaande journaalposten
- de gewijzigde saldibalans per 31 januari 2017
- de winst- en verliesrekening over januari 2017
- de balans per 31 januari 2017.

c Bepaal in hoeverre het perioderesultaat gecorrigeerd is met behulp van de voorafgaande journaalposten.

16 Interestkosten, interestopbrengsten en kosten van vaste activa

16.01 (§ 16.2) Op 1 april 2017 sluit Johan Verbiesen in Meppel een 3% lening van €120.000. Dit bedrag wordt per bank ontvangen.
De betaling van de interest zal halfjaarlijks achteraf per bank plaatsvinden op 31 maart en 30 september, voor het eerst op 30 september 2017.
Op de zojuist genoemde data zal ook €6.000 per bank worden afgelost, voor het eerst op 30 september 2017.

In het grootboek van Johan Verbiesen – waarin de maandelijkse permanence wordt toegepast – komen onder andere de volgende rekeningen voor:
076 Leningen o/g
110 Bank
170 Te betalen interest
470 Interestkosten

Gevraagd

a Geef de journaalposten met betrekking tot:
1 het afsluiten van de lening in april 2017
2 de interestkosten van de lening in april 2017
3 de betaling van interest en aflossing in september 2017
4 de interestkosten van de lening in oktober 2017.
Vermeld de dagboeken waaruit deze journaalposten worden gemaakt.

b Met welke bedragen komen de grootboekrekeningen *076 Leningen o/g* en *170 Te betalen interest* voor op de balans per 31 december 2017 (debet of credit?).

16.02 (§ 16.2) Hetty van Deyk in Zutphen sluit op 1 september 2016 bij een familielid een 3% lening van €100.000. De lening wordt per Rabobank ontvangen.
Hetty van Deyk zal de interest op deze lening steeds op 1 maart en op 1 september per ING betalen, voor het eerst op 1 maart 2017.
Op 1 september van elk jaar zal €10.000, eveneens per ING, worden afgelost.

In het grootboek van Hetty van Deyk – waarin de maandelijkse permanence wordt toegepast – komen onder andere de volgende rekeningen voor:

076	3% Lening o/g	170	Te betalen interest
110	Rabobank	470	Interestkosten
120	ING Bank		

Gevraagd

a Geef de journaalposten die Hetty van Deyk maakt in:
1 september 2016
2 maart 2017
3 september 2017
4 oktober 2017.
Vermeld de dagboeken waaruit deze journaalposten worden gemaakt.

b Bereken de interestkosten van de lening in 2016 en in 2017.

c Bereken de bedragen waarmee de rekeningen 076 3% Lening o/g en 170 Te betalen interest voorkomen op de balansen per 31 december 2016 en 31 december 2017.

16.03 (§ 16.2) Jacques Verhaagen in Sommelsdijk sluit op 1 mei 2017 bij de ING een 4,8% lening van €112.500.

De terugbetaling van de lening moet plaatsvinden in één bedrag, uiterlijk op 30 april 2022. Vervroegde terugbetaling is mogelijk, maar dan wordt een boete van 1% van het leningbedrag in rekening gebracht.
De interest op de lening moet halfjaarlijks worden voldaan op 30 april en op 31 oktober, voor het eerst op 31 oktober 2017. Jaarlijks op 30 april kan door de bank het interestpercentage worden bijgesteld.
De ontvangst en de betaling van geldbedragen vinden plaats per ING.

Jacques Verhagen past de permanence toe en stelt maandelijks een winst- en verliesrekening op.
In verband met het opnemen van de lening bij de ING hanteert Jacques Verhaagen in zijn grootboek de volgende rekeningen:
081 Lening ING Bank
120 ING Bank
193 Nog te betalen bedragen
470 Interestkosten

Gevraagd
a Geef de journaalposten in mei 2017 met betrekking tot:
  1 het afsluiten van de lening en de ontvangst van het geleende bedrag, onder aftrek van 0,5% afsluitprovisie over het geleende bedrag van €112.500
  2 de interestkosten van de lening.
b Geef de journaalpost van de betaling van de interest op 31 oktober 2017.

Op 30 april 2018 wordt het interestpercentage door de ING gewijzigd in 5,2%.

Gevraagd
c Geef de journaalpost in mei 2018 voor de interestkosten van de lening.
d Geef de journaalpost van de betaling van de interest op 31 oktober 2018.

Op 30 april 2019 wordt de hoogte van de interest door de ING gewijzigd in 5,6%. In verband met de forse verhoging van het interestpercentage besluit Jacques Verhaagen tot vervroegde aflossing van de lening.

Gevraagd
e Geef de journaalpost van de betaling op 30 april 2019 van:
- de interest op de lening over de periode 1 november 2018 t/m 30 april 2019
- de aflossing van de lening
- de boete voor vervroegde terugbetaling.

16.04 (§ 16.2) Woningbouwvereniging 'Ons Bezit' in Gorinchem sluit op 1 februari 2017 bij financieringsinstelling 'High Finance' in Sliedrecht een 3% hypothecaire geldlening af van €1.000.000.
De interest moet halfjaarlijks achteraf worden betaald op 1 februari en 1 augustus van elk jaar. De lening wordt in 20 gelijke jaarlijkse termijnen afgelost; de eerste aflossing moet op 1 februari 2018 worden betaald.
Alle ontvangsten en betalingen vinden per Rabobank plaats.
Zowel 'Ons Bezit' als 'High Finance' past de maandelijkse permanence toe.

Gedeeltelijk rekeningenstelsel van 'Ons Bezit':
077 Hypothecaire lening o/g
110 Rabobank
170 Te betalen interest
470 Interestkosten

Gedeeltelijk rekeningenstelsel van 'High Finance':
078 Hypothecaire lening u/g
110 Rabobank
192 Te ontvangen interest
961 Interestopbrengst

Gevraagd

a Geef de journaalposten die 'Ons Bezit' maakt in:
  1 februari 2017
  2 augustus 2017
  3 februari 2018
  4 maart 2018.

b Geef de journaalposten die 'High Finance' maakt in de onder **a** genoemde maanden.

16.05 MC (§ 16.2) In de handelsonderneming van Monique Soetman – waar het boekjaar samenvalt met het kalenderjaar – komt op de saldibalans per 31 december 2017 voor:

Nr.	Rekening	Debet		Credit	
077	4% Hypothecaire lening			€	135.000
193	Te betalen hypotheekinterest			-	...
435	Kosten hypotheekinterest	€	...		

Voor de hypothecaire lening – die oorspronkelijk €180.000 bedroeg – vinden de volgende betalingen plaats:
- de interest halfjaarlijks achteraf op 1 maart en 1 september
- de aflossing van €15.000 jaarlijks op 1 september.

De journaalpost voor de interestkosten wordt elke maand gemaakt. Over december 2017 moet deze nog worden gemaakt.

Gevraagd

Welke bedragen staan op de saldibalans?

a Rekening 435 €0.000 en rekening 193 €0
b Rekening 435 €450 en rekening 193 €1.350
c Rekening 435 €5.350 en rekening 193 €1.350
d Rekening 435 €5.800 en rekening 193 €1.800

16.06 (§ 16.3) Sandra Romano in Zaandam ontvangt in april 2017 van notaris A. Jansen in Amsterdam de volgende afrekening in verband met de aankoop van volgend bedrijfspand:

Aankoopsom bedrijfspand Heynweg 33 in Zaandam			€	910.000
Notariskosten	€	24.800		
Vooruitbetaling gemeentelijke belasting	-	2.000		
			-	26.800
Door u te betalen			€	936.800

Het grootboek van Sandra Romano bevat onder andere de volgende rekeningen:

001 Gebouwen
110 Bank
190 Vooruitbetaalde bedragen

Gevraagd
Geef de journaalpost die Sandra Romano naar aanleiding van deze aankoop maakt, als gegeven is dat de betaling per bank is gebeurd.

16.07 (§ 16.3) Patrick Colijn ontvangt – in verband met de aankoop van een kantoorpand in zijn woonplaats Deventer – op 1 mei 2017 de volgende afrekening van notaris F. Ruys:

Aankoopsom kantoorpand Kleyweg 120 in Deventer			€	455.000
Overdrachtskosten			-	15.000
			€	470.000
3,4% hypothecaire geldlening, verkregen van de				
Verenigde Spaarbank in Deventer	€	270.000		
Afsluitkosten	-	5.400		
			-	264.600
Door u te betalen			€	205.400

De interest op de 3,4% hypothecaire lening moet halfjaarlijks achteraf worden betaald op 30 april en 31 oktober, voor het eerst op 31 oktober 2017.

Gevraagd
a Geef de journaalpost die Patrick Colijn van de aankoop maakt, als door hem €180.000 per bank wordt betaald en de rest in contanten.
b Geef de journaalpost over mei 2017 van de interestkosten op de 3,4% hypothecaire lening.

16.08 (§ 16.4) Christine van Maasakkers in Apeldoorn koopt op 1 juni 2017 voor de kleinere afleveringen van haar groothandelsbedrijf een Peugeot bestelbusje voor:

Aankoopprijs	€	12.400,00
Afleveringskosten en verwijderingsbijdrage	-	558,00
	€	12.958,00
Omzetbelasting 21%	-	2.721,18
	€	15.679,18
Leges	-	42,00
	€	15.721,18

De aankoop vindt plaats op rekening.
Per 1 juni 2017 sluit zij een all-riskverzekering op deze auto af. De premie, die steeds per kwartaal (op 1 maart, 1 juni, 1 september en 1 december) per bank vooruitbetaald moet worden, bedraagt €360 per kwartaal. De eerste betaling vindt plaats op 1 juni 2017.
De afschrijving op de bestelbus is per maand 1,5% van de aanschafprijs.

In het grootboek van Christine van Maasakkers komen onder meer voor de rekeningen:

003	Auto's	190	Vooruitbetaalde bedragen
110	Bank	433	Afschrijvingskosten auto's
140	Crediteuren	441	Assurantiekosten
180	Te vorderen OB		

Maandelijks stelt Christine van Maasakkers een winst- en verliesrekening op.

Gevraagd

a Geef alle journaalposten die naar aanleiding van voorgaande gegevens kunnen worden gemaakt over juni 2017. Vermeld de dagboeken.

b Stel de grootboekrekeningen *003* en *433* over 2017 samen (inclusief het afsluiten per 31 december 2017).

16.09 (§ 16.4) Op de saldibalans per 1 december 2017 van Stella Maris in Noordwijk aan Zee komen onder andere voor de rekeningen:

Nr.	Rekening	Debet	Credit
001	Winkelpand	€ 723.000	
020	Winkelinventaris	- 41.625	
021	Bestelwagens	- 63.000	
430	Afschrijvingskosten winkelpand	- ...	
435	Afschrijvingskosten winkelinventaris	- ...	
440	Afschrijvingskosten bestelwagens	- ...	

Verdere gegevens

- Op het winkelpand schrijft Stella Maris per jaar 4% van de aanschafprijs van €900.000 af.
- Op de winkelinventaris schrijft Stella Maris per jaar €13.500 af.
- Begin 2016 zijn de vier bestelwagens aangeschaft voor €24.375 (exclusief OB) per stuk.

Stella Maris schrijft de bestelwagens af met maandelijks gelijke bedragen. De verwachte levensduur is vijf jaar en de geschatte restwaarde na vijf jaar is €1.875 (exclusief OB) per stuk.

De afschrijvingskosten worden maandelijks geboekt; over december 2017 moeten de boekingen nog worden gemaakt.
In 2017 vond geen aan- of verkoop van vaste activa plaats.

Gevraagd

a Bepaal de saldi van de grootboekrekeningen *430*, *435* en *440* per 1 december 2017 (op de saldibalans aangegeven met €...).

b Geef de boekingen van de afschrijvingskosten voor december 2017 in het memoriaal.

c Bereken de boekwaarde van het winkelpand, de winkelinventaris en de bestelwagens op 31 december 2017.

16.10 (§ 16.4) Op de saldibalans per 30 november 2017 van Miserable in Eindhoven komt onder andere voor:

Nr.	Rekening	Debet		Credit	
003	Auto's	€	180.000		
013	Afschrijving auto's			€	72.000
433	Afschrijvingskosten auto's	-	39.600		

De afschrijving is 24% per jaar, genomen over de aanschafprijs. De afschrijving boekt Miserable maandelijks; de boekingen t/m november 2017 zijn al gemaakt.

Gevraagd

a Journaliseer de afschrijvingskosten over december 2017 in het memoriaal.

b Geef de kolommenbalans per 31 december 2017 voor deze drie rekeningen.

c Bereken de boekwaarde van de auto's per 31 december 2017.

16.11 (§ 16.4) Op 31 december 2016 heeft de grootboekrekening *001 Huizen* bij woningbouwvereniging Noordenveld in Norg een saldo van €1.080.000. De huizen zijn indertijd gekocht voor €1.500.000.
Noordenveld besluit met ingang van 1 januari 2017 de aanschafprijs en de cumulatieve afschrijving *afzonderlijk* in het grootboek op te nemen. Daarom werkt zij voortaan met de volgende drie rekeningen:

001 Huizen
005 Afschrijving huizen
430 Afschrijvingskosten huizen

Gevraagd

a Geef de te maken journaalpost in verband met de invoering van rekening *005*.

Elke maand schrijft Noordenveld 0,25% van de aanschafprijs op de huizen af.

b Geef de maandelijkse boeking van de afschrijvingskosten.

c Geef de grootboekrekeningen *001*, *005* en *430* over 2017.
Sluit de rekeningen af per 31 december 2017 en heropen ze - zo nodig - per 1 januari 2018.

16.12 (§ 16.5) Op de saldibalans per 30 november 2017 van EuroTrend in Laren komt onder andere voor:

Nr.	Rekening	Debet		Credit	
003	Bestelwagens	€	98.000		
013	Afschrijving bestelwagens			€	44.000
433	Afschrijvingskosten bestelwagens	-	20.200		

EuroTrend boekt de afschrijving op de bestelwagens maandelijks. Deze bedraagt 2% van de aanschafprijs van de bestelwagens die aan het begin van de betrokken maand aanwezig zijn.
Eind december 2017 koopt EuroTrend een nieuwe bestelwagen. EuroTrend ruilt een oude bestelwagen in.

De factuur is als volgt:

Aan u geleverd bestelauto Mercedes			€	45.000
Diverse accessoires (schuifdak, trekhaak, cd-speler)			-	2.000
			€	47.000
Omzetbelasting 21%			-	9.870
			€	56.870
Leges op naam zetten			-	10
Kenteken leges			-	32
			€	56.912
Van u ingekocht:				
Bestelauto	€	11.000		
Omzetbelasting 21%	-	2.310		
			-	13.310
Door u te betalen			€	43.602

De ingeruilde bestelwagen is aangeschaft voor €32.000, exclusief omzetbelasting, terwijl de cumulatieve afschrijving per 30 november 2017 €22.000 bedroeg.
Het factuurbedrag werd pas in januari 2018 door EuroTrend betaald.

Gevraagd

a Journaliseer voorgaande gegevens over de maand december 2017. Vermeld de dagboeken.

b Geef aan met welke bedragen de grootboekrekeningen *003* en *013* voorkomen op de balans per 31 december 2017.

16.13 (§ 16.5) Op de balans per 31 mei 2017 van handelsonderneming Prima Nova staan onder andere de volgende materiële vaste activa vermeld:

001	Gebouwen	€	5.760.000		
011	Afschrijving gebouwen	-	605.000		
				€	5.155.000
002	Computers	€	1.125.000		
012	Afschrijving computers	-	416.250		
				€	708.750
005	Overige inventaris			€	450.000

Prima Nova schrijft jaarlijks 6% af op de aanschafprijs van de gebouwen en 24% op de aanschafprijs van de computers. Over de in een bepaalde maand gedane investeringen en desinvesteringen hanteert ze de helft van het afschrijvingspercentage over die maand.
De overige inventaris schrijft ze in vijf jaar lineair af. Op de op rekening *005* vermelde inventaris is per 31 mei 2017 al 40% afgeschreven.
Prima Nova besluit om met ingang van 1 juni 2017 ook voor de overige inventaris de aanschafprijs en de cumulatieve afschrijving afzonderlijk in het grootboek op te nemen. Hiertoe voerde ze de rekening *015 Afschrijving overige inventaris* in.

In maart 2017 is een pand in Utrecht verkocht en een pand in 's-Hertogenbosch aangekocht. Op dat moment is rekening *001 Gebouwen* gedebiteerd voor €787.500. De factuur die in verband hiermee werd ontvangen, was als volgt:

Aankoop pand 's-Hertogenbosch, inclusief bijkomende kosten	€	1.207.500
Verkoop pand Utrecht, na aftrek bijkomende kosten	-	420.000
Totaal	€	787.500

Het oude pand in Utrecht was in september 2014 voor €480.000 aangeschaft.

Het grootboek van Prima Nova bevat onder andere ook de rekeningen:
431 Afschrijvingskosten gebouwen
432 Afschrijvingskosten computers
435 Afschrijvingskosten overige inventaris

Gevraagd

a Geef alle journaalposten uit het memoriaal waardoor bij Prima Nova de hiervoor genoemde rekeningen per 1 juni 2017 het juiste bedrag aangeven.
NB Maak onder andere gebruik van de rekening *980 Incidentele resultaten.*

b Geef de journaalpost(en) van de afschrijving op de diverse materiële vaste activa over juni 2017 uit het memoriaal.

16.14 (§ 16.5) Bij winkelbedrijf A&C met een groot aantal filialen door het hele land bedraagt de maandelijkse afschrijving op de winkelpanden per 30 april 2017 €38.000.

In mei 2017 doen zich met betrekking tot de winkelpanden de volgende gebeurtenissen voor:

1 Aangekocht het winkelpand Vinkenpassage 37 te Groningen voor €1.800.000. De aankoopprijs is per bank betaald.
2 Factuur ontvangen met betrekking tot een grote verbouwing aan het pand Markt 23 in Assen voor een bedrag van €228.000, exclusief 21% omzetbelasting.
3 Verkocht het winkelpand Rompertcentrum 49 in Groningen voor €720.000; verkoopkosten €20.000. Het bedrag is per bank ontvangen. Dit winkelpand is indertijd aangekocht voor €400.000; enkele jaren geleden is voor een verbouwing €200.000, exclusief omzetbelasting, betaald. In totaal was per 1 mei 2017 op dit pand €240.000 afgeschreven.

De jaarlijkse afschrijving op winkelpanden bedraagt 2% van het totaal van de aanschafprijzen (vermeerderd met uitgaven voor verbouwingen). De afschrij- vingskosten in een bepaalde maand worden berekend aan de hand van de op de eerste dag van de maand aanwezige winkelpanden.

Gevraagd

a Journaliseer de gegevens 1, 2 en 3. Vermeld uit welke dagboeken deze journaalposten worden opgesteld.

b Stel het standregister voor de afschrijvingskosten samen over mei 2017.
NB Maak hiertoe een opstelling als aangegeven in het tekstboek in voorbeeld 16.9.

c Journaliseer uit het memoriaal de afschrijvingskosten over
1 mei 2017
2 juni 2017.

16.15* (§ 16.5) Battex bv in Haarlem beschikt per 1 januari 2017 over een vijftal winkelpanden, waarvoor per deze datum geldt:

aanschafprijs	€	4.800.000
boekwaarde	-	3.800.000

In de boekhouding van Battex bv staat alleen de boekwaarde vermeld op rekening *001 Winkelpanden*.

Battex bv besluit voortaan de aanschafprijs en de boekwaarde in het grootboek tot uitdrukking te brengen. Daartoe werkt ze vanaf 1 januari 2017 in het grootboek met de rekeningen:
001 Winkelpanden
011 Afschrijving winkelpanden
431 Afschrijvingskosten winkelpanden

a Geef de journaalpost die Battex bv per 1 januari 2017 moet maken in verband met de hiervoor beschreven boekingseis.
Elke maand schrijft ze op de winkelpanden 0,3% van de aanschafprijs af. De afschrijving wordt gebaseerd op de winkelpanden, die aan het begin van de betrokken maand in eigendom zijn.

b Geef de journaalpost van de afschrijvingskosten winkelpanden voor januari 2017.

Uitsluitend in de maanden april en oktober 2017 doen zich ten aanzien van de winkelpanden investeringen en desinvesteringen voor (zie het vervolg van deze opgave).

In april vinden de volgende financiële feiten plaats:
1 Aan een bestaand winkelpand vindt een verbouwing plaats. De factuur van de aannemer wijst aan €160.000 + €33.600 OB = €193.600.
2 Gekocht een nieuw winkelpand voor €820.000; overdrachtskosten €20.000. De betaling vindt per bank plaats.

c Geef de journaalposten van de zojuist vermelde financiële feiten 1 en 2.
d Geef de journaalpost van de afschrijvingskosten winkelpanden voor mei 2017.

In oktober 2017 wordt een winkelpand met een aanschafprijs van €600.000 en een boekwaarde van €440.000 verkocht voor €570.000.
Per bank wordt ontvangen €570.000 - €40.000 verkoopkosten = €530.000.

e Geef de journaalpost in verband met de verkoop van het zojuist bedoelde winkelpand.
NB
- Bij de berekening van de boekwaarde van €440.000 is rekening gehouden met de afschrijving over oktober 2017.
- Maak gebruik van de rekening *980 Incidentele verliezen en winsten.*

f Geef de journaalpost van de afschrijvingskosten winkelpanden voor november 2017.
g Stel de grootboekrekening *011 Afschrijving winkelpanden* over 2017 samen (inclusief afsluiten en heropenen).

16.16 (§ 16.6) *In deze opgave blijft de omzetbelasting buiten beschouwing.*

Multicom bv in Haarlem koopt computergestuurde draaibanken in voor €150.000 per stuk; dit is tevens de magazijnprijs.
Zij verkoopt deze contant voor €200.000 per stuk. Multicom bv biedt ook de mogelijkheid deze draaibanken te leasen.

Finex bv in Leiden heeft met Multicom bv een financial-leasecontract afgesloten voor één draaibank.
Bij een leasecontract voor één draaibank moet worden betaald:

• begin jaar 1 t/m 8	: leasetermijn	€	34.080
• eind jaar 8	: overdrachtskosten	€	100

Bij de vaststelling van de leasetermijnen rekende Multicom bv met 10% interest per jaar.

Finex bv schrijft jaarlijks €25.000 af op de geleasede draaibank.

Finex bv heeft in haar boekhouding onder andere de volgende grootboekrekeningen in gebruik:

030	Machines	110	Bank
035	Machines in leasing	141	Leasecrediteuren
040	Afschrijving machines in leasing	460	Afschrijvingskosten
050	Leaseverplichtingen	470	Interestkosten

Gevraagd
Journaliseer voor Finex bv de volgende financiële feiten:
1 Het sluiten van het contract, dat tegen contante verkoopprijs in het grootboek wordt vastgelegd.
2 Het vervallen van de termijn begin jaar 1 (deze termijn bevat geen interest).
3 Het vervallen van de termijn begin jaar 2 (deze termijn bevat €16.592 interest).
4 De jaarlijkse afschrijving op de geleasede draaibank.
5 De overdracht van de geleasede draaibank eind jaar 8. De overdrachtskosten worden per bank betaald.

16.17 (§ 16.5) Power Groep bv in Gouda houdt zich bezig met de aanleg van pijpleidingen en kabels voor gemeenten en provinciale overheden. De groep heeft voor haar werk onder meer de beschikking over graafmachines van het type JBL-80P. De graafmachines worden via financiële leasing verkregen bij Leaseplan nv in Almere.
Er zijn twee graafmachines geleased. De graafmachines die tezamen een aanschafprijs hebben van €230.400 worden in 36 maanden betaald. Termijnbetalingen vinden steeds aan het einde van de maand plaats.
Na afloop van de leaseperiode van drie jaar kan Power Groep bv de juridische eigendom van de graafmachines verkrijgen. Daarvoor is zij in totaal een bedrag verschuldigd van €16.000, vermeerderd met €3.360 omzetbelasting.
De bedrijfsleiders van Power Groep bv beschikken ieder over een auto van de zaak van het type Volkswagen Golf. Deze auto's worden via operationele leasing eveneens geleased bij Leaseplan nv. De maandelijkse termijn van een auto is inclusief kosten van onderhoud, verzekering, hulpverlening, glasdekking en motorrijtuigenbelasting.

In de boekhouding van Power Groep bv komen onder meer de volgende grootboekrekeningen voor:

024	Machines	180	Te vorderen omzetbelasting
025	Leasemachines	181	Te betalen omzetbelasting
034	Afschrijving machines	424	Afschrijvingskosten machines
035	Afschrijving leasemachines	425	Afschrijvingskosten leasemachines
075	Leaseverplichtingen	470	Financieringskosten leasemachines
120	Rabobank	480	Onderhoudskosten
130	Debiteuren	490	Brandstofkosten auto's
140	Crediteuren	495	Huurkosten leaseauto's
141	Leasecrediteuren		
175	Te betalen omzetbelasting aan leasecrediteuren		

Gevraagd
Journaliseer voor Power Groep bv de volgende financiële feiten, waarbij uitsluitend gebruik moet worden gemaakt van de genoemde grootboekrekeningen.

1 Leasecontract gesloten voor twee graafmachines van het type JBL-80P

Aanschafprijs machines	€	230.400
Afsluitkosten contract	-	200
	€	230.600
Omzetbelasting 21% van € 230.600 =	€	48.426

De afsluitkosten van het leasecontract zijn begrepen in de eerste termijn.

2 Het vervallen van de eerste leasetermijn van de twee graafmachines, die als volgt is samengesteld:

Aflossing lening graafmachines: € 230.400 : 36 =	€	6.400
Interest	-	526
Afsluitkosten contract	-	200
Omzetbelasting	-	48.426
Totaal	€	55.552

3 De betaling van de eerste leasetermijn van de twee graafmachines via de Rabobank.

4 Het vervallen van de tweede leasetermijn van de twee graafmachines, die als volgt is samengesteld:

Aflossing lening graafmachines: € 230.400 : 36 =	€	6.400
Interest	-	526
Totaal	€	6.926

5 De maandelijkse afschrijving op de twee graafmachines JBL-80P is in totaal: (€ 230.400 + € 200) : 36 € 6.405

6 De boeking van de factuur in verband met de overdracht na drie jaar aan Power Groep bv van de juridische eigendom van de twee graafmachines.

7 Aangeschaft ten behoeve van bedrijfsleider A. van der Werf via Leaseplan nv een Volkswagen Golf V2.0 sdi.
De catalogusprijs van de auto is € 23.600.
Leaseplan nv stuurt een nota voor de eerste maandelijkse leasetermijn, die als volgt is samengesteld:

• Huur, motorrijtuigenbelasting en verzekering	€	500
• Onderhoudskosten, reparaties en glasdekking	-	110
• Omzetbelasting 21% van € 540 =	-	113,40
	€	723,40

8 De betaling per bank van de bij 7 ontvangen nota van Leaseplan nv.

9	Door bedrijfsleider A. de Boer is 52 liter diesel getankt.
	Hij heeft via de pinpas van het bedrijf € 48,36 afgerekend. In het
	bedrag is € 8,39 omzetbelasting begrepen.
	Het bedrag is van de bankrekening afgeschreven.
10	Per Rabobank betaald een nota van Autotaalglas van € 84,70, inclusief
	€ 14,70 omzetbelasting.
	Het betreft de reparatie van de voorruit van een van de leaseauto's.
	De nota is doorgestuurd naar Leaseplan nv met het verzoek het bedrag
	aan Power Groep bv over te maken. Leaseplan nv verrekent de omzetbe-
	lasting. De nota van Autotaalglas wordt niet afzonderlijk geboekt.

16.18 (§ 16.6) Machinefabriek Van der Herik bv in Schalkwijk sluit begin 2017 met Nobel bv in Ede een operationeel-leasecontract voor de duur van vijf jaar.
Op grond van dit contract wordt aan Nobel bv een nieuwe machine ter beschikking gesteld met een kostprijs voor de fabriek van €120.000 (exclusief OB). De levensduur is vijf jaar en de restwaarde daarna €12.000.
De afschrijvingsbedragen worden gesteld op gelijke bedragen per maand.
De interest over het *gemiddeld* gedurende de volle levensduur geïnvesteerd vermogen wordt gesteld op €1.100 per maand. In dit bedrag is ook de brutowinstmarge verwerkt.
De verzekeringskosten zijn €1.200 (exclusief 7% assurantiebelasting) per jaar en de kosten van groot onderhoud €3.000 per half jaar. De kosten van montage en demontage (na vijf jaar) van de machine zijn €600.
Het OB-percentage is 21, te berekenen over alle kosten exclusief de interest en de verzekeringskosten.
In het grootboek van Nobel bv komen onder meer voor de rekeningen:
040 Machines
110 Bank
180 Te vorderen OB
480 Machinekosten in verband met leasecontracten

Gevraagd

a Bereken de grootte van de maandelijkse leasetermijn die door Nobel bv moet worden betaald.
b Geef de journaalpost van de betaling (per bank) van de maandelijkse leasetermijn door Nobel bv.
c Geef de journaalpost die Nobel bv maakt, als zij na vijf jaar gebruikmaakt van een eventuele koopoptie van €12.000 (exclusief 21% OB). De betaling vindt plaats per bank.

16.19 (§ 16.6) Jesron bv in Apeldoorn verhuurt grondverzetmachines aan onder andere aannemersbedrijven. De grondverzetmachines worden met daartoe gehuurde speciale vrachtauto's naar diverse bouwplaatsen in Nederland vervoerd.
De grondverzetmachines worden in zes jaar met gelijke jaarlijkse bedragen afgeschreven tot de restwaarde is bereikt. Op grondverzetmachines die in de loop van het jaar worden aangeschaft of afgestoten, wordt afgeschreven naar evenredigheid van de gebruiksmaanden in het betrokken jaar.
Het groot onderhoud aan de grondverzetmachines wordt vrijwel uitsluitend in eigen beheer uitgevoerd. Incidenteel wordt onderhoud aan derden uitbesteed. Kleine reparaties worden altijd door Jesron bv zelf uitgevoerd.
De kosten van het groot onderhoud aan de grondverzetmachines (zoals uurlonen van monteurs, kosten van materialen uit eigen magazijn en door der-

den in rekening gebrachte kosten van uitgevoerd onderhoud) boekt Jesron bv op de rekening *700 Onderhanden onderhoudswerk*. Na gereedmelding van het groot onderhoud worden de geboekte kosten op de rekening *700 Onderhanden onderhoudswerk* overgeboekt naar de rekening *800 Kosten grondverzetmachines*.
De kosten van kleine reparaties worden direct ten laste van de rekening *800 Kosten grondverzetmachines* gebracht.

Jesron bv heeft onder andere de volgende grootboekrekeningen in gebruik:

005 Grondverzetmachines
015 Afschrijving grondverzetmachines
110 Bank
130 Debiteuren
140 Crediteuren
180 Te vorderen OB
185 Te betalen OB
310 Materialen onderhoudsmagazijn
430 Afschrijvingskosten grondverzetmachines
480 Transportkosten grondverzetmachines
700 Onderhanden onderhoudswerk
800 Kosten grondverzetmachines
810 Opbrengst verhuurmachines
850 Opbrengst groot onderhoud
910 Incidentele baten en lasten

Jesron bv heeft over juli 2017 de volgende feiten verzameld.

1 Factuur ontvangen van Mannesmann Nederland bv in Vianen wegens de levering van een		
Tipre 12 tons grondverzetmachine		€ 141.600
Extra brede rupsbanden, meerprijs		- 4.350
		€ 145.950
Af: korting		- 2.400
		€ 143.550
Omzetbelasting 21%		- 30.145,50
		€ 173.695,50
Inruil		
Comanne 6 tons grondverzetmachine	€ 23.950*	
Omzetbelasting 21%	- 5.029,50*	
		- 28.979,50
		€ 144.716
* Dit bedrag boeken op de grootboekrekening *005 Grondverzetmachines*.		
2 Factuur ontvangen van Westerhuis bv in Gouda.		
Levering en montage van een waterdicht en verwarmd		
bedieningshuis op een Tipre grondverzetmachine		€ 8.500
Groot onderhoud grondverzetmachines volgens specificatie		- 4.500
		€ 13.000
Omzetbelasting 21%		- 2.730
		€ 15.730

3 Door het onderhoudsmagazijn zijn materialen verstrekt ten behoeve van:		
groot onderhoud	€	23.000
kleine reparaties	-	2.500
	€	25.500

16

4 De afschrijving over juli 2017 van de onder post 1 aangeschafte grondverzetmachine Tipre 12 tons en de ingeruilde Comanne 6 tons van respectievelijk €1.966 en €1.185 moet nog worden geboekt.
De aanschaf en de buitengebruikstelling hebben in juli 2017 plaatsgevonden.
De ingeruilde grondverzetmachine Comanne 6 tons is in 2012 aangeschaft voor €88.000. Hierop is tot en met juni 2017 €62.135 afgeschreven.

5 Factuur ontvangen van Van Lissen bv in Rotterdam wegens		
uitgevoerd groot onderhoud aan		
boor- en slijpmachines	€	880
Omzetbelasting 21%	-	184,80
	€	1.064,80
6 Factuur verzonden aan bouwcombinatie De Heijplaat vof in Delft voor de		
verhuur van grondverzetmachines in juli 2017.		
Huur Tipre en Comanne van 10 juli tot 27 juli	€	34.800
Omzetbelasting 21%	-	7.308
	€	42.108
In het bedrag van € 34.800 is een opbrengst van € 3.480 begrepen		
voor groot onderhoud.		
7 Factuur ontvangen van transportbedrijf Lagerwaard bv in Zoeterwoude.		
Voor u vervoerd naar bouwplaatsen in Enschede en Alkmaar in juli 2017:		
Machines typen Tipre en Comanne	€	4.100
Omzetbelasting 21%	-	861
	€	4.961

8 Volgens het periodieke verslag van de onderhoudsafdeling is in juli 2017 gereedgekomen het groot onderhoud aan zes grondverzetmachines van het type Tipre voor een bedrag van €184.600.

Gevraagd
Journaliseer de voorgaande gegevens.

17 Personeelskosten

17.01 (§ 17.3) In de handelsonderneming van Jan-Willem van Dongen in Dordrecht zijn over oktober 2017 de volgende financiële feiten verzameld.

1 *Bankboek*				
Brutolonen administratief en magazijnpersoneel			€	51.280
af: Loonbelasting en premies volksverzekeringen	€	17.980		
Pensioenpremies	-	2.700		
			-	20.680
Nettolonen per bank betaald			€	30.600
2 *Bankboek*				
• Afgedragen aan de Belastingdienst de loonheffingen over het derde kwartaal van 2017			€	85.200
• Betaald de nota van het pensioenfonds over het derde kwartaal van 2017			-	29.700
3 *Memoriaal*				
a Het werkgeversaandeel sociale lasten is 20% van de brutolonen.				
b Het werkgeversaandeel pensioenpremie is 15% van de brutolonen.				

Voor het uitwerken van deze opgave zijn de volgende grootboekrekeningen beschikbaar:

110 Bank
150 Af te dragen loonheffingen
154 Te betalen pensioenpremies
410 Loonkosten
412 Sociale lasten
413 Kosten pensioenen

Gevraagd
Journaliseer voorgaande financiële feiten.

17.02 (§ 17.3) In het grootboek van handelsonderneming Importo in Vlissingen komen onder andere de volgende rekeningen voor:

150 Af te dragen loonheffingen
153 Te betalen vakantietoeslag
154 Te betalen pensioenpremies
410 Loonkosten
412 Sociale lasten
413 Kosten vakantietoeslag
414 Kosten pensioenen

Op 1 januari 2018 heeft rekening *154* een creditsaldo van €22.000.
In januari 2018 deden zich de volgende financiële feiten voor.

1 *Bankboek*				
Brutolonen			€	30.500
af: Loonheffingen	€	11.600		
Pensioenpremies	-	3.000		
			-	14.600
Nettolonen per bank betaald			€	15.900
2 *Memoriaal*				
a Het werkgeversaandeel sociale lasten is 20% van de brutolonen.				
b Het werkgeversaandeel pensioenpremie is 15% van de brutolonen.				
c De voor rekening van de werkgever komende vakantietoeslag is 5% van de brutolonen.				
3 *Bankboek*				
• Afgedragen aan de Belastingdienst de loonheffingen over het vierde kwartaal van 2017			€	54.200
• Nota betaald van het pensioenfonds over het vierde kwartaal van 2017			-	24.700

Gevraagd

a Journaliseer voorgaande dagboekgegevens.

b Met welke bedragen komen de rekeningen *154 Te betalen pensioenpremies,* respectievelijk *414 Kosten pensioenen* voor op de balans per 31 januari 2018, respectievelijk de winst- en verliesrekening over januari 2018?

17.03 (§ 17.3) CompuConnect bv in Valkenswaard levert netwerkbekabeling voor de koppeling van computersystemen.

Over april 2017 zijn de volgende gegevens bekend.

2/4	M-17006	Elektronische aangifte omzetbelasting gedaan:		
		Te betalen OB over het eerste kwartaal	€	555.000
		Te vorderen OB over het eerste kwartaal	-	385.000
		Bedrag van de aangifte	€	170.000
4/4	B-17055	Per Rabobank betaald de omzetbelasting over het eerste kwartaal van 2017	€	170.000
15/4	B-033	Per ING betaald de loonheffingen over het eerste kwartaal van 2017	€	150.750
24/4	K-17049	Bij de ING contant betaald: aanslag motorrijtuigenbelasting service-auto over de maanden april t/m juni 2017	€	480

28/4	M-17007	De loonlijst vermeldt voor deze maand:				
		Brutolonen			€	76.800
		af: Loonheffingen	€	32.900		
		Pensioenpremies	-	5.000		
					-	37.900
		Te betalen nettolonen			€	38.900
30/4	M-17008	Werkgeversbijdrage sociale lasten				
		april 2017			€	19.600
		Werkgeversbijdrage pensioenpremies				
		april 2017			-	6.500
30/4	B-034	Via de Rabobank uitbetaald:				
		nettolonen april 2017			€	38.900

Gevraagd

Journaliseer voorgaande gegevens. Vermeld de dagboeken waaruit deze journaalposten worden opgesteld.

NB CompuConnect bv past de permanence toe en stelt maandelijks een winst- en verliesrekening samen.

17.04 (§ 17.3) Monique van Kempen heeft een handelsonderneming in Leeuwarden. In haar rekeningenstelsel komen onder andere voor:

150 Te betalen loonheffingen
154 Te betalen pensioenpremies
155 Voorschotbetalingen lonen
410 Loonkosten
412 Sociale lasten
414 Kosten pensioenen

Wegens problemen met de geautomatiseerde salarisverwerking is Monique van Kempen genoodzaakt haar werknemers over maart 2018 een voorschotbetaling te doen. Het voorschot wordt gesteld op 90% van het nettoloon van iedere werknemer in februari 2018. Het voorschot wordt per bank uitbetaald.

Gevraagd

a Journaliseer de uitbetaling van het voorschot van €33.000 vanuit het bankboek.

Halverwege de maand april heeft Monique de salarisadministratie weer op orde. Meteen worden de lonen over maart berekend. De uitbetaling van het restant vindt per bank plaats op 16 april 2018.

1 De berekening is als volgt:

Brutolonen			€	76.900
af: Loonheffingen	€	31.800		
Pensioenpremies	-	6.000		
			-	37.800
Nettolonen over maart 2018			€	39.100
af: Reeds per bank betaald			-	33.000
Per bank betaald op 16 april 2018			€	6.100

2 Voor rekening van de handelsonderneming komen over maart 2018:

Premies sociale lasten	€	15.800
Pensioenpremies	-	9.250

Gevraagd

b Journaliseer:

1 de uitbetaling van het restant-loonbedrag op 16 april 2018 vanuit het bankboek

2 de overige gegevens over maart 2018 vanuit het memoriaal.

17.05 (§ 17.4) Van der Duim nv in Assen heeft 40 mensen in dienst. Het brutoloon bedraagt €3.000 per maand per werknemer. Het bedrijf heeft gedurende het boekjaar 2017 diverse uitgaven gedaan waar eventueel nog loonbelasting over moet worden berekend.
Van der Duim nv kiest ervoor om de verschuldigde loonbelasting voor eigen rekening te nemen en deze niet in te houden op het nettoloon van de werknemers.
Het drempelbedrag voor toepassing van eindheffing is 1,2% van de totale jaarlijkse loonsom.
De verschuldigde eindheffing is 80% van het bedrag waarmee de hierna weergegeven, en de voor eindheffing in aanmerking komende uitgaven, boven het drempelbedrag uitkomen.

Rekening	Omschrijving	Bedrag
411.1	Jubileumcadeaus	€ 72.600
411.2	Verhuisvergoedingen	€ 20.000
411.3	Scholing en opleiding	€ 30.000

Het bedrag van de jubileumcadeaus is inclusief 21% omzetbelasting. De voorbelasting, de aan Van der Duim nv in rekening gebrachte omzetbelasting, kan door Van der Duim nv niet worden teruggevraagd.
De verhuisvergoedingen en de uitgaven voor scholing en opleiding komen niet voor eindheffing in aanmerking. Deze bedragen kunnen dus onbelast aan de werknemers worden vergoed.

Het grootboekrekeningschema voor deze opgave is:
150.1 Te betalen loonbelasting (inhoudingen op nettoloon)
150.2 Te betalen loonbelasting (eindheffing)
411.9 Eindheffing

Gevraagd

a Waarom is de eindheffing een kostenpost voor de werkgever?
b Wat is het bedrag van de eindheffing?
c Geef de journaalpost van de eindheffing.

18 De kosten in verband met voorzieningen

18.01 (§ 18.2) Autobedrijf Swift in Ermelo maakt onder andere gebruik van de volgende grootboekrekeningen:

060	Garantievoorziening	450	Verkoopkosten
065	Servicevoorziening	640	Reparaties in uitvoering
300	Voorraad onderdelen		

De servicevoorziening wordt gevormd voor claims in verband met het roesten van binnenuit; de garantievoorziening is bestemd voor overige garantieclaims.

De administratie heeft de volgende gegevens verzameld.
1 De verkopen bedroegen in december 2017:

25 verkochte bestelauto's	€	400.000
omzetbelasting 21%	-	84.000
	€	484.000

Voor garantiekosten wordt 1% van de omzet exclusief omzetbelasting geboekt; voor servicekosten wordt €100 per auto geboekt.
2 Voor de nakoming van de garantieverplichting aan afnemers zijn nieuwe onderdelen verstrekt met een inkoopprijs van €450.
3 Op rekening *640 Reparaties in uitvoering* is gedebiteerd:

• voor garantiekosten	€	400
• voor servicekosten	-	850

4 Het saldo van rekening *060 Garantievoorziening* is op 31 december €28.000. Voor de nakoming van de lopende garantieverplichtingen neemt Swift aan dat de hoogte van de voorziening kan worden gesteld op €20.000.

Gevraagd
a Journaliseer voor Swift de gegevens 1 t/m 4.
b De onder 4 vermelde aanpassing kan aanleiding zijn tot wijziging van het percentage, dat voor de dotatie van de garantievoorziening wordt gehanteerd. Wanneer zal dit het geval zijn? Moet het percentage in dit geval worden verhoogd of verlaagd?

18.02 (§ 18.3) Adriaan Stout heeft al jaren een drukkerij in Rotterdam. In de loop van de tijd is de ondergrond verontreinigd door de gebruikte chemische stoffen. Adriaan heeft een voorziening milieuschade gevormd, waarvan de grootte per 1 januari 2017 €86.000 bedraagt.

Adriaan gebruikt onder meer de volgende grootboekrekeningen:
061 Voorziening milieuschade
140 Crediteuren
448 Kosten milieuschade

Adriaan heeft over 2017 onder andere de volgende gegevens verzameld.

1 De maandelijkse toevoeging aan de voorziening milieuschade bedraagt €2.500.
2 Van de gemeente een nota ontvangen voor taxatiekosten in verband met de milieuschade van €6.800.
3 Op grond van de taxatie moet de voorziening milieuschade per 31 december 2017 een grootte hebben van €103.000.

Gevraagd

a Journaliseer de gegevens 1 t/m 3.
b Stel de grootboekrekeningen *061 Voorziening milieuschade* en *448 Kosten milieuschade* over 2017 samen en sluit deze af.

18.03 (§ 18.3) Akari nv heeft op 1 januari 2017 een fabriekspand met ondergrond en parkeerterrein aangeschaft. Op het parkeerterrein bevinden zich ook een aantal fietsenstallingen. Akari nv wil deze fietsenstallingen direct laten vervangen en heeft daarvoor een bouwkundige ingeschakeld.
Bij het onderzoek naar de mogelijkheden voor nieuwe stallingen heeft de bouwkundige ontdekt dat er in de oude stallingen asbest is verwerkt. Akari nv besluit een volledig onderzoek uit te laten voeren naar de mogelijke verdere aanwezigheid van schadelijke stoffen in het pand, de ondergrond en het parkeerterrein.
Uit het onderzoek blijkt dat vanaf 1 januari 2017 in twee jaar tijd (met gelijke maandelijkse bedragen) een voorziening van €240.000 moet worden opgebouwd om te kunnen voldoen aan de schadeverplichtingen, opruimwerkzaamheden en eventuele verder hiermee verband houdende kosten.
In maart 2017 besluit Akari nv een advocaat te raadplegen in verband met de verhaalsmogelijkheden op de vorige eigenaar. In januari 2018 wordt een schikking bereikt. De vorige eigenaar zal in november 2018 een bedrag van €112.000 betalen.
In verband met nieuwe schattingen en de schadevergoeding wordt het maandelijks aan de voorziening toe te voegen bedrag in 2018 verlaagd tot €2.500.

Akari nv gebruikt onder meer de volgende grootboekrekeningen:
061 Voorziening milieuschade
130 Debiteuren
140 Crediteuren
180 Te vorderen OB
448 Kosten milieuschade

Gevraagd

a Journaliseer de maandelijkse toevoeging aan de voorziening in 2017.
b Journaliseer de van de advocaat ontvangen rekening ad €3.872 inclusief €672 omzetbelasting.
c Journaliseer de voorlopige factuur van €1.650 die in december 2017 van de gemeente is ontvangen voor de taxatiekosten in verband met de milieuschade.
d Bereken de stand van de voorziening per 31 december 2017.
e Journaliseer de vordering op de vorige eigenaar.
f Journaliseer de maandelijkse toevoeging aan de voorziening in 2018.
g Journaliseer de factuur voor opruimwerkzaamheden die in augustus 2018 is ontvangen van Asbestverwijder bv. Het eindbedrag van de factuur is €57.112 inclusief 21% omzetbelasting.

h Journaliseer de van de advocaat ontvangen slotafrekening ad €4.961 inclusief €861 omzetbelasting.
i Bereken de stand van de voorziening per 31 december 2018.
j 1 Journaliseer het feit dat per 31 december 2018 een saldo van €190.000 op de rekening *061 Voorziening milieuschade* voldoende wordt geacht.
2 Hoe wordt een dergelijke aanpassing van de voorziening genoemd?

18.04 (§ 18.4) Domus in Goes exploiteert appartementen. De onderneming boekt maandelijks voor onregelmatig uit te voeren groot onderhoud €8.000.
Op 1 juli 2017 betaalt Domus per ING in verband met groot onderhoud een bedrag van €179.080, inclusief 21% omzetbelasting.

Het grootboek van Domus bevat onder meer de rekeningen:
062 Onderhoudsvoorziening
120 ING Bank
180 Te vorderen OB
442 Onderhoudskosten

Gevraagd
a Journaliseer:
1 de kosten voor groot onderhoud over de maand juli 2017
2 de betaling van de ontvangen onderhoudsfactuur op 1 juli 2017.

Het saldo van de onderhoudsvoorziening op 31 december 2017 is €70.000, terwijl een bedrag van €100.000 nodig wordt geacht.

Gevraagd
b Geef de journaalpost voor de zojuist bedoelde aanpassing.
c Waarom is bij de onderhoudsvoorziening sprake van een egalisatierekening?

18.05 (§ 18.4) Rederij Tompson in Vlissingen heeft twee schepen, die worden ingezet voor pleziervisserij op de Noordzee.
Voor de kosten van groot onderhoud, de zogenaamde survey, is sinds 1 maart 2007 een onderhoudsvoorziening in gebruik. De kosten van een survey, die voor elk schip om de tien jaar nodig is, worden geschat op €840.000 per schip. De schepen gaan tegelijk in survey.
In april 2017 gaan de beide schepen in survey en wordt een factuur ontvangen van de scheepswerf voor €1.760.000, exclusief 21% omzetbelasting.

Gevraagd
Journaliseer:
1 de kostenboeking over maart 2017
2 de ontvangst van de factuur in april 2017.

18.06 (§ 18.4) Staalindustrie RJW in Vlissingen schaft per 1 januari 2017 voor €6.000.000 een nieuwe machinelijn aan.
De aanschafprijs wordt gesplitst in drie componenten:
1 De fundering en machinebasis. De levensduur van deze component is 20 jaar. De hieraan toe te kennen waarde is €1.200.000. Voor deze component is geen groot onderhoud nodig.
2 Het mechanisch gedeelte van €3.000.000. Na tien jaar is groot onderhoud nodig van eveneens €3.000.000.
3 Het elektronisch gedeelte van €1.800.000. Om de vijf jaar is groot onderhoud nodig voor een bedrag van €1.800.000.

Gevraagd

a Bereken bij toepassing van de componentenmethode de jaarlijkse afschrijvingskosten van de machinelijn in de periode 2017 t/m 2036.

b Bereken de jaarlijkse kosten van de machinelijn in de periode 2017 t/m 2036 wanneer voor groot onderhoud een voorziening wordt gevormd.

c Toon aan dat de kosten over de gehele looptijd bij beide methoden gelijk zijn.

18.07* (§ 18.4) Op de saldibalans per 31 december 2017 van Woningbouw- en exploitatiemaatschappij Made bv komen onder andere de volgende rekeningen voor.

Nr.	Rekening	Debet		Credit	
010	Woningen in exploitatie	€	82.424.000		
020	Woningen in aanbouw	-	12.931.000		
040	Overige vaste activa	-	3.338.000		
100	Kas	-	61.000		
125	Te vorderen bijdragen	-	1.355.000		
130	Huurdebiteuren	-	875.000		
137	Kruisposten	-	31.000		
140	Vooruitontvangen bijdragen			€	5.913.000
150	Voorziening onderhoud			-	5.965.000
300	Voorraad materialen	-	40.000		
400	Afschrijvingskosten woningen				
410	Afschrijvingskosten overige vaste activa	-	257.000		
440	Onderhoudskosten	-	2.213.000		
450	Overige bedrijfslasten	-	4.523.000		
810	Bijdragen				
920	Verkopen woningen			-	10.470.000
960	Diverse baten en lasten	-	113.000		

Woningbouw- en exploitatiemaatschappij Made bv moet nog een aantal boekingen verrichten. Ze heeft de volgende gegevens verzameld.

1 *010*

Boekwaarde woningen in exploitatie per 1 januari 2017		€	82.424.000
Mutaties in het boekjaar:			
investeringen	+	-	1.308.000
desinvesteringen	-/-	-	4.957.000
afschrijving	-/-	-	1.638.000
Boekwaarde woningen in exploitatie per 31 december 2017		€	77.137.000

De mutaties moeten nog in de boekhouding worden verwerkt. De investeringen betreffen woningen in aanbouw die in 2017 zijn gereedgekomen en in exploitatie zijn genomen. De totale aan deze woningen bestede kosten zijn begrepen in het saldo van de rekening *020 Woningen in aanbouw*.
De desinvesteringen betreffen de verkoop van woningen. De specificatie daarvan blijkt uit het volgende overzicht.

Per bank ontvangen wegens verkopen bestaand woningbezit		€ 10.470.000
Aanschafwaarde	€ 7.620.000	
Afschrijving	- 2.663.000	
Boekwaarde		- 4.957.000
Resultaat verkoop woningen		€ 5.513.000

Het per bank ontvangen bedrag van €10.470.000 is geboekt op de rekening *920 Verkopen woningen*. Verder is er nog niets geboekt.
Zie de rekeningen *020, 400* en *920*.

2 *040*
De afschrijving op overige vaste activa over 2017 heeft al plaatsgevonden. Van een gedeelte van de inventaris is abusievelijk 2% afschrijving berekend in plaats van 10%. Het betreft inventaris met een aanschafprijs van €1.200.000 en een geschatte restwaarde van €150.000. De afschrijving vindt plaats met gelijke bedragen per jaar.
Zie rekening *410*.

3 *100*
Het saldo kasgeld per 31 december 2017 bedraagt €27.800. De storting van kasgeld op de bankrekening op 30 december 2017 voor een bedrag van €33.000 is nog niet geboekt. De rest van het kasverschil kan niet worden verklaard.
Zie de rekeningen *137* en *960*.

4 *125*
Een toezegging voor een bijdrage van €37.000 voor complex 2017-1 is ten onrechte nog niet geboekt.
Zie rekening *140*.

5 *140*
Jaarlijks wordt van het saldo van deze rekening per 31 december 5% ten gunste van de winst- en verliesrekening gebracht.
Zie rekening *810*.

6 *150*
De voorziening onderhoud dient ter egalisatie van de kosten van periodiek onderhoud. Per 31 december 2017 moet nog een dotatie aan de voorziening van €472.000 worden geboekt om de juiste eindstand te bereiken.
Zie rekening *440*.

7 *300*
Een factuur van €7.000 voor op 28 december 2017 aangeschaft materiaal is ten onrechte geboekt als onderhoudskosten.
Zie rekening *440*.

Gevraagd
Stel in het memoriaal de voorafgaande journaalposten op naar aanleiding van de feiten 1 t/m 7.

19 De kosten in verband met oninbare vorderingen en incourante voorraden

19.01 (§ 19.2) Bij Argotrax bv in Naaldwijk vermeldt de balans per 31 december 2016 voor de debiteuren de volgende gegevens.

Balans per 31 december 2016

130 Debiteuren	€ 968.000			
135 Voorziening debiteuren	- 25.000			
		€ 943.000		

Aan de boekhouding over 2017 zijn de volgende gegevens ontleend.

1	Verkocht op rekening	€ 2.400.000
	omzetbelasting 21%	- 504.000
		€ 2.904.000
	De inkoopprijs van de verkopen bedroeg	€ 1.700.000
2	Nominale waarde van de vorderingen op debiteuren, die werden afgewikkeld	€ 2.420.000
	Hierop van debiteuren ontvangen (per bank)	- 2.359.500
	Als oninbaar afgeboekt	€ 60.500
	Het als oninbaar afgeboekte bedrag bevat aan omzetbelasting	€ 10.500
3	Jaarlijks wordt de voorziening debiteuren – ten laste van rekening *435 Afschrijvingskosten debiteuren* – versterkt met 2% van de omzet op rekening (exclusief OB).	

Gevraagd

a Geef de journaalposten van de gegevens, ontleend aan de boekhouding over 2017.
NB Voor de oninbare vorderingen is aan de Belastingdienst om teruggave van de omzetbelasting gevraagd.

b Bereken het saldo op de grootboekrekening *135 Voorziening debiteuren,* nadat alle hiervóór vermelde gegevens zijn verwerkt in het grootboek.

De administrateur van Argotrax bv vindt het noodzakelijk de 'Voorziening debiteuren' op de balans per 31 december 2017 op te nemen voor €34.000.

Gevraagd

c Welke journaalpost moet in verband met dit laatste gegeven worden gemaakt?

d Wat wordt voor de debiteuren vermeld op de balans per 31 december 2017? Maak de opstelling zoals aan het begin van de opgave is aangegeven.

19.02 (§ 19.2) Fantom in Enschede maakt voor de vorderingen op afnemers uitsluitend gebruik van de volgende grootboekrekeningen:
130 Debiteuren
136 Afschrijving debiteuren (gemengde rekening)
185 Terug te vorderen OB (21%)

Over oktober 2017 zijn de volgende gegevens verzameld.

3/10 Per bank ontvangen van Astrid Smits €726. Fantom is met Astrid Smits overeengekomen dat na deze ontvangst de restantvordering op haar niet meer zal worden ingevorderd. De vordering op Astrid Smits bedroeg €2.178.
10/10 Als oninbaar afgeboekt onze vordering op Marco Diepstraten, groot €484.
20/10 Bericht ontvangen van de curator in het faillissement van afnemer Lars Boom, dat op onze vordering van €2.420 slechts 20% zal worden uitgekeerd.
28/10 Per bank ontvangen van Frans van Buul €242; deze vordering was in september 2017 als geheel oninbaar afgeboekt.

19

Gevraagd
a Welke methode van boeking van verliezen wegens oninbare vorderingen wordt door Fantom gehanteerd?
b Geef de journaalposten voor Fantom over oktober 2017.

Op de saldibalans per 31 december 2017 van Fantom komt voor:

Nr.	Rekening	Debet		Credit	
130	Debiteuren	€	128.000		
136	Afschrijving debiteuren			-	2.400

Verdere gegevens

1	Als geheel oninbaar afboeken de vordering (inclusief 21% OB)		
	op K. Staver in Almelo van	€	1.694
2	Onder de overige vorderingen bevindt zich een vordering op		
	afnemer Ton Meeder in Oldenzaal van	€	26.620
	70% van deze vordering (exclusief 21% OB) is vermoedelijk oninbaar.		

Gevraagd
c Geef de voorafgaande journaalpost(en).
d Geef de gedeeltelijke kolommenbalans.
e Stel de grootboekrekeningen *130* en *136* samen en sluit ze af per 31 december 2017.
f Bereken de netto realiseerbare waarde van de openstaande vordringen per 31 december 2017.

19.03 (§ 19.2) In het grootboek van de handelsonderneming van Frits Koster in Nieuwegein komen onder andere voor de rekeningen:
110 Rabobank
112 Triodos Bank
130 Debiteuren

135 Voorziening debiteuren
181 Te betalen OB
185 Terug te vorderen OB
435 Afschrijvingskosten debiteuren

In de debiteurenadministratie komen onder andere voor de rekeningen:
1308 H. Volkers
1311 K. Steenwijk
1327 R. Lankhorst
1344 Z. Oostelman

Over juli 2017 moeten de volgende gegevens nog in de boekhouding van Frits Koster worden verwerkt.

25/7	R-73	Ontvangen per Rabobank van afnemer H. Volkers	€	6.050
		De vordering op Volkers bedraagt volgens		
		factuur nr. V-17011	-	12.100
		Aangenomen mag worden dat deze afnemer		
		niet tot verdere betaling kan worden gedwongen.		
26/7	M-17053	Als oninbaar afgeboekt de vordering op		
		R. Lankhorst (factuur nr. V-16287)	€	1.210
27/7	M-17054	Bericht ontvangen van de curator in het		
		faillissement van K. Steenwijk dat op onze		
		factuur V-17023 van € 2.420 slechts		
		10% zal worden uitgekeerd.		
27/7	T-1782	Per Triodos ontvangen van Z. Oostelman	€	726
		Deze vordering was in juni 2017 als geheel		
		oninbaar afgeboekt.		
31/7	M-17055	De voorziening wordt maandelijks versterkt met		
		0,75% van de omzet op rekening (exclusief OB);		
		deze is in juli 2017	€	200.000

De bedragen vermeld op de eerste vier boekingsstukken zijn inclusief 21% omzetbelasting.

Gevraagd
Journaliseer de voorgaande financiële feiten over juli 2017, onder vermelding van de dagboeken.

19.04* (§ 19.2) In de boekhouding van Pyke Kielstra in Drachten komt per 1 januari 2017 onder andere voor:

Saldilijst debiteuren per 1 januari 2017			
Nr.	Naam en woonplaats	Saldi	
1301	C. Gelsing, Opeinde	€	-*
1302	V. Luttinga, Beetsterzwaag	-	-*
1303	P. Vellema, Ureterp	-	14.520*
		€	14.520*
* Deze vordering is getaxeerd op 75%.			

In de loop van 2017 doen zich met betrekking tot de vorderingen op debiteuren de volgende mutaties voor.

15/2	V-17014	Aan V. Luttinga factuur verzonden voor geleverde		
		goederen		
		eindbedrag factuur	€	10.164
20/5	B-17011	Van P. Vellema per ING ontvangen	€	11.616
		Dit bedrag vormt de enige betaling op de per		
		1 januari 2017 openstaande vordering van	€	14.520
31/5	V-17015	Aan C. Gelsing factuur verzonden voor geleverde		
		goederen		
		eindbedrag factuur	€	6.776
10/9	B-17017	Van V. Luttinga per ING ontvangen	€	1.936
25/9	VC-17008	Aan V. Luttinga creditnota verzonden voor		
		teruggenomen goederen		
		eindbedrag creditnota	€	3.872

Op 31 december 2017 wordt besloten (boekingsstuk M-17010):
- de resterende vordering op V. Luttinga als definitief oninbaar af te boeken
- de vordering op C. Gelsing te taxeren op 75%.

Voor de uitwerking van deze opgave moet *uitsluitend* gebruik worden gemaakt van de volgende (sub)grootboekrekeningen:
120 ING Bank
130 Debiteuren
1301 C. Gelsing
1302 V. Luttinga
1303 P. Vellema
136 Afschrijving debiteuren
181 Te betalen OB
185 Terug te vorderen OB
700 Voorraad goederen
800 Vaste verrekenprijs van de verkopen
840 Opbrengst verkopen

Gevraagd

a Geef de journaalposten van de hiervóór vermelde gegevens.
NB
- Alle hiervóór vermelde eurobedragen zijn inclusief 21% omzetbelasting.
- Boek tegenover de opbrengst van de verkopen steeds de vaste verrekenprijs van de verkopen.
  Er geldt: verkoopprijs = 1,25 × vaste verrekenprijs.

b Stel de grootboekrekening *136 Afschrijving debiteuren* samen over 2017 en sluit deze af per 31 december 2017.

19.05 (§ 19.2) Robert Samuels in Schiedam hanteert bij de boekingen in verband met oninbare vorderingen de *statische* methode.

In zijn grootboek komen onder andere voor de rekeningen:
130 Debiteuren
131 Dubieuze debiteuren
135 Afschrijving dubieuze debiteuren
185 Terug te vorderen OB (21%)

Over de maand mei 2017 zijn de volgende gegevens verzameld.

1 Bericht ontvangen van de curator in het faillissement van Koen Brals in Vlaardingen, dat volgens de enige uitdelingslijst op onze vordering van €15.125 slechts 20% zal worden uitgekeerd.
2 Per bank ontvangen de eerste uitdeling in het faillissement van Ingrid Langereis in Delft, namelijk 20% van €36.300 = € 7.260
3 Robert Samuels is toegetreden tot het akkoord met dubieuze debiteur Brigitte Versteeg in Schiedam, waarbij 50% van onze vordering van €24.200 wordt aangeboden.
4 De slotuitdelingslijst in het faillissement van Ingrid Langereis vermeldt een uit te keren bedrag van € 2.420
5 Eric van Dijk in Dordrecht, die opgenomen is onder de gewone debiteuren, is failliet verklaard.
Robert Samuels heeft een vordering op hem van € 4.840
6 Per bank ontvangen van dubieuze debiteur Marcel van Kessel in Rotterdam € 1.452
Dit bedrag dient ter volledige kwijting van onze vordering van €2.904.
7 Van onze dubieuze debiteur Felix Bertens in Schiedam

terugontvangen goederen voor een bedrag van	€	8.000
omzetbelasting 21%	-	1.680
totaalbedrag van de verzonden creditnota	€	9.680
De inkoopprijs bedroeg	€	5.700

Gevraagd
Geef de journaalposten aan de hand van voorgaande gegevens, onder vermelding van de dagboeken waarin deze journaalposten worden gemaakt.
NB De te vorderen bedragen bevatten alle 21% omzetbelasting.

19.06 (§ 19.20) Op de saldibalans per 31 december 2017 van Pieter Rouleau in Almelo komen onder andere de volgende posten voor:

Nr.	Rekening	Debet	Credit
130	Debiteuren	€ 145.200*	
131	Dubieuze debiteuren	- 12.100*	
136	Afschrijving dubieuze debiteuren	- 3.700*	

* Inclusief 21% omzetbelasting.

Verdere gegevens
130 Hieronder dubieus €4.840 (inclusief 21% OB).
131 Alsnog boeken: Van de curator in het faillissement van R. Wildhagen in Nijverdal bericht ontvangen dat volgens de enige uitdelingslijst op onze vordering van €3.630 (inclusief 21% OB) 20% zal worden uitgekeerd.
De waarde van de overige dubieuze vorderingen wordt *getaxeerd* op 60%.

Gevraagd

a Geef de voorafgaande journaalposten in het memoriaal.

b Met welke bedragen komen de genoemde rekeningen voor op de winst- en verliesrekening over 2017 en op de balans per 31 december 2017?

19.07 (§ 19.20) In de handelsonderneming van Gerben Otten in Utrecht valt het boekjaar samen met het kalenderjaar.
Op 30 november 2017 is een tussentijdse proefbalans opgemaakt, waarop met betrekking tot de vorderingen op afnemers uitsluitend de volgende gegevens voorkomen:

Nr.	Rekening	Debet		Credit	
130	Debiteuren	€	968.000	€	895.400
131	Dubieuze debiteuren	-	70.180	-	38.720
136	Afschrijving dubieuze debiteuren	-	20.000	-	12.000

19

In het grootboek van Gerben Otten komen verder onder andere nog voor de rekeningen:

110 Rabobank
700 Voorraad handelsgoederen
800 Inkoopprijs verkopen
835 Verstrekte contantkortingen
840 Opbrengst verkopen

Over december 2017 heeft Gerben Otten de volgende gegevens verzameld.

1	Totaal van de verkopen op rekening		
	€ 88.000 + € 18.480 OB =	€	106.480
	De inkoopprijs van deze verkopen is	-	52.000
2	Per Rabobank ontvangen van debiteuren		
	€ 55.660 - € 700 korting voor contant (exclusief omzetbelasting) =	€	54.960
	Hiermee zijn vorderingen afgerekend voor een bedrag		
	(inclusief 21% OB) van	€	58.080
3	Per Rabobank ontvangen van dubieuze debiteuren	€	9.680
	Hiermee zijn vorderingen afgerekend voor een bedrag		
	(inclusief 21% OB) van	€	13.794
4	Per Rabobank ontvangen van debiteuren		
	€ 24.200 - € 400 korting voor contant (exclusief omzetbelasting) =	€	23.800
	Hiermee zijn vorderingen afgerekend voor een bedrag		
	(inclusief 21% OB) van	€	24.200
5	Per Rabobank ontvangen van dubieuze debiteuren	€	4.840
	Hiermee zijn vorderingen afgerekend voor een bedrag		
	(inclusief 21% OB) van	€	6.776
6	Het overzicht 'Diverse posten' vermeldt:		
	• Overgebracht van rekening *130* naar rekening *131*	€	5.324
	• Van dubieuze debiteuren goederen retour ontvangen		
	met een verkoopprijs (inclusief 21% OB) van	€	3.630
	De inkoopprijs van deze goederen was	-	1.800
	De creditnota's zijn verzonden.		
	• Een vordering van een dubieuze debiteur voor een bedrag		
	(inclusief 21% OB) van als oninbaar afgeboekt.	€	1.936

Gevraagd

a Geef de journaalposten van voorgaande gegevens.
NB Bij de uitwerking moet worden uitgegaan van de veronderstelling dat OB begrepen in oninbare vorderingen, altijd kan worden teruggevorderd.
Hiertoe is in gebruik rekening *185 Terug te vorderen OB*.

Per 31 december 2017 wordt de betrouwbaarheid van de uitstaande vorderingen beoordeeld. Vermoedelijk zal 70% van de uitstaande dubieuze vorderingen (exclusief OB) niet kunnen worden geïnd.
Op de grootboekrekeningen *130, 131* en *136* hebben in december 2017 geen andere mutaties plaatsgehad dan de hiervoor vermelde.

Gevraagd

b Stel de grootboekrekeningen *131 Dubieuze debiteuren* en *136 Afschrijving dubieuze debiteuren* samen, sluit deze af per 31 december 2017 en heropen deze per 1 januari 2018.

19.08 (§ 19.3) Op de saldibalans per 31 december 2017 van handelsonderneming Flux in Arnhem komt onder andere voor:

Nr.	Rekening	Debet	Credit
436	Afschrijvingskosten incourante voorraden	€ 34.000	
700	Voorraad goederen	- 300.000	
705	Voorziening incourante voorraden		€ 36.000

Voor het opstellen van de winst- en verliesrekening over december 2017 en de balans per 31 december 2017 moet nog worden geboekt:

1 De voorziening incourante voorraden wordt maandelijks versterkt met 4% van de verkopen in de betrokken maand.
De boeking voor december moet nog plaatsvinden; de verkopen (exclusief OB) in deze maand waren €110.000.
2 Vergeten is een boeking te maken van een ontvangen creditnota voor:

Teruggezonden goederen	€ 1.400
omzetbelasting 21%	- 294
Eindbedrag creditnota	€ 1.694

3 In verband met het incourant zijn van een deel van de voorraad goederen wil Flux de voorziening incourante voorraden op de balans opnemen voor €50.000.

Gevraagd

a Geef de voorafgaande journaalposten in het memoriaal.
b Geef de kolommenbalans per 31 december 2017 voor de drie genoemde rekeningen.

19.09 (§ 19.3) Marc Gommers koopt op 1 februari 2017 een winkelpand op het Stationsplein in Deventer. Op de zojuist genoemde datum ontvangt hij de volgende afrekening van notaris Veldman:

Koopsom winkelpand Stationsplein 148, Deventer	€	920.000
Overdrachtskosten	-	20.000
	€	940.000
Op dit pand gesloten een 3% hypothecaire lening van	-	600.000
Door u te voldoen	€	340.000

Opmerkingen

- Marc schrijft het winkelpand in 30 jaar met jaarlijks gelijke bedragen af. De restwaarde na 30 jaar schat hij op €40.000.
- De interest op de 3% hypothecaire lening wordt halfjaarlijks achteraf voldaan op 31 januari en op 31 juli, voor het eerst op 31 juli 2017. Jaarlijks moet op 31 januari op de lening €30.000 worden afgelost, voor het eerst op 31 januari 2018.
- Voor groot onderhoud aan het winkelpand voegt Marc maandelijks een dotatie van €1.000 aan een voorziening toe.
- Voor het risico van incourant worden van handelsgoederen voegt Marc maandelijks een dotatie van 2,5% van de omzet (exclusief OB) aan een voorziening toe.

In het grootboek van Marc Gommers komen in verband met het voorgaande onder andere de volgende rekeningen voor:

001 Winkelpand
011 Afschrijving winkelpand
065 Voorziening groot onderhoud
075 3% Hypothecaire lening
110 Bank
180 Te vorderen OB
195 Te betalen interest
441 Afschrijvingskosten winkelpand
445 Afschrijvingskosten incourante voorraden
460 Interestkosten
470 Kosten groot onderhoud
705 Voorziening incourante voorraden

Gevraagd

a Geef de journaalpost(en) die Marc Gommers van de aankoop van het winkelpand en het sluiten van de hypothecaire lening maakt, als door hem per bank wordt betaald.

b Geef de journaalposten over februari 2017 van:
1 de afschrijvingskosten op het winkelpand
2 de interestkosten op de 3% hypothecaire lening
3 de kosten voor groot onderhoud
4 de kosten in verband met het incourant worden van voorraden; de omzet (exclusief OB) in februari 2017 was €400.000.

Uitsluitend in juni 2017 wordt een rekening voor groot onderhoud per bank betaald:

Kosten groot onderhoud	€	3.800
omzetbelasting 21%	-	798
	€	4.598

Gevraagd

c Geef de journaalpost van deze betaling.

Per 31 december 2017 wordt de voorziening voor incourante goederen €12.000 te hoog geacht.

Gevraagd

d Geef de journaalpost van dit gegeven.

e Stel de grootboekrekening *460 Interestkosten* samen over 2018.

19.10 (§ 19.3) Handelsonderneming Styling in Utrecht hanteert bij de administratie van de voorraden in rubriek 7 de volgende rekeningen:
700 Voorraad goederen (tegen inkoopprijs)
706 Afschrijving voorraad goederen

In december 2017 zijn goederen verkocht met een opbrengst van €89.000, exclusief 21% omzetbelasting. De inkoopprijs van de verkochte goederen bedraagt €90.000; op één partij met een inkoopprijs van €10.000 was inmiddels al 60% afgeschreven.

Gevraagd

a Journaliseer het voorgaande.
De per 31 december 2017 opgemaakte saldibalans vermeldt onder andere de volgende gegevens.

Nr.	Rekening	Debet		Credit	
436	Afschrijvingskosten voorraden				
481	Voorraadverschillen	€	1.400		
700	Voorraad goederen	-	134.000		
706	Afschrijving voorraad goederen			€	9.700

Na inventarisatie van de voorraad goederen per 31 december 2017 blijkt deze - tegen inkoopprijs - €133.000 te zijn. Op laatstgenoemd bedrag besluit Styling in verband met het incourant worden van goederen een correctie voor afschrijving aan te brengen van €18.000.

Gevraagd

b Geef de voorafgaande journaalposten in het memoriaal.

c Stel de gedeeltelijke kolommenbalans per 31 december 2017 samen.

19.11 (§ 19.3) Fietsendealer Bike Totaal in Venlo past bij de boekingen in verband met het incourant worden van voorraden de *statische methode* toe.

De per 30 december 2017 opgemaakte saldibalans vermeldt onder andere de volgende gegevens.

Nr.	Rekening	Debet	Credit
436	Afschrijvingskosten incourante goederen		
700	Voorraad goederen	€ 300.000	
701	Voorraad incourante goederen	- 20.000	
706	Afschrijving incourante goederen		€ 4.000

Bij het afsluiten van het boekjaar 2017 neemt Bike Totaal de volgende beslissingen:

1 Uit inventarisatie blijkt dat enkele fietsen uit de collectie van 2017 nagenoeg onverkoopbaar zijn geworden. Men boekt deze fietsen ter waarde van €6.990 (exclusief OB) over naar de voorraad incourante goederen.
2 Men besluit op de totale voorraad incourante fietsen nog eens €2.500 af te schrijven.
3 Men schat de werkelijk realiseerbare waarde van de incourante voorraden op slechts €19.300.
Het resultaat wordt als kosten geboekt ten laste van het resultaat.

Gevraagd

a Journaliseer de voorgaande financiële feiten uit december 2017.
b Stel de grootboekrekening *706 Afschrijving incourante voorraden* op en sluit deze af.

19

20 Periodeafsluiting (2/2)

20.01 (§ 20.2) Marieke Delfgauw in Arnhem betaalt steeds per bank op 1 maart, 1 juni, 1 september en 1 december de huur voor haar winkelpand voor drie maanden vooruit. Vanaf september 2016 tot en met augustus 2017 is deze huur €6.600 per drie maanden. Met ingang van 1 september 2017 is de huur verhoogd tot €6.900 per drie maanden.

In het grootboek van Marieke komen onder andere voor de rekeningen:
110 Bank
190 Vooruitbetaalde huur
440 Huurkosten

Marieke boekt haar betalingen rechtstreeks op de rekening *440 Huurkosten*, die zij dus als gemengde rekening gebruikt. Uitsluitend bij de periodeafsluiting per 31 december maakt Marieke gebruik van de rekening *190 Vooruitbetaalde huur*. Per 1 januari van het nieuwe boekjaar boekt zij het saldo van 31 december van het vorige boekjaar weer terug (stornoboeking).

Gevraagd

a Geef de journaalpost per 31 december 2017 voor het 'zuiver maken' van de gemengde kostenrekening *440 Huurkosten*.
b Geef voor 2017 de opstelling, de afsluiting en – zo nodig – de heropening van de grootboekrekening *190 Vooruitbetaalde huur*.
c Geef de stornoboeking per 1 januari 2018.

20.02 (§ 20.2) Het grootboek van de handelsonderneming van Guy Verstraete in Putte wordt per 1 januari 2017 geopend met:

190 Vooruitbetaalde bedrijfskosten	Debet	€	20.000
193 Nog te betalen bedrijfskosten	Credit	-	17.000
480 Bedrijfskosten		-	-

Saldi op de rekeningen *190* en *193* worden per 1 januari teruggeboekt. In de loop van het jaar worden deze rekeningen *niet* gebruikt.

Over 2017 is gegeven:

1 Per bank is in 2017 betaald voor bedrijfskosten	€	98.000
2 Per 31 december 2017 is voor bedrijfskosten:		
• vooruitbetaald	€	16.000
• nog te betalen	-	22.000

Gevraagd

a Geef alle journaalposten die van de verstrekte gegevens in 2017 worden gemaakt. Vermeld de dagboeken waarin deze journaalposten worden gemaakt.
b Stel de drie genoemde rekeningen samen over 2017 (inclusief afsluiten en – zo nodig – heropenen).
c Met welke bedragen komen de drie genoemde rekeningen voor op de kolommenbalans per 31 december 2017?

20.03 (§ 20.2) Peter Koenders heeft een onderneming in Elst. Zijn administrateur maakt de volgende financiële gegevens bekend.

Per 1 januari 2017:		
• Vooruitontvangen huur	€	1.200
• Nog te ontvangen honorarium advieswerk	-	3.500
In 2017 per bank ontvangen in verband met:		
• Huur	€	15.500
• Honorarium advieswerk	-	6.000
Per 31 december 2017:		
• Vooruitontvangen huur	€	1.500
• Nog te ontvangen honorarium advieswerk	-	3.900

Het grootboek van Peter Koenders bevat onder andere de volgende rekeningen:
170 Vooruitontvangen huur
180 Nog te ontvangen honorarium advieswerk
950 Huuropbrengst
960 Opbrengst advieswerk

In de loop van het jaar ontvangen bedragen voor huur en honorarium advieswerk boekt Peter rechtstreeks op de gemengde opbrengstrekeningen *950* en *960*.
Per 31 december maakt Peter voor het 'zuiver maken' van de rekeningen *950* en *960* gebruik van de transitorische balansrekeningen *170* en *180*. De per 31 december op de rekeningen *170* en *180* geboekte bedragen boekt Peter per 1 januari van het daaropvolgende jaar terug.

Gevraagd

a Geef de journaalposten die Peter naar aanleiding van de verstrekte gegevens over 2017 maakt. Vermeld de dagboeken waarin deze journaalposten worden gemaakt.

b Geef aan met welke bedragen de grootboekrekeningen *170, 180, 950* en *960* voorkomen op de kolommenbalans per 31 december 2017.

20.04 (§ 20.2) Mariska Gruithuizen heeft een onderneming in Eindhoven. Haar administrateur maakt de volgende financiële gegevens bekend.

Per 1 januari 2017:		
• Vooruitontvangen huur	€	1.200
• Nog te ontvangen interest	-	3.500
In 2017 ontvangen in verband met:		
• Huur	€	15.500
• Interest	-	6.000
Per 31 december 2017:		
• Vooruitontvangen huur	€	1.500
• Nog te ontvangen interest	-	3.900

20

In de loop van het jaar boekt Mariska ontvangen huur-, respectievelijk interestbedragen op de rekeningen *960 Huuropbrengst,* respectievelijk *961 Interestopbrengst.*
Bij het opmaken van de balans per 31 december worden de transitorische posten opgenomen op de rekeningen *191 Vooruitontvangen bedragen* en *192 Nog te ontvangen bedragen.*
De bedragen waarmee deze twee rekeningen per 1 januari worden heropend, blijven in de loop van het jaar ongewijzigd en worden pas aan het eind van het boekjaar aangepast (geen stornoboekingen).

Gevraagd
a Welke journaalposten moet Mariska van voorgaande gegevens maken in 2017?
b Stel de volgende grootboekrekeningen samen over 2017:
191 Vooruitontvangen bedragen
192 Nog te ontvangen bedragen
960 Huuropbrengst
961 Interestopbrengst

20.05 (§ 20.2) Op de kolommenbalans per 31 december 2017 van Barend van Vleuten in Haarlem komen onder andere voor:

		Saldibalans		**Winst- en verliesrekening**		**Balans**	
Nr.	Rekening	Debet	Credit	Debet	Credit	Debet	Credit
700	Voorraad goederen	€ 72.500				€ 72.500	
720	Prijsverschillen bij inkoop		€ 2.000		€ 5.200	- 3.200	

Barend wil per balansdatum alleen zuivere rekeningen gebruiken en wil daarom het resultaat op de prijsverschillen overboeken naar de grootboekrekening *950 Resultaat prijsverschillen.*

Gevraagd
Geef de voorafgaande journaalpost in het memoriaal.

20.06 (§ 20.2) Muskra nv in Baarn heeft per 31 december 2017 onder andere de volgende gegevens verzameld ten behoeve van de periodeafsluiting 2017.

- Saldo rekening *700 Voorraad goederen* €28.000 debet.
- Saldo rekening *710 Prijsverschillen bij inkoop* €3.500 debet.
- Volgens inventarisatie bedraagt de voorrraad goederen €27.600 tegen vaste verrekenprijzen.
- De waarde van de voorraad tegen inkoopprijzen is €29.300.
- De vaste verrekenprijs wordt per 31 december 2017 verhoogd met 10%.

Naast de hiervoor genoemde grootboekrekeningen heeft Muskra nv ook in gebruik de rekeningen:
481 Voorraadverschillen
920 Resultaat prijsverschillen bij inkoop

Gevraagd
Maak de voorafgaande journaalposten die voor een juiste periodeafsluiting noodzakelijk zijn.

20.07 (§ 20.2) Pieter Meijer uit Zwanenburg gebruikt bij het afboeken van oninbare vorderingen en incourante voorraden de statische methode.
De kolommenbalans per 31 december 2017 vermeldt onder andere de volgende gegevens:

	Saldibalans		Winst- en verliesrekening		Balans	
Rekeningen	Debet	Credit	Debet	Credit	Debet	Credit
130 Debiteuren	€ 97.000				€ 97.000	
131 Dubieuze debiteuren	- 14.000				- 14.000	
136 Afschrijving dubieuze debiteuren	- 3.800		€ 9.200			€ 5.400
435 Afschrijvingskosten dubieuze debiteuren	- -					
700 Voorraad goederen	- 160.000					
701 Voorraad incourante goederen	- 13.000					
706 Afschrijving incourante goederen		€ 5.000	- 1.400			- 6.400
436 Afschrijvingskosten incourante goederen	- -					

Pieter wil per balansdatum alleen zuivere grootboekrekeningen gebruiken en wil daarom de positieve of negatieve resultaten overboeken naar afzonderlijke resultaatrekeningen.

20

Gevraagd

a Maak de voorafgaande journaalposten uit het memoriaal.

b Stel de aangepaste kolommenbalans op voor de hiervoor genoemde grootboekrekeningen.

c Bereken de geschatte netto realiseerbare waarde van de dubieuze debiteuren en van de incourante voorraden.

20.08 (§ 20.2) Bij een controle in april 2017 van de boekhouding over 2016 van handelsonderneming Cees Vermeulen in Hendrik-Ido-Ambacht is een aantal fouten geconstateerd.
Cees past in zijn boekhouding de permanence de l'inventaire toe met maandelijkse resultaatbepaling.
Bij inkoop van goederen wordt de ontvangst van de goederen en van de facturen afzonderlijk geboekt.
Voor zover geconstateerde fouten betrekking hebben op het resultaat van 2016 moeten ze worden geboekt op de grootboekrekening *900 Correctierekening 2016*. Alle correctieboekingen vinden plaats per 30 april 2017.

In de boekhouding van handelsonderneming Cees Vermeulen komen onder meer de volgende grootboekrekeningen voor:

010	Inventaris	143	Terug te vorderen omzetbelasting
015	Afschrijving inventaris	152	Te betalen kosten
070	3% Hypothecaire lening	160	Crediteuren
110	Bank	400	Bedrijfskosten
120	Vooruitbetaalde kosten	480	Interestkosten
130	Debiteuren	700	Voorraad goederen
131	Dubieuze debiteuren	720	Inkopen
132	Voorziening dubieuze debiteuren	800	Kostprijs verkopen
140	Te vorderen omzetbelasting	840	Opbrengst verkopen
141	Te betalen omzetbelasting	900	Correctierekening 2016

Gevraagd
Journaliseer voor handelsonderneming Cees Vermeulen over 2016 de volgende posten in het memoriaal.

1 Een factuur van 19 december 2016 voor ontvangen goederen ad €4.840, inclusief €840 omzetbelasting, is abusievelijk als verkoopfactuur geboekt. De ontvangst van de goederen in het magazijn is wel juist geboekt.

2 Een factuur voor de aanschaf van een nieuwe computer per 1 januari 2016 voor een bedrag van €1.815, inclusief €315 omzetbelasting, is voor het totale bedrag als bedrijfskosten geboekt.
De computer wordt in drie jaar met gelijke bedragen per jaar afgeschreven tot een restwaarde van 10% van de aanschafprijs.

3 Op 2 juli 2016 is de premie van de opstalverzekering ad €910 voor de periode van 1 juli 2016 tot en met 30 juni 2017 van de bankrekening afgeschreven. Dit bedrag is als bedrijfskosten geboekt en er is verzuimd bij het opmaken van de balans per 31 december 2016 rekening te houden met het vooruitbetaalde bedrag.

4 Op 31 december 2016 is de betaling van de interest ad €6.000 over de 3% hypothecaire lening voor de periode van 1 juli 2016 tot en met 31 december 2016 geboekt op de rekening *480 Interestkosten*.

5 De betaling per bank op 12 december 2016 van een bedrag van €1.452, inclusief €252 omzetbelasting, aan crediteur A.J. Janssen is abusievelijk geboekt als betaling aan debiteur A.F. Janssen.

6 Bij de inventarisatie van de goederenvoorraad per 31 december 2016 is een partij goederen met een inkoopwaarde van €2.700 incourant verklaard. De verwachte verkoopwaarde wordt geschat op 50% van de inkoopwaarde.
De waardevermindering is nog niet geboekt.

7 Een nota voor in december 2016 gekochte relatiegeschenken van €1.210, inclusief €210 omzetbelasting, is op 24 januari 2017 ontvangen en in 2017 als bedrijfskosten geboekt.
De relatiegeschenken zijn in 2016 cadeau gedaan aan enkele grote afnemers.

8 Dubieuze debiteur Selders is in november 2016 failliet verklaard. Wegens gebrek aan baten moet de vordering op Selders ad €4.235 inclusief €735 omzetbelasting in 2017 worden afgeschreven. Van de Belastingdienst is in maart 2017 bericht ontvangen dat de omzetbelasting in de oninbare vordering wordt terugbetaald. De boeking van alle hier vermelde gegevens heeft nog niet plaatsgevonden.

9 Een partij goederen bestemd voor Kos bv is in december 2016 tijdens het transport verloren gegaan.
De boekingen van de verkoopfactuur en van de kostprijs van deze partij goederen hebben in 2016 plaatsgevonden.

Aan Kos bv is de volgende creditnota verzonden:

Partij speelgoed	€	1.400
Omzetbelasting 21%	-	294
	€	1.694

De kostprijs van deze partij speelgoed bedraagt €950.
De partij was niet verzekerd.

10 De huurfactuur voor de opslagruimte van januari 2017 ad €3.630 inclusief €630 omzetbelasting, is ten onrechte ten laste van 2016 geboekt.

11 Een in december 2016 van leverancier Koning bv ontvangen creditnota in verband met een niet ontvangen zending goederen ad €2.904 inclusief €504 omzetbelasting, is ten onrechte in 2016 in de boekhouding verwerkt als een inkoopfactuur.

12 Een schuld aan crediteur Enkhuizen bv ad €4.450 is gecompenseerd met een vordering op Enkhuizen bv van €3.800. Uitsluitend het verschil van €650 is destijds bij betaling geboekt op de rekening *160 Crediteuren*.

13 Een vordering op debiteur Koenders bv ad €1.936 moet als dubieus in de boekhouding worden opgenomen; dit hele bedrag is in maart 2017 abusievelijk naar de grootboekrekening *132 Voorziening dubieuze debiteuren* overgeboekt.

20.09 (§ 20.3) De administrateur van de handelsonderneming van Daniël Hagens in Beverwijk heeft over het derde kwartaal 2017 de volgende boekingen gemaakt op de grootboekrekening *260 Verschillenrekening*.

260 Verschillenrekening

12/7	I-2017047	€	9.900	14/8	M-2017012	€	647,60
27/7	B-2488	-	810,70				
4/9	K-2017038	-	2.375				
21/9	M-2017015	-	1.548,80				

Aan het eind van het derde kwartaal verzamelt de administrateur de volgende informatie over deze vijf boekingsstukken.

I-2017047
Dit is een ontvangen factuur bij een hoeveelheid

Afgeleverde handelsgoederen	€	9.900
Omzetbelasting 21%	-	2.079
	€	11.979

Eind september 2017 heeft de administrateur uitgezocht dat het bedrag van € 9.900 betrof:

• artikelen groep A	€	5.800
• artikelen groep B	-	4.100

B-2488
Dit rekeningafschrift van de Rabobank vermeldt onder andere:

Kaartnummer: 111.2233.3388.9900	€	810,70

Aan het eind van het kwartaal stelt de administrateur aan de hand van het 'Overzicht creditcard' en de betrokken aankoopnota's vast, dat deze betaling met de zakelijke creditcard van Daniël Hagens betreft:

• aankoop kantoorbenodigdheden		
€ 480 + € 100,80 omzetbelasting =	€	580,80
€ 190 + € 39,90 omzetbelasting =	-	229,90
	€	810,70

M-2017012
Meegegeven aan Daniël Hagens:

Diverse goederen inclusief omzetbelasting	€	647,60

Aan het eind van het kwartaal komt de administrateur er achter dat het hier gaat om:

• Artikelen groep A: € 200 + € 12 omzetbelasting =	€	212,00
• Artikelen groep B: € 360 + € 75,60 omzetbelasting =	-	435,60
	€	647,60

K-2017038
Dit betreft de contante betaling van een nota van horecagroothandel Grofood nv:

5 kantine [illegible]	[illegible]	700
20 [illegible]		[illegible]
50 pak [illegible]		[illegible]
	€	2.000
Omzetbelasting	-	375
	€	2.375

Het bovenste gedeelte van de nota is onleesbaar omdat er een kop koffie overheen is gevallen.

Uit navraag door de administrateur blijkt dat het gaat om:

5 kantinetafels à € 140 =	€	700
20 kantinestoelen à € 50 =	-	1.000
50 pakken koffie* à € 6 =	-	300
	€	2.000
OB	-	375
	€	2.375

Specificatie OB

€ 1.700	21%	€ 357
€ 300	6%	€ 18

* Bestemd voor de kantine.

M-2017015

Op deze memoriaalbon staat dat Daniël Hagens met zijn creditcard bij garage Meerkens heeft betaald € 1.548,80

Eind september overhandigt Daniël Hagens de factuur van deze betaling aan de administrateur.
Daarop staat:

Reparatie Volvo 715	€	1.280
Omzetbelasting 21%	-	268,80
	€	1.548,80

De Volvo 715 is de zakelijke directiewagen van Daniël Hagens.

Aan het eind van het derde kwartaal 2017 boekt de administrateur aan de hand van voorgaande informatie de rekening *260 Verschillenrekening* 'leeg'. Hij gebruikt hierbij de volgende grootboekrekeningen:

002	Inventaris	440	Autokosten
180	Te vorderen OB 6%	450	Kosten kantoorartikelen
181	Te vorderen OB 21%	460	Kosten schoonmaakartikelen
182	Te betalen OB 6%	700	Voorraad artikelen groep A
183	Te betalen OB 21%	705	Voorraad artikelen groep B
260	Verschillenrekening		
305	Voorraad kantinegoederen		

Gevraagd
Geef de journaalposten die de administrateur aan het eind van het derde kwartaal 2017 maakt om de grootboekrekening *260 Verschillenrekening* leeg te boeken.

20.10 (§ 20.4) Karel Zwart heeft een glazenwassersbedrijf in Nieuwkoop. Overzicht van enkele transacties uit 2017:

- Op 1 febuari per bank de huur voor twee jaren vooruitbetaald: €4.800.
- Gedurende het gehele jaar €10.000 betaald voor schoonmaakmiddelen.
- Op 1 april apparatuur aangeschaft voor €12.000. De gebruikduur wordt geschat op vijf jaar zonder restwaarde.
- Op 1 april per bank de verzekeringspremie voor een jaar vooruitbetaald: €1.000.
- Op 1 augustus een 4,5% lening van €16.000 afgesloten bij de bank. De betaling van de interest en de aflossing van de lening zullen plaatsvinden op 1 februari 2019.
- Op 1 oktober per bank een uitgever voor een jaar vooruitbetaald €1.020 voor het plaatsen van advertenties in de lokale krant.
- Op 1 december een order van een nieuwe klant binnengehaald. Op deze datum per bank €12.500 vooruitontvangen voor opdrachten van 1 december 2017 tot en met 1 mei 2018. De werkzaamheden voor december 2017 zijn uitgevoerd.
- Eind december per bank €4.300 ontvangen van een opdrachtgever voor werkzaamheden in 2017.
- Per 31 december bedraagt de voorraad schoonmaakmiddelen €4.000.

Karel past in zijn administratie niet de permanence toe, maar wil op zijn balans per 31-12-2017 wel alleen zuivere rekeningen hebben.

Gevraagd
Maak vanuit het memoriaal de voorafgaande journaalposten, die voor een juiste periodeafsluiting van 2017 noodzakelijk zijn.

Je kunt gebruikmaken van de volgende grootboekrekeningen:

002	Inventaris	430	Afschrijvingskosten
110	Bank	440	Huurkosten
190	Vooruitbetaalde bedragen	441	Assurantiekosten
191	Vooruitontvangen bedragen	443	Advertentiekosten
192	Nog te ontvangen bedragen	470	Interestkosten
193	Nog te betalen bedragen	490	Algemene kosten
300	Voorraad schoonmaakmiddelen	840	Omzet

20.11 (§ 20.4) De saldibalans per 31 januari 2017 van het handelsbedrijf Lundiform in Renkum ziet er als volgt uit:

Nr.	Rekening	Debet		Credit	
000	Terreinen en gebouwen	€	1.100.000		
002	Inventaris	-	120.000		
003	Bedrijfsauto's	-	158.000		
011	Afschrijving gebouwen			€	320.000
013	Afschrijving bedrijfsauto's			-	94.000
040	Eigen vermogen			-	630.000
076	4% Lening ING Bank			-	300.000
077	3,5% Hypothecaire lening			-	240.000
100	Kas	-	18.000		
120	ING Bank	-	50.000		
130	Debiteuren	-	137.000		
140	Crediteuren			-	70.800
150	Af te dragen loonheffingen			-	20.000
180	Te vorderen OB	-	22.000		
181	Te betalen OB			-	25.900
182	Af te dragen OB				
190	Vooruitbetaalde bedragen	-	2.000		
193	Nog te betalen bedragen			-	14.300
410	Loonkosten	-	23.900		
412	Sociale lasten	-	2.500		
430	Afschrijvingskosten gebouwen en inventaris		(1)		
440	Kosten bedrijfsauto's	-	4.800		
470	Interestkosten	-	(2)		
490	Diverse kosten	-	4.600		
700	Voorraad goederen	-	120.000		
800	Inkoopprijs verkopen	-	84.000		
840	Opbrengst verkopen			-	140.000
900	Voorraadverschillen	-	1.500		
		€	1.855.000	€	1.855.000

Verdere gegevens

000 Op de gebouwen wordt jaarlijks 4% van de aanschafprijs van €900.000 afgeschreven.
De afschrijving over januari 2017 is al geboekt.

002 Op de inventaris wordt jaarlijks €24.000 afgeschreven. De afschrijving over januari 2017 is al geboekt.

076/077 De interest op de beide leningen wordt jaarlijks op 30 september achteraf betaald.
De interestkosten voor januari 2017 zijn al geboekt. Aflossingen op de leningen vonden niet plaats in januari 2017.

100 Het aanwezige kassaldo is €17.800.

180/181 De saldi op deze rekeningen moeten nog worden overgeboekt naar rekening *182*.

700 Na inventarisatie van de voorraad blijkt deze te zijn €118.800.

Gevraagd

a Bereken de bedragen die op de saldibalans op de plaatsen aangegeven met de cijfers (1) en (2), moeten worden ingevuld.
b Geef alle voorafgaande journaalposten.
c Stel de kolommenbalans samen, waarin zijn opgenomen:
- de voorlopige saldibalans per 31 januari 2017 (met vermelding van de onder **a** gevraagde bedragen)
- de voorafgaande journaalposten
- de gewijzigde saldibalans per 31 januari 2017
- de winst- en verliesrekening over januari 2017
- de balans per 31 januari 2017.

20.12 (§ 20.4) In de administratie van de groothandel van Joanne van Delft in Tilburg wordt het principe van de permanence toegepast met maandelijkse resultatenoverzichten.

Per 30 april 2017 beschikt Joanne van Delft over de volgende saldibalans.

Nr.	Rekening	Debet	Credit
001	Gebouwen	€ 700.000	
002	Inventaris	- 100.000	
011	Afschrijving gebouwen		€ 300.000
012	Afschrijving inventaris		- 20.000
040	Eigen vermogen		- 414.000
062	Voorziening groot onderhoud		- 25.700
077	4% Hypothecaire lening o/g		- 120.000
100	Kas	- 12.000	
120	ING Bank	- 18.000	
130	Debiteuren	- 36.000	
140	Crediteuren		- 41.000
180	Te vorderen OB	- 56.000	
181	Te betalen OB		- 74.000
182	Af te dragen OB		
185	Terug te vorderen OB		
190	Vooruitbetaalde bedragen	- 18.000	
191	Vooruitontvangen bedragen		- 6.000
192	Nog te ontvangen bedragen	- 2.000	
193	Nog te betalen bedragen		- 16.000
410	Loonkosten	- 23.400	
412	Sociale lasten	- 2.280	
430	Afschrijvingskosten	- 6.625	
450	Verkoopkosten	- 6.980	
470	Interestkosten	- 1.800	
490	Algemene kosten	- 16.815	
700	Voorraad goederen	- 100.000	
800	Inkoopprijs verkopen	- 316.000	
840	Opbrengst verkopen		- 401.000
980	Incidentele resultaten	- 1.800	
		€ 1.417.700	€ 1.417.700

Verdere gegevens

1 Er is nog geen rekening gehouden met de afschrijvingskosten op het gebouw over april 2017. Deze afschrijving bedraagt per jaar 3% van de aanschafprijs.
2 Nog niet geboekt is een ontvangen factuur voor groot onderhoud. Het bedrag op de factuur is €1.200 + €252 omzetbelasting = €1.452.
3 De werkelijke voorraad goederen is met behulp van inventarisatie vastgesteld op €98.700.
4 De op 30 april elektronisch verzonden aangifte omzetbelasting is nog niet geboekt.
5 Achteraf blijkt dat over april 2017 nog geen rekening is gehouden met de inte- restkosten op de 4% hypothecaire geldlening. De interest moet achteraf worden betaald op 1 april en op 1 oktober van elk jaar.
Jaarlijks moet op 1 oktober op de lening €10.000 worden afgelost.

Gevraagd

a Geef alle voorafgaande journaalposten per 30 april 2017 voor Joanne van Delft.
b Stel haar kolommenbalans per 30 april 2017 samen met aparte kolommen voor de voorlopige saldibalans, de voorafgaande journaalposten, de gewijzigde saldibalans, de winst- en verliesrekening en de (eind)balans.

20.13* (§ 20.4) Albert van Drimmelen is eigenaar van de groothandel in luxe verpakkingsmaterialen Empaquetage. Per 31 december 2017 is van Empaquetage de volgende saldibalans opgemaakt.

Nr.	Rekening	Debet	Credit
010	Bedrijfspand	€ 276.000	
011	Afschrijving bedrijfspand		€ 66.240
020	Inventaris	- 34.760	
021	Afschrijving inventaris		- 14.440
030	Bestelwagen	- 56.800	
031	Afschrijving bestelwagen		- 17.040
050	Eigen vermogen		- 275.041
070	4% Hypothecaire lening		- 138.600
100	Kas	- 480	
110	Bank		- 7.560
120	Debiteuren	- 34.746	
130	Crediteuren		- 26.372
180	Te vorderen omzetbelasting	- 6.080	
181	Te betalen omzetbelasting		- 7.290
191	Vooruitbetaalde bedragen	- 6.000	
192	Nog te betalen bedragen		- 5.680
400	Afschrijvingskosten bedrijfspand	- 5.120	
405	Afschrijvingskosten inventaris	- 3.125	
420	Interestkosten	- 7.380	
430	Autokosten	- 8.867	
435	Verkoopkosten	- 37.824	
440	Overige kosten	- 34.842	
700	Voorraad goederen	- 248.950	
800	Inkoopwaarde verkopen	- 1.409.430	
840	Opbrengst verkopen		- 1.613.345
910	Incidentele baten en lasten	- 1.204	
		€ 2.171.608	€ 2.171.608

Albert heeft de volgende gegevens verzameld.

1 Er moet nog €1.380 worden afgeschreven op *010 Bedrijfspand*. Zie ook de rekeningen *011* en *400*.

2 Een geheel afgeschreven computer die tot *020 Inventaris* behoorde, is aan de zoon van de eigenaar geschonken. De aanschafprijs van deze computer is €1.480. Van de schenking is nog niets geboekt. Zie ook rekening *021*.

3 De afschrijving op *030 Bestelwagen* is nog niet geboekt. De boekwaarde van de bestelwagen is €28.400. Zie ook de rekeningen *031* en *430*.

4 Aan het Geschenkenhuis is een verkeerde verkoopprijs berekend. De verzonden creditnota, groot €242, moet nog worden geboekt. In dit bedrag is €42 omzetbelasting begrepen. Zie de rekeningen *120*, *181* en *840*.

5 Op 1 december 2017 is €1.260 assurantiepremie voor de periode 1 december 2017 tot 1 december 2018 vooruit betaald. Het bedrag is ten onrechte geheel op *440 Overige kosten* geboekt. De overige kosten voor december zijn al op rekening *440 Overige kosten* geboekt. Zie ook rekening *191*.

6 De interest voor de hypotheek wordt achteraf betaald op 1 mei en 1 november. De interestkosten voor november en december moeten nog worden geboekt. Na 1 november hebben geen aflossingen plaatsgevonden. Zie de rekeningen *192* en *420*.

7 In januari 2014 is een bankafschrift ontvangen, gedateerd 31 december 2017, waaruit blijkt dat in december 2017 van debiteuren €12.344 is ontvangen. Zie de rekeningen *110* en *120*.

Gevraagd

a Stel de voorafgaande journaalposten van de gegevens 1 t/m 7 samen.

b Stel de kolommenbalans per 31 december 2017 samen.

21 Omzetbelasting in internationaal verband

21.01 (§ 21.2) Een Nederlandse ondernemer levert voor €300.000 exclusief omzetbelasting goederen aan een Belgische ondernemer. Deze Belgische ondernemer beschikt over een identificatienummer voor het doen van de aangifteomzetbelasting. De goederen zijn vanuit Nederland in België afgeleverd. Het tarief omzetbelasting in België, hoog tarief, is 21%. Ook in Nederland geldt er een tarief omzetbelasting van 21%.
Deze opgave dient te worden uitgewerkt vanuit de positie van de Nederlandse ondernemer.

Het grootboekschema voor deze opgave luidt:

131.2	Debiteuren EU-landen België
181	Te betalen OB Nederland
184	Te betalen OB intracommunautaire leveringen
186.2	Te betalen OB België
187	Te betalen OB a.g.v. export
851.1	Omzet EU-landen

Gevraagd

a De tarieven omzetbelasting van zowel België als Nederland zijn in de tekst gegeven. Toch zijn tarieven niet noodzakelijk voor het uitwerken van deze opgave. Wat is hiervan de reden?
b Onder welke rubriek wordt deze transactie verwerkt op het Nederlandse aangiftebiljet?
c Geef de journaalpost van deze transactie.
d Motiveer de keuze van de toegepaste en niet toegepaste omzetbelasting gerelateerde grootboekrekeningen.

21.02 (§ 21.3) Een Nederlandse ondernemer levert in 2015 voor het eerst goederen (stoelen) aan particulieren in België. Het totaalbedrag van deze leveranties bedraagt €20.000. Het drempelbedrag voor afstandsverkopen voor België is €35.000. Het vervoer vindt vanuit Nederland plaats. Het tarief omzetbelasting in België, hoog tarief, is 21%. Ook in Nederland geldt er een tarief omzetbelasting van 21%. Deze vraag dient te worden uitgewerkt vanuit de positie van de Nederlandse ondernemer.

Het grootboekschema voor deze opgave luidt:

131.2	Debiteuren EU-landen België
181	Te betalen OB Nederland
184	Te betalen OB intracommunautaire leveringen
186.2	Te betalen OB België
187	Te betalen OB a.g.v. export
851.1	Omzet EU-landen

Gevraagd

a Wat is de betekenis van het drempelbedrag?
b Onder welke rubriek wordt deze transactie verwerkt op het Nederlandse aangiftebiljet?
c Geef de journaalpost van deze transactie.
d Motiveer de keuze van de toegepaste en niet toegepaste omzetbelasting gerelateerde grootboekrekeningen.

21.03 (§ 21.3) Een Nederlandse ondernemer levert in 2015 voor goederen (stoelen) aan particulieren in België. Dit doet hij al een aantal jaren en het drempelbedrag wordt jaarlijks overschreden. De Nederlandse ondernemer heeft in België een identificatienummer waarmee hij aangifte omzetbelasting kan doen.
Het totaalbedrag van deze leveranties bedraagt €40.000. Het drempelbedrag voor afstandsverkopen voor België is €35.000. Het vervoer vindt vanuit Nederland plaats.
Het tarief omzetbelasting in België, hoog tarief, is 21%. Ook in Nederland geldt er een tarief omzetbelasting van 21%.
Deze vraag dient te worden uitgewerkt vanuit de positie van de Nederlandse ondernemer.

Het grootboekschema voor deze opgave luidt:

131.2	Debiteuren EU-landen België
181	Te betalen OB Nederland
184	Te betalen OB intracommunautaire leveringen
186.2	Te betalen OB België
187	Te betalen OB a.g.v. export
851.1	Omzet EU-landen

Gevraagd

a Is het drempelbedrag nu nog van betekenis in deze opgave?
b Onder welke rubriek wordt deze transactie verwerkt op het Nederlandse aangiftebiljet?
c Geef de journaalpost van deze transactie.
d Motiveer de keuze van de toegepaste en niet toegepaste omzetbelasting gerelateerde grootboekrekeningen.

21.04 (§ 21.7) De Haan nv koopt goederen van een ondernemer uit Italië. De goederen worden naar Nederland vervoerd. Het factuurbedrag van deze transactie is, exclusief omzetbelasting, €80.000. Het (hoge) tarief omzetbelasting in Italië is 22%. Het (hoge) tarief omzetbelasting in Nederland is 21%. De casus moet worden uitgewerkt vanuit de positie van de Nederlandse ondernemer, De Haan nv.
Het grootboekschema voor deze opgave luidt:

141.5	Crediteuren EU-landen Italië
180	Te vorderen OB
181	Te betalen OB Nederland
185.5	Te betalen OB intracommunautaire verwervingen
186.5	Te betalen OB Italië
188	Te betalen OB a.g.v. import

Gevraagd

a Wordt er per saldo belasting betaald of ontvangen?
b Welk tarief omzetbelasting zal moeten worden toegepast door de Nederlandse ondernemer?
c Welke rubriekcodes van het Nederlandse aangiftebiljet omzetbelasting worden gebruikt?
d Geef de journaalpost van deze transactie.
e Motiveer de keuze van de toegepaste en niet toegepaste omzetbelasting gerelateerde grootboekrekeningen.

22 Ondernemingen gedreven door een natuurlijk persoon

22.01 (§ 22.3)

a In welke twee groepen kunnen ondernemingen worden ingedeeld in verband met de aansprakelijkheid van de eigenaars voor de schulden van de onderneming?
b Noem enkele factoren die bij de keuze van de ondernemingsvorm een beslissende rol kunnen spelen.
c Wat valt op te merken bij de eenmanszaak over:
1 de continuïteit
2 de grootte en de vorm van het benodigde vermogen
3 het ondernemingsrisico
4 de aard en de omvang van de leidinggevende taak
5 overheidsvoorschriften?
d Noem enkele vormen waarin vreemd vermogen voorkomt bij de eenmanszaak.
e Is de wettelijke regeling van de aansprakelijkheid bij de eenmanszaak voor geldschieters voor- of nadelig? Motiveer het antwoord.
f Verklaar de uitspraak: 'De *earning power* van de eenmanszaak staat en valt met de persoon van de eigenaar.'
g Noem twee kenmerkende grootboekrekeningen van de eenmanszaak.

22.02 (§ 22.3)

Marc Hoornick is eigenaar van de handelsonderneming in cosmetica Flits. In juli 2018 zijn bij Flits de volgende interne boekingsstukken gemaakt.

Flits

Intern boekingsstuk IB-1812
Datum 17 juli 2018

Uit privébezit van Marc Hoornick ingebracht voor gebruik in het kantoor van zijn bedrijf Flits:

1 Charles Eames bureaustoel € 1.600

Flits

Intern boekingsstuk IB-1817
Datum 25 juli 2018

Voor privéverbruik door Marc Hoornick uit de voorraad meegenomen:

diverse cosmeticaproducten
tegen inkoopprijs exclusief OB € 400

Houd waar nodig rekening met 21% omzetbelasting.

Gevraagd
Geef de journaalposten die Marc Hoornick van voorgaande boekingsstukken maakt voor zijn handelsonderneming Flits.

22.03 MC
(§ 22.3)

Leander van Gijzel verhuurt computergames in Amsterdam.
De pc, die hij vorig jaar heeft gekocht voor €1.936 (inclusief 21% omzetbelasting), brengt hij vanuit zijn privébezit in de zaak. De waarde van deze pc stelt hij op €1.200.
Hij neemt diverse games vanuit het bedrijf mee naar huis. De games heeft het bedrijf ingekocht voor €363 (inclusief 21% omzetbelasting) en de normale verkoopprijs is €484 (inclusief 21% omzetbelasting). Leander maakt van deze twee financiële feiten in de boekhouding van zijn bedrijf één gecombineerde journaalpost.

Gevraagd
Welke van de volgende journaalposten is de juiste?

a	002	Inventaris	€	1.200		
Aan	041	Privé			€	837
Aan	700	Voorraad games			-	300
Aan	180	Te vorderen OB			-	63

b	002	Inventaris	€	1.200		
	180	Te vorderen OB	-	252		
Aan	041	Privé			€	1.089
Aan	700	Voorraad games			-	300
Aan	181	Te betalen OB			-	63

c	002	Inventaris	€	1.200		
	180	Te vorderen OB	-	189		
Aan	041	Privé			€	1.089
Aan	700	Voorraad games			-	300

d	002	Inventaris	€	1.200		
Aan	041	Privé			€	837
Aan	700	Voorraad games			-	300
Aan	184	Te betalen OB over privéverbruik			-	63

22

22.04 (§ 22.3) Gegevens voor Williams, schoenengroothandel in Tiel, over juli 2017.

1	Verkocht op rekening aan winkelier Shoe-shop in Tiel		
	30 paar damesschoenen à € 60 =	€	1.800
	21% omzetbelasting	-	378
	Factuurbedrag	€	2.178
	De schoenen zijn afgeleverd; de inkoopprijs is € 45 per paar.		
2	Overgeboekt van de bankrekening van de zaak naar de		
	privébankrekening van Williams	€	500
3	Van leverancier Anati in Kaatsheuvel een creditnota		
	ontvangen wegens beschadigingen aan geleverde schoenen	€	400
	21% omzetbelasting	-	84
	Bedrag van de creditnota	€	484
4	Voor privé uit de zaak genomen door Williams:		
	2 paar herenschoenen met een inkoopprijs van € 100 per paar;		
	21% omzetbelasting.		
5	Aan afnemer Shoe-shop in Tiel een creditnota gezonden		
	wegens beschadigingen aan geleverde schoenen;		
	verstrekte korting	€	200
	21% omzetbelasting	-	42
	Bedrag van de creditnota	€	242
6	Williams brengt van thuis een aantal grote planten, met een		
	gezamenlijke winkelwaarde van € 363, mee om de zaak wat op		
	te fleuren. De in de € 363 begrepen omzetbelasting kan door de zaak		
	worden teruggevorderd.		

Gevraagd

a Geef de journaalposten van voorgaande gegevens voor Williams. Vermeld vanuit welke dagboeken deze journaalposten worden opgesteld.

b Stel de rekening *041 Privé* in het grootboek van de schoenengroothandel van Williams samen en sluit deze af per 31 juli 2017.

c Waarom staan de omzetbelastingrekeningen in rubriek 1 en niet in rubriek 4?

d Geef twee voorbeelden van belastingen die voor een onderneming kosten veroorzaken.

22.05 (§ 22.3) Wim Heethuis, handelaar in grote kamerplanten in Ermelo, heeft over september 2017 de volgende gegevens vastgelegd.

3/9	IB-1704	Voor privégebruik uit de zaak meegenomen			
		planten met een inkoopprijs van		€	200
		21% omzetbelasting		-	42
		Totaal		€	242
5/9	B-6	De afrekening van de bank luidt:			
		Gemeentelijk energiebedrijf	Debet	€	1.936
		Kabel en internet	Debet	-	96

De energienota is inclusief 21% omzetbelasting en heeft voor 1/4 betrekking op privé-energieverbruik.
De aansluiting op de kabel en internet bevindt zich in het woonhuis.

9/9	IC-1702	Creditnota ontvangen van zojuist retour gezonden			
		kamerplanten wegens roest			
		Planten		€	1.000
		21% omzetbelasting		-	210
		Totaal creditnota van Kweekgoed bv te Uddel		€	1.210
15/9	K-1711	Contant verkocht in de winkel			
		32 planten à € 30,25 =		€	968
		Het bedrag van € 968 is inclusief 21% omzetbelasting.			
		De inkoopprijs van deze planten is € 17,50 per stuk.			
19/9	K-1712	Korting uitbetaald aan een klant wegens beschadigingen aan enkele			
		bladeren van de door hem aangeschafte planten. De kopie van de			
		verstrekte bon vermeldt een bedrag van € 121 inclusief 21%			
		omzetbelasting.			
22/9	B-7	De afrekening van de bank luidt:			
		Inkomstenbelasting over 2016	Debet	€	2.500
		Motorrijtuigenbelasting bestelauto	Debet	-	160
		Waterleidingbedrijf (inclusief 6% omzetbelasting)	Debet	-	212
		Het bedrag van € 212 betreft het water voor			
		het woonhuis van Wim Heethuis.			

Gevraagd
Geef de journaalposten voor Wim Heethuis, onder vermelding van de dagboeken.
NB Wim Heethuis maakt onder andere gebruik van de rekening *183 Te betalen OB privégebruik.*

22.06 (§ 22.4) Een ondernemer heeft op 1 juli 2016 een auto gekocht met een cataloguswaarde van €60.000. De CO_2-uitstoot van deze auto is aan de hoge kant zodat er een bijtelling geldt van 25% voor de inkomstenbelasting. Voor de omzetbelasting geldt een bijtelling van 2,7% van de cataloguswaarde.
De autokosten van het boekjaar 2016 bedragen €46.000. De ondernemer beschikt niet over een sluitende kilometeradministratie. De auto wordt volledig voor belaste prestaties gebruikt.
De auto wordt tot het ondernemingsvermogen gerekend.

In het grootboek komen onder andere de volgende rekeningen voor:
041 Privé
184 Te betalen OB over privégebruik
440 Autokosten

Gevraagd
a Mogen in het berekende bedrag van de autokosten ook de afschrijvingskosten op de auto zijn opgenomen?
b Wat is de bijtelling voor de inkomstenbelasting?
c Hoeveel bedraagt de verschuldigde omzetbelasting?
d Geef de journaalpost van de bijtelling en verschuldigde omzetbelasting.

22.07 (§ 22.4) Een zelfstandige werkzame consultant voert adviesopdrachten uit op het gebied van E-learning. Hij beschikt over een auto die hij tot zijn privévermogen laat behoren. De aanschafwaarde van de auto was, inclusief omzetbelasting, €48.800.
In de volgende tabel staat een overzicht van de samenstelling van de autokosten.

Kostensoort	Bedrag	Omzetbelasting
Verzekeringspremie	€ 1.500	
Motorrijtuigenbelasting	€ 900	
Brandstofkosten	€ 8.000	€ 1.680
Onderhoudskosten	€ 2.000	€ 420

De consultant rijdt in het jaar 2016 totaal 100.000 kilometers waarvan 22.000 voor privédoeleinden. De ondernemer beschikt over een sluitende kilometeradministratie. De (onbelaste) kilometervergoeding bedraagt €0,19 per kilometer.

Gevraagd
a Mag de omzetbelasting over de aanschafwaarde van de auto worden teruggevraagd?
b Waarom ontbreken de afschrijvingskosten in het overzicht van de autokosten?
c Hoeveel bedraagt de aftrek in de inkomstenbelasting?
d Hoeveel bedraagt de correctie in de omzetbelasting?
e Geef de journaalpost voor hiervoor genoemde aanpassingen. Geef ook het dagboek van deze journaalpost.

In het grootboek komen onder andere de volgende rekeningen voor:
041 Privé
180 Te vorderen OB
440 Autokosten

22.08* (§ 22.5) De saldibalans per 31 december 2017 van de handelsonderneming Fix Fax vertoont het volgende beeld.

Nr.	Rekening	Debet		Credit	
001	Gebouw	€	300.000		
040	Eigen vermogen			€	294.000
041	Privé	-	37.700		
077	Hypothecaire lening o/g			-	150.000
100	Kas	-	1.100		
120	ING Bank	-	31.400		
130	Debiteuren	-	43.200		
140	Crediteuren			-	36.500
180	Te vorderen OB	-	14.100		
181	Te betalen OB			-	18.700
183	Te betalen OB privégebruik			-	800
410	Loonkosten	-	42.600		
480	Huurkosten	-	12.000		
490	Algemene kosten	-	31.400		
700	Voorraad goederen	-	82.500		
800	Inkoopwaarde verkopen	-	540.000		
830	Kortingen bij verkoop	-	4.000		
840	Opbrengst verkopen			-	640.000
		€	1.140.000	€	1.140.000

Gevraagd

a Geef aan met welke bedragen voorgaande rekeningen voorkomen op de winst- en verliesrekening over 2017 en op de balans per 31 december 2017 (door middel van een kolommenbalans).

b Stel de grootboekrekeningen *040 Eigen vermogen* en *041 Privé* samen, sluit ze af per 31 december 2017 en heropen ze - zo nodig - per 1 januari 2018.

22.09 (§ 22.6)

a Wat valt op te merken bij de vennootschap onder firma over:
1. de continuïteit
2. de grootte en de vorm van het benodigde vermogen
3. het ondernemingsrisico
4. de aard en de omvang van de leidinggevende taak
5. overheidsvoorschriften?

b Op welke manier moet de vof worden aangegaan?

c Hoe is de aansprakelijkheid van de firmanten wettelijk geregeld?

d Is de wettelijke regeling van de aansprakelijkheid bij de vof voor geldschieters voor- of nadelig? Motiveer het antwoord.

e Welke omstandigheid maakt het voor verschaffers van vreemd vermogen bezwaarlijk vermogen aan te bieden aan een vof?

f Wat is het nut van een compagnonsverzekering?

22

22.10 (§ 22.6) W. Reynen en M. de Vries gaan een vennootschap onder firma aan onder de naam Reynen & De Vries. In de oprichtingsakte staat vermeld dat Reynen deelneemt voor €600.000 en De Vries voor €1.200.000.
Beide vennoten storten 60% van het bedrag van hun deelneming op de rekening bij de ING, die voor de firma is geopend.

In het grootboek van de firma komen onder andere voor de rekeningen:
040 Vermogen W. Reynen
041 Vermogen W. Reynen nog te storten
042 Vermogen M. de Vries
043 Vermogen M. de Vries nog te storten
120 ING Bank

Gevraagd
Geef de journaalpost naar aanleiding van de verstrekte gegevens.

22.11 (§ 22.8) B. Sybrands wordt als firmant opgenomen in de vof Zandstra en Ibbels. Zijn deelneming bedraagt €450.000, waarop hij volgens overeenkomst €375.000 per bank stort.

Aan de rekeningen in het grootboek van de firma worden toegevoegd:
046 Vermogen Sybrands
047 Vermogen Sybrands nog te storten

Gevraagd
a Geef de journaalpost van de deelneming uit het memoriaal.
b Geef aan wat in het bankboek wordt vermeld van de storting van €375.000 op de deelneming.
c Geef de journaalpost van de ontvangst van €375.000 per bank.

22

22.12 (§ 22.8) R. Moore en S. Connory gaan een vennootschap onder firma aan onder de naam Moore & Connory.
Moore neemt deel voor €250.000, waarvan hij 10% in contanten stort en 50% overschrijft op een voor de firma geopende rekening bij de ING.
Connery neemt deel voor €125.000, waarvan hij €25.000 in contanten stort en €100.000 overschrijft op de eerder bedoelde rekening bij de ING.

Gevraagd
a Geef één gecombineerde journaalpost naar aanleiding van het voorgaande.
b Wanneer besloten zou zijn afzonderlijke boekingen te maken van de oprichting en van de stortingen, worden de journaalposten gevraagd van:
1 de oprichting (vermeld in het memoriaal)
2 de stortingen (vermeld in het kasboek en het bankboek).

22.13 (§ 22.8) In de boekhouding van de vof Mack & Loose in Hoorn komen onder andere de volgende rekeningen voor met de daarbij vermelde saldi:

040	Vermogen J. Mack	Credit	€	600.000
042	Vermogen F. Loose	Credit	-	400.000
043	Vermogen F. Loose nog te storten	Debet	-	100.000
045	Privé J. Mack	Debet	-	30.000
046	Privé F. Loose	Credit	-	10.000
049	Winstsaldo	Credit	-	180.000

Voor 2017 geldt de volgende winstverdeling:
- de firmanten krijgen eerst 5% over de *gestorte* vermogens
- als vergoeding voor in de firma verrichte arbeid krijgt J. Mack €40.000 en F. Loose €80.000
- het restant van de winst wordt in gelijke delen aan de firmanten toegerekend.

Gevraagd
a Bereken de verdeling van het winstsaldo 2017 over beide firmanten.
b Journaliseer de winstverdeling over 2017.
c Journaliseer een storting van €50.000 door F. Loose op zijn vermogensdeelneming ten laste van zijn privérekening bij de firma.

22.14 (§ 22.8) Grootboekrekening *045 Privé Jacques den Oever* staat per 1 januari 2017 in de boeken van vof Fritsen, Den Oever & Liebregts voor €3.000 (debet).
In de loop van 2017 wijzigt het saldo van rekening *045* door de volgende oorzaken:
1 Aan het eind van elk kwartaal neemt Jacques den Oever €7.500 in contanten op.
2 Op 5 maart wordt zijn aandeel in de winst over 2016 vastgesteld op €50.000.
3 Op 18 augustus wordt op de privébankrekening van Jacques den Oever ten laste van de bankrekening van de vof overgeschreven €15.000.
4 Op 21 september wordt op de bankrekening van de vof €4.500 gestort; dit betreft de opbrengst effecten uit het privébezit van Jacques den Oever.

Gevraagd
a Journaliseer voorgaande gegevens.
b Stel de rekening *045 Privé Jacques den Oever* samen over 2017.

22.15 (§ 22.8) Amanda Suttorp, die tot nu toe zaken deed in de vorm van een eenmanszaak, besluit ter vergroting van haar vermogen een vof aan te gaan met Nicole Zandee, onder de naam Suttorp en Zandee. Het vermogen van Amanda Suttorp zal €180.000 bedragen en dat van Nicole Zandee €120.000.
De inbreng van Amanda Suttorp gebeurt op basis van de door haar per 1 augustus 2017 opgemaakte balans van haar eenmanszaak:

Balans per 1 augustus 2017

Inventaris	€ 20.000	Eigen vermogen	€ 160.000
Voorraad goederen	- 160.000	Bank	- 50.000
Debiteuren	- 58.000	Crediteuren	- 30.000
Kas	- 2.000		
	€ 240.000		€ 240.000

Tussen de beide firmanten wordt overeengekomen:
- de inventaris wordt voor de inbreng gewaardeerd op €18.000
- aan Amanda Suttorp komt toe voor goodwill €24.000
- Nicole Zandee stort van haar deelneming voorlopig €90.000 op de bankrekening die op naam van de vof wordt overgeschreven.

Gevraagd

a Bereken voor Amanda Suttorp het verschil tussen de waarde van de ingebrachte eenmanszaak en het vermogen waarvoor zij deelneemt in de firma.

b Geef de journaalposten van de inbreng door beide firmanten in de nieuwe boekhouding van de firma.
NB Maak onder andere gebruik van de rekening *020 Goodwill.*

c Stel de openingsbalans per 1 augustus 2017 voor de firma Suttorp en Zandee samen.

Per 31 december 2017 wordt besloten op de goodwill €2.500 af te schrijven.

Gevraagd

d Geef de journaalpost van het zojuist genoemde feit.
NB Maak onder andere gebruik van de rekening *980 Incidentele resultaten.*

e Stel de rekening *020 Goodwill* samen over 2018, als in dat jaar €6.000 op de goodwill wordt afgeschreven.

22.16 (§ 22.8) *In deze opgave blijft de omzetbelasting buiten beschouwing.*

In de vof Coenen, Opdorp en Van Aarle treedt David Rijnbeek per 25 januari 2018 toe als nieuwe firmant. De nieuwe firmant voerde tot nu toe een eigen onderneming.
David Rijnbeek brengt een aantal activa van zijn eenmanszaak in, namelijk een bestelauto, de aanwezige voorraad goederen en zijn vorderingen op debiteuren. Hij stelt de volgende gegevens beschikbaar:

• waarde goederenvoorraad volgens inventarislijst		
per 1 januari 2018	€	50.000
• waarde bestelwagen volgens inventarislijst per 1 januari 2018	-	16.000
• saldo debiteuren volgens inventarislijst per 1 januari 2018	-	12.000
• inkopen periode 1 t/m 25 januari 2018	-	40.000
• contante verkopen periode 1 t/m 25 januari 2018	-	10.000
• verkopen op rekening periode 1 t/m 25 januari 2018	-	50.000
• ontvangen van debiteuren periode 1 t/m 25 januari 2018	-	45.000
• brutowinst bedraagt 20% van de verkopen		

De oorspronkelijke firmanten van vof Coenen, Opdorp en Van Aarle komen met David Rijnbeek overeen de waarde van de bestelwagen voor de inbreng te stellen op €15.000 en gaan akkoord met de waardering van de overige posten.

Gevraagd
Journaliseer voor vof Coenen, Opdorp en Van Aarle de deelneming en de inbreng van David Rijnbeek in één journaalpost.

22.17 (§ 22.8) Remco Teurlinckx is firmant in vof Heesewijk, Teurlinckx & De Vries. Hij besluit op 31 december 2017 uit de firma te treden.
Hij ontvangt:

• Zijn vermogensaandeel	€	90.000
hierop nog niet gestort	-	10.000
	€	80.000
• Zijn aandeel in de winst 2017	-	12.000
• Vergoeding omdat de overblijvende vennoten de firmanaam mogen blijven gebruiken	-	10.000
	€	102.000

De uitbetaling aan Remco Teurlinckx vindt voor €80.000 plaats in een overschrijving per bank en de rest in contanten.

Gevraagd
Journaliseer het voorgaande voor de vof.

22.18 (§ 22.8) B. Terpstra en H. Kuyken zijn de firmanten in de handelsonderneming Terpstra en Co.
Per 31 december 2017 is voor de firma de volgende balans opgesteld.

Balans per 31 december 2017

000 Pand		€ 200.000	040 Vermogen B. Terpstra		€ 200.000
005 Inventaris		- 140.000	042 Vermogen H. Kuyken	€ 200.000	
700 Voorraad handelsgoederen		- 270.000	043 Vermogen H. Kuyken nog te storten	- 40.000	
130 Debiteuren	€ 90.000				- 160.000
135 Afschrijving debiteuren	- 6.000				
		- 84.000	047 Privé H. Kuyken		- 5.000
100 Kas		- 40.000	048 Winstsaldo 2017		- 115.000
046 Privé B. Terpstra		- 30.000	060 3,5% Hypotheek o/g		- 190.000
			140 Bank		- 86.000
			170 Te betalen interest		- 8.000
		€ 764.000			€ 764.000

Naast de grootboekrekeningen die op de balans voorkomen, moet bij de uitwerking van deze opgave gebruik worden gemaakt van de volgende grootboekrekeningen:
001 Afschrijving pand
006 Afschrijving inventaris
044 Vermogen K. Buwalda
045 Vermogen K. Buwalda nog te storten
050 Goodwill
061 4% Onderhandse lening
701 Afschrijving handelsgoederen

22

De verdeling van het winstsaldo 2017 dient volgens het firmacontract als volgt plaats te vinden:

• loon firmant B. Terpstra	€	40.000
• loon firmant H. Kuyken	-	30.000
• 10% interestvergoeding over de gestorte vermogens		
• het positieve of negatieve restant wordt gelijkelijk over de firmanten verdeeld.		

a 1 Geef een gespecificeerde berekening van de verdeling van het winstsaldo 2017 over de twee firmanten.
2 Journaliseer deze winstverdeling.

Firmant H. Kuyken treedt per 1 januari 2018 uit de firma. Zijn plaats wordt ingenomen door K. Buwalda. Bij de vaststelling van het bedrag dat aan H. Kuyken in verband met zijn uittreding uit de firma toekomt, wordt het volgende in aanmerking genomen.

1 Onder de post debiteuren bevindt zich een vordering van €10.000, waarvan de waarde op 31 december 2017 op 100% was gesteld, maar die bij nader inzien moet worden gesteld op 30%.
2 Een aantal activa zijn getaxeerd.
De taxatiewaarden zijn:

• Pand	€	220.000
• Inventaris	-	150.000
• Handelsgoederen	-	250.000

3 Aan H. Kuyken komt voor goodwill toe een bedrag van €10.000.

22

Het resultaat van de herwaarderingen (zie 1 en 2) wordt met gelijke bedragen over B. Terpstra en H. Kuyken verdeeld.

b Geef een gespecificeerde berekening van het totale bedrag dat aan H. Kuyken toekomt bij zijn uittreding.

B. Terpstra en K. Buwalda komen overeen dat ze de activa zullen waarderen tegen de bedragen zoals die zijn overeengekomen bij de uittreding van H. Kuyken.
De aanschafprijzen van het pand, de inventaris en de handelsgoederen bedragen respectievelijk €250.000, €200.000 en €270.000. De aanschafprijzen moeten uit de boekhouding blijken.
De boekhouding van de firma wordt na 1 januari 2018 voortgezet in de bestaande boekhouding.

c Geef de journaalpost(en) naar aanleiding van de herwaardering van de genoemde activa.

Van het aan H. Kuyken toekomend bedrag laat hij €100.000 als een 4% onderhandse lening in de firma. De rest van het hem toekomende bedrag is in januari 2018 per bank betaald.

d Geef de journaalpost van het uittreden van de firmant H. Kuyken.

De nieuwe firmant K. Buwalda brengt een vermogen in van €180.000, waarvan hij in januari 2018 €145.000 per bank heeft voldaan.

e Geef de journaalpost van het toetreden van de firmant K. Buwalda.

22.19* (§ 22.8) Caravancentrum Galema vof in Waddinxveen verkoopt nieuwe en gebruikte caravans. Het caravancentrum is dealer van het merk Alistar.
De rechtsvorm van het caravancentrum is een vennootschap onder firma (vof).

Gevraagd

a 1 Is een vennootschap onder firma (vof) een rechtsvorm met of zonder rechtspersoonlijkheid?
2 Noem twee verschillen tussen ondernemingen zonder rechtspersoonlijkheid en ondernemingen met rechtspersoonlijkheid.

Van Caravancentrum Galema vof is per 31 december 2017 de volgende saldibalans uitgedraaid.

Nr.	Rekening	Debet		Credit	
010	Inventaris	€	215.420		
011	Afschrijving inventaris			€	143.240
020	Bedrijfsauto's	-	28.900		
021	Afschrijving bedrijfsauto's			-	11.310
050	Kapitaal J. Galema			-	220.000
051	Kapitaal V. de Groot			-	150.000
060	Privé J. Galema	-	21.220		
061	Privé V. de Groot	-	19.350		
100	Liquide middelen	-	31.270		
110	Kruisposten	-	1.500		
130	Debiteuren	-	19.200		
140	Crediteuren			-	79.300
160	Nog te ontvangen bedragen	-	1.830		
161	Vooruitbetaalde bedragen	-	4.760		
162	Nog te betalen bedragen			-	18.720
163	Vooruitontvangen bedragen				
190	Te vorderen OB	-	12.700		
191	Te betalen OB			-	14.340
192	Af te dragen OB				
400	Afschrijvingskosten	-	43.290		
410	Overige bedrijfskosten	-	143.940		
700	Voorraad nieuwe caravans	-	235.200		
701	Voorraad gebruikte caravans	-	136.460		
800	Inkoopwaarde verkopen nieuwe caravans	-	913.430		
801	Inkoopwaarde verkopen gebruikte caravans	-	488.210		
850	Omzet nieuwe caravans			-	1.230.230
851	Omzet gebruikte caravans			-	452.000
960	Diverse baten en lasten	-	2.460		
		€	2.319.140	€	2.319.140

22

Gevraagd

b Geef van de volgende grootboekrekeningen aan of het bedrag van de saldibalans naar de winst- en verliesrekening gaat of naar de balans. Vermeld ook in welke kolom (debet of credit) het bedrag komt te staan.

1 010 Inventaris
2 050 Kapitaal J. Galema
3 110 Kruisposten
4 161 Vooruitbetaalde bedragen
5 800 Inkoopwaarde nieuwe caravans

In 2017 is een aantal foutieve boekingen gemaakt en moet nog een aantal aanvullende boekingen worden gedaan.

Gevraagd

c Geef de journaalposten van de volgende mutaties in het memoriaal van **2017**.

1 De geboekte afschrijving op de inventaris was €270 te hoog.
2 Een privéopname per kas van J. Galema van €300 is abusievelijk als overige bedrijfskosten geboekt.
3 Een opname bij de bank van €500 is per ongeluk niet als ontvangst in het kasboek geboekt.
4 Er is een nadelig kasverschil geconstateerd van €20, dat nog moet worden geboekt.
5 De premie van de bedrijfsschadeverzekering voor de periode 1 april 2017 tot en met 31 maart 2018 ad €4.800 is voor het hele bedrag op de rekening *410 Overige bedrijfskosten* geboekt.
6 In januari 2018 is de eindafrekening over 2017 ontvangen van het energiebedrijf van €17.908, inclusief 21% omzetbelasting.
Het maandelijks in rekening gebrachte voorschot in 2017 was €1.200, verhoogd met €252 omzetbelasting. Het bedrag van €1.200 is steeds geboekt op de rekening *410 Overige bedrijfskosten*.
7 De bedragen op de rekeningen *190 Te vorderen omzetbelasting* en *191 Te betalen omzetbelasting* hebben betrekking op de inkopen en verkopen van december 2017. Deze moeten worden overgeboekt.
8 Wegens de verkoop van een nieuwe caravan, die in februari 2018 zal worden afgeleverd, is door de klant in december 2017 €1.500, exclusief omzetbelasting, vooruitbetaald. Dit bedrag is abusievelijk als omzet geboekt.
9 Van een verkochte gebruikte caravan is als inkoopwaarde €5.680 geboekt, in plaats van €5.860.
10 Een verstrekte korting van €2.000 op de verkoop van een nieuwe caravan is abusievelijk op de rekening *960 Diverse baten en lasten* geboekt.

De boekingen van vraag **c** zijn een deel van alle boekingen die per 31 december 2017 zijn gemaakt. Na boeking van alle voorafgaande journaalposten blijkt dat de winst over 2017 €81.360 bedraagt.
De winstverdeling is als volgt:

- de vennoten ontvangen eerst 6% interest over hun kapitaal volgens de saldibalans per 31 december;
- van het resterende bedrag ontvangt elke vennoot de helft.

Gevraagd

d 1 Bereken de bedragen die J. Galema en V. de Groot van de winst ontvangen.
2 Bereken per 1 januari 2018 het eigen vermogen van J. Galema in deze onderneming.

22.20 (§ 22.9) Een ondernemer doet aangifte inkomstenbelasting. Hij wil zijn belaste winst uit onderneming berekenen. Hij heeft daartoe een fiscale beginbalans en een fiscale eindbalans opgesteld.

De fiscale beginbalans per 1 januari 2017:

Bezittingen	€ 450.000	Fiscaal eigen vermogen	€ 300.000
		Schulden	- 150.000
	€ 450.000		€ 450.000

De fiscale eindbalans per 31 december 2017:

Bezittingen	€ 650.000	Fiscaal eigen vermogen	€ 470.000
		Schulden	- 180.000
	€ 650.000		€ 650.000

Gedurende het boekjaar heeft de ondernemer maandelijks €3.000 overgemaakt van de bankrekening van de onderneming naar zijn privébankrekening. De privévakantie bedroeg €5.000 en de betaling van de definitieve aanslag inkomstenbelasting 2020 bedroeg €20.000. Deze laatste twee betalingen zijn vanaf de zakelijke bankrekening betaald.
De ondernemer is gedurende het gehele jaar volledig betrokken bij zijn onderneming. Hij voldoet dus gemakkelijk aan het urencriterium. Hij zal dan ook gebruikmaken van de zelfstandigenaftrek en deze bedraagt in 2017 €7.280.
De mkb-winstvrijstelling bedraagt 14%.
Als laatste wordt nog gegeven dat de omzet €900.000 bedroeg.

Gevraagd

a Waarom wordt de betaalde inkomstenbelasting als een onttrekking beschouwd?
b Wat is het totaal van de onttrekkingen in het jaar 2017?
c Wat is het bedrag van de winst en wat is het bedrag van de kosten in het jaar 2017?
d Wat is het bedrag van de belaste winst uit onderneming?

Stel dat een ondernemer een aanslag Inkomstenbelasting krijgt en dat hij bedrag X moet betalen. Hij maakt van de aanslag de volgende journaalpost.

980	Belastinglast	€	X		
Aan 190	Te betalen inkomsten belasting			€	X

Gevraagd

e Waarom is deze journaalpost niet correct en wat zou de juiste opstelling van de journaalpost zijn?

22

23 Ondernemingen gedreven door een rechtspersoon

23.01 (§ 23.2)

Gevraagd

a Wat is een aandeel?

b Hoe is de aansprakelijkheid van de aandeelhouders van een nv voor de schulden van de betrokken onderneming geregeld?

c Wat is het verschil tussen aandelen op naam en aandelen aan toonder?

d Waarom staan bij een bv alle aandelen op naam?

e Noem nog een situatie waarbij een aandeel altijd op naam moet staan.

f Mogen aandelen beneden pari worden geëmitteerd?

g Wanneer wordt gesproken over disagio op aandelen?

h Wat zijn preferente aandelen?

23.02 (§ 23.3)

Gevraagd

a Wat valt op te merken bij de nv of bv ten aanzien van:
1. de continuïteit?
2. de grootte en vorm van het benodigde vermogen?
3. het ondernemingsrisico?
4. de aard en de omvang van de leidinggevende taak?
5. overheidsvoorschriften?

b Wat is de functie van de Raad van Commissarissen in een nv of bv?

23.03 (§ 23.4)

Gevraagd

a Wat wordt in de statuten van een nv zoal geregeld?

b Wat verstaan we bij een nv/bv onder het maatschappelijk kapitaal en op welke grootboekrekening wordt dit verantwoord?

c Wat wordt bij een nv/bv verstaan onder het geplaatst kapitaal en met behulp van welke grootboekrekeningen kan dit worden vastgesteld?
1. Op 1 september 2017 is Van Vlijmen nv in Sliedrecht opgericht met een maatschappelijk kapitaal van €2.000.000, verdeeld in aandelen van €20.
2. Vervolgens worden van de aandelen in portefeuille 40.000 stuks a pari per bank geplaatst.
   Tegen uitreiking van de aandelen is van de kopers het verschuldigde bedrag per bank ontvangen.

In het grootboek van Van Vlijmen nv komen onder andere de volgende rekeningen voor:
040 Aandelenkapitaal
041 Aandelen in portefeuille
110 Bank

Gevraagd

d Geef de journaalposten naar aanleiding van de hiervóór vermelde feiten.

e Stel na verwerking van de bij **d** gevraagde journaalposten de gedeeltelijke balans op, waarbij het bedrag van het geplaatst kapitaal onmiddellijk is af te lezen.

23.04 (§ 23.4)

1 Opgericht is Bergkamp bv in Schagen met een nominaal kapitaal van €500.000, verdeeld in aandelen van €100.
2 Uitgereikt aan de oprichters zijn 3.000 aandelen a pari.
3 Bergkamp bv ontvangt per bank van de oprichters de eerste storting op de geplaatste aandelen, groot 40% van het geplaatst kapitaal.

Het grootboek van Bergkamp bv bevat onder meer de volgende rekeningen:
040 Aandelenkapitaal
041 Ongeplaatste aandelen
042 Aandeelhouders nog te storten
110 Bank

Gevraagd
Geef voor Bergkamp bv de journaalposten naar aanleiding van voorgaande gegevens.

23.05 (§ 23.4)

Haldersom nv in Amsterdam breidt haar aandelenkapitaal uit met €10.000.000, verdeeld in aandelen van €5.
In mei 2018 wordt een bedrag van €5.000.000 nominaal geplaatst tegen de emissiekoers van €8. Tegelijk met de plaatsing vindt de storting plaats bij de Rabobank tegen afgifte van de aandelen.

Gevraagd
Geef de journaalpost van (onder vermelding van het dagboek):
1 de uitbreiding van het aandelenkapitaal
2 de plaatsing van een gedeelte van het onder 1 bedoelde aandelenkapitaal.

23.06 (§ 23.4)

MegaSystems nv in Groningen heeft in september en oktober 2017 de volgende gegevens verzameld uit het memoriaal en het bankboek.

8/9	M-38	MegaSystems nv heeft haar aandelenkapitaal uitgebreid met 20.000 preferente aandelen à €100 nominaal.
12/9	B-77	Geplaatst zijn 16.000 preferente aandelen tegen €120 per aandeel. De aandelen zijn uitgereikt tegen ontvangst per bank van 60% van het verschuldigde bedrag.
12/2	M-84	Bij de houders van de 16.000 preferente aandelen is 25% van het verschuldigde bedrag opgevraagd.
27/2	B-95	De houders van 15.000 aandelen hebben aan de opvraging voldaan.

In het grootboek komen onder andere voor de rekeningen:
045 Preferent aandelenkapitaal
046 Preferente aandelen in portefeuille
047 Preferente aandeelhouders nog te storten
048 Opgevraagd bij preferente aandeelhouders
049 Agioreserve
139 Van preferente aandeelhouders opgevraagde stortingen

Gevraagd
Geef de journaalposten naar aanleiding van voorgaande gegevens.

23

23.07 (§ 23.4) Voor Mac Young Consultants nv in Eindhoven zijn over 2017 de volgende feiten gegeven:

15/5 Opgericht bovengenoemde nv met een kapitaal van 500.000 aandelen van elk €5 nominaal.

31/5 Geplaatst 200.000 aandelen a pari. Deze aandelen zijn uitgereikt en de verplichte eerste storting van 25% is per bank ontvangen.

15/6 Betaald per bank voor notariële kosten en de kosten van de inschrijving in het Handelsregister van de Kamer van Koophandel €24.000.

1/8 Geplaatst 100.000 aandelen met een uitgiftekoers van €6. Deze aandelen zijn uitgereikt en een eerste storting van 25% van het totaal te vorderen bedrag is per bank ontvangen.

1/9 Mac Young Consultants nv vraagt volstorting van de op 31 mei uitgereikte aandelen.

1/10 Mac Young Consultants nv ontvangt de door haar gevraagde volstorting van de op 31 mei uitgereikte aandelen per bank.

Gevraagd

a Geef de journaalposten van voorgaande financiële feiten.
NB Maak onder andere gebruik van de rekening *447 Oprichtingskosten.*

b Stel de gedeeltelijke balans per 31 december 2017 samen.
NB Vermeld hierop uitsluitend de bij **a** gebruikte rekeningen in *rubriek 0.*

23.08 (§ 23.5) Derk van der Lindt zet per 1 januari 2018 zijn eenmanszaak om in een bv met een maatschappelijk kapitaal van €900.000, verdeeld in aandelen van €100. De inbreng van Derk van der Lindt vindt plaats op basis van de volgende balans.

Balans per 31 december 2017

Gebouw	€	500.000	Eigen vermogen	€	620.000
Winkelinventaris	-	84.000	4% Hypothecaire lening	-	140.000
Voorraad goederen	-	240.000	Crediteuren	-	118.000
Bank	-	46.000			
Kas	-	8.000			
	€	878.000		€	878.000

Verdere gegevens

- De inbrengwaarde van de goederen wordt gesteld op €192.000.
- Voor de inbreng ontvangt Derk van der Lindt 6.000 aandelen a pari.
- Verder worden 2.000 aandelen geplaatst bij enkele familieleden tegen de koers van €120. Deze aandelen zijn meteen per bank volgestort en uitgereikt.
- Voor oprichtingskosten zijn €10.000 per bank betaald.

Gevraagd

Geef de journaalposten van:

1 de oprichting van Van der Lindt bv
2 de inbreng door Derk van der Lindt
3 de plaatsing en volstorting van de aandelen bij familieleden
4 de betaling van de oprichtingskosten.

3.09 (§ 23.5) Per 1 januari 2018 zet Frank Cobben, in overleg met zijn bank, zijn eenmanszaak om in een bv met een aandelenkapitaal van €1.500.000, verdeeld in aandelen van €100 nominaal.
In verband hiermee werd door Frank Cobben de volgende balans opgemaakt.

Balans per 1 januari 2018

Gebouw	€	500.000	Eigen vermogen	€	810.000
Overige vaste activa	-	350.000	Hypothecaire lening	-	240.000
Voorraad goederen	-	520.000	Crediteuren	-	300.000
Debiteuren	-	340.000	Bank	-	370.000
Kas	-	10.000			
	€	1.720.000		€	1.720.000

De bv neemt alle bezittingen en schulden van de eenmanszaak over. Van enkele bezittingen wordt de waarde als volgt gewijzigd.

• Het gebouw wordt gewaardeerd op	€	560.000
• De overige vaste activa worden gewaardeerd op	-	300.000
• De voorraad goederen wordt gewaardeerd op	-	500.000

Voor zijn inbreng ontvangt Frank Cobben 8.500 aandelen a pari.
Van de resterende aandelen worden 4.500 stuks door de bank geplaatst tegen €105 per stuk.

Aan oprichtingskosten wordt per bank €20.000 betaald.

Het gebouw en de overige vaste activa moeten in de boekhouding van de bv worden opgenomen tegen aanschafprijzen: €640.000 voor het gebouw en €500.000 voor de overige vaste activa.

Voor de bv wordt een nieuwe boekhouding aangemaakt.

Gevraagd

a Welke waarde kent de bv toe aan de door Frank Cobben ingebrachte bezittingen en schulden volgens de hiervóór gegeven balans per 1 januari 2018?

b Verklaar het verschil tussen de (nominale) waarde van de aan Frank Cobben toegekende aandelen en de onder **a** gevraagde waarde.

c Met welke journaalpost wordt de oprichting van de bv in de boekhouding van de bv vastgelegd?

d Wat wordt gejournaliseerd naar aanleiding van de inbreng door Frank Cobben in de bv?

e Geef de journaalposten van de door de bank geplaatste aandelen en de betaalde oprichtingskosten.

f Stel de balans voor de bv samen, nadat alle voorgaande gegevens in de boekhouding van de bv zijn verwerkt.

23

23.10 (§ 23.5) Bonnie Langer en Karen Albers besluiten hun twee eenmanszaken samen te voegen en om te zetten in De Muurbloem bv met een nominaal aandelenkapitaal van €800.000, verdeeld in aandelen van €100.
De inbreng van beide eenmanszaken vindt plaats op basis van de volgende balansen per 1 juli 2017.

Balans per 1 juli 2017 van Bonnie Langer

001 Gebouw	€ 200.000	040 Eigen vermogen	€ 250.000
020 Winkelinventaris	- 60.000	080 4,5% Hypothecaire lening	- 80.000
700 Voorraad goederen	- 75.000	110 Bank	- 18.000
120 ING Bank	- 15.000	140 Crediteuren	- 10.000
100 Kas	- 8.000		
	€ 358.000		€ 358.000

Balans per 1 juli 2017 van Karen Albers

001 Gebouw	€ 300.000	040 Eigen vermogen	€ 360.000
020 Winkelinventaris	- 100.000	081 4% Lening	- 108.000
700 Voorraad goederen	- 85.000	140 Crediteuren	- 52.000
110 Rabobank	- 25.000		
100 Kas	- 10.000		
	€ 520.000		€ 520.000

Zowel aan Bonnie als aan Karen wordt €25.000 toegekend voor goodwill. Voor hun inbreng (inclusief goodwill) ontvangt Bonnie 3.000 aandelen a pari en Karen 3.750 aandelen a pari.

Naast de grootboekrekeningen die op voorgaande balansen voorkomen, moeten bij de uitwerking de volgende rekeningen worden gebruikt:
030 Goodwill
040 Aandelenkapitaal
041 Ongeplaatst aandelenkapitaal
145 Rekening-courant Bonnie Langer
146 Rekening-courant Karen Albers

Voor De Muurbloem bv wordt een nieuwe boekhouding aangelegd.

Gevraagd
a Geef de journaalpost van de oprichting van De Muurbloem bv.
b Bereken de bedragen die bij de journaalposten van de inbreng moeten worden geboekt op de rekeningen:
145 Rekening-courant Bonnie Langer, en
146 Rekening-courant Karen Albers
NB Vermeld ook of de gevraagde bedragen op deze rekeningen worden gedebiteerd dan wel gecrediteerd.
c Geef de journaalpost van de inbreng door Bonnie Langer.
d Geef de journaalpost van de inbreng door Karen Albers.
e Stel voor De Muurbloem bv de openingsbalans per 1 juli 2017 samen.

23.11 (§ 23.5) De firma Pols en Laro wordt op 1 januari 2018 omgezet in Polaro bv met een aandelenkapitaal van € 1.500.000, verdeeld in aandelen van € 100.
De balans per 31 december 2017 van de firma Pols en Laro vertoont het volgende beeld.

Balans per 31 december 2017 (× €1.000)

001 Gebouwen	1.000		040 Vermogen Pols	600	
011 Afschrijving gebouwen	200		041 Vermogen Pols nog te storten	130	
		800			470
002 Inventaris	100		042 Privé Pols		30
012 Afschrijving inventaris	30		050 Vermogen Laro	400	
		70	051 Vermogen Laro nog te storten	80	
700 Voorraad goederen		230			320
130 Debiteuren		140	077 4% Hypotheek o/g		350
120 ING Bank		30	140 Crediteuren		50
100 Kas		10	110 Bank		60
052 Privé Laro		20	193 Te betalen kosten		20
		1.300			1.300

Bij de inbreng van de hiervóór vermelde bezittingen en schulden in Polaro bv vinden de volgende wijzigingen in de waarderingen plaats:

1. De afschrijving op de inventaris wordt verhoogd naar €50.000.
2. De waarde van de voorraad goederen wordt getaxeerd op €175.000.
3. Het op rekening *193 Te betalen kosten* vermelde bedrag moet worden verhoogd tot €25.000.

Het totale nadeel van de zojuist vermelde herwaarderingen wordt aan de firmanten toegerekend naar verhouding van de bedragen van hun eigen vermogen in de firma (inclusief het saldo van de privérekening) volgens de gegeven balans.

Gevraagd

a Bereken de grootte van het eigen vermogen (*inclusief* het saldo van de privérekening) van elk van beide firmanten, *nadat* rekening is gehouden met de herwaarderingen.

Verder wordt overeengekomen dat door Polaro bv zowel aan Robert Pols als aan Pieter Laro €20.000 goodwill wordt vergoed.
Robert Pols neemt in de bv deel met 5.000 aandelen en Pieter Laro met 3.000 aandelen; deze aandelen worden toegewezen tegen nominale waarde. De per saldo door beide aandeelhouders in de bv in te brengen bedragen worden gestort in de kas van de bv.

Gevraagd

b Bereken het bedrag dat elk van beide aandeelhouders moet storten in de kas van de bv.

c Geef de journaalpost waarmee de *oprichting* van de bv in de boekhouding van de bv wordt vastgelegd.

23

d Geef de journaalpost van de inbreng van de (geherwaardeerde) bezittingen en schulden van de firma, de goodwill, de (aanvullende) kasstortingen en de uitreiking van de aandelen aan Robert Pols en Pieter Laro.
NB Voor Polaro bv wordt een nieuwe boekhouding aangelegd.
e Stel de openingsbalans per 1 januari 2018 van Polaro bv samen.

23.12 (§ 23.5) De vennootschap onder firma tussen de vennoten Zagers, Breukelen en Joosten is opgericht.
De vof maakt de volgende grootboekrekeningen aan:

040	Kapitaal Zagers	050	Privé Zagers
041	Kapitaal Breukelen	051	Privé Breukelen
042	Kapitaal Joosten	052	Privé Joosten
045	Kapitaal Zagers nog te storten (n.t.s.)	099	Winstsaldo
046	Kapitaal Breukelen n.t.s.	120	Rabobank
047	Kapitaal Joosten n.t.s.		

Hun deelnamen zijn als volgt:
- Zagers €110.000, waarvan gestort €10.000
- Breukelen €60.000, waarvan gestort €40.000
- Joosten €20.000, waarvan gestort €15.000.

De gestorte bedragen zijn ontvangen op de bankrekening van de firma.

Gevraagd
a Journaliseer de oprichting en de per bank ontvangen bedragen.

Door de firmanten zijn geen verdere stortingen gedaan die van hun kapitaalrekeningen nog te storten (n.t.s.) moeten worden afgeboekt. Aan het einde van 2016 heeft de vof een winst gemaakt van €80.300.
Van de winstverdeling wordt nog het volgende gegeven:
- Voor verrichte werkzaamheden ontvangt Zagers €20.000 en Breukelen en Joosten ieder €30.000.
- De interestvergoeding is 6% over de gestorte kapitaaldeelnamen.
- De rest van de winst wordt met gelijke bedragen tussen de vennoten verdeeld.

Gevraagd
b Journaliseer deze winstverdeling.

Na enkele jaren maakt de vennootschap de volgende balans op.

Balans per 31 december 2018

001 Gebouwen	€	151.000	040 Kapitaal Zagers	€	110.000
003 Inventaris	-	86.000	041 Kapitaal Breukelen	-	80.000
004 Transportmiddelen	-	15.000	042 Kapitaal Joosten	-	40.000
046 Kapitaal Breukelen n.t.s	-	30.000	099 Winstsaldo	-	246.000
047 Kapitaal Joosten n.t.s.	-	25.000	052 Privé Joosten	-	15.000
130 Debiteuren	-	52.000	077 4% Hypothecaire lening	-	60.000
700 Voorraad goederen	-	211.000	078 Onderhandse lening	-	9.000
050 Privé Zagers	-	14.000	140 Crediteuren	-	46.000
051 Privé Breukelen	-	15.000	110 ABN AMRO Bank	-	15.000
120 Rabobank	-	26.000	190 Te betalen interest	-	9.000
100 Kas	-	5.000			
	€	630.000		€	630.000

De firmanten besluiten de vof om te zetten in een nv. Van deze omzetting wordt het volgende gegeven:

- De waarde van de gebouwen moet op €170.000 gesteld worden.
- De inventaris is €82.000 waard en de transportmiddelen zijn getaxeerd op €21.000.
- De waarde van de gehele voorraad is €192.000.
- De wijzigingen die uit het voorgaande voortvloeien, worden ten gunste of ten laste van het winstsaldo gebracht.

Gevraagd

c Journaliseer de hiervóór aangegeven wijzigingen.

d Journaliseer de winstverdeling. Hiervoor gelden dezelfde regels als eerder is aangegeven.

De nv voert haar boekhouding in die van de firma. Aan het rekeningenschema worden de grootboekrekeningen *060 Aandelenkapitaal* en *061 Ongeplaatste aandelen* toegevoegd. Het maatschappelijk kapitaal wordt statutair vastgesteld op €800.000.

Gevraagd

e Journaliseer de creatie van het aandelenkapitaal.

De firmanten besluiten hun deelnamen in de firma om te zetten in aandelen van €500 nominaal. Elke deelname wordt afgerond op een veelvoud van €1.000 naar boven. De hierdoor verschuldigde bedragen zijn door de firmanten op de bankrekening van de nv bij de Rabobank overgeschreven.

Gevraagd

f Geef hiervan de journaalpost.

23.13 (§ 23.6) Het fiscaal eigen vermogen van Grutte bv bedraagt aan het einde van het boekjaar 2017 €1.800.000. Aan het begin van het boekjaar 2017 bedroeg het fiscaal eigen vermogen nog €1.400.000. Gedurende het boekjaar hebben aandeelhouders bij een aandelenemissie €150.000 gestort. In het boekjaar is een bedrag van €100.000 aan dividend aan de aandeelhouders van Grutte bv betaald. Grutte bv heeft een aandelenbelang (groter dan 5%) in Nicolaij bv en deze bv heeft €75.000 aan dividend uitgekeerd aan Grutte bv. Over dit ontvangen dividend hoeft Grutte bv geen belasting te betalen (deelnemingsvrijstelling). De belastingdienst aanvaardt een gedeelte van de kosten die Grutte bv heeft niet als bedrijfskosten. Dit niet geaccepteerde bedrag is €45.000.
De fiscale winstberekening is gelijk aan de bedrijfseconomische winstberekening. Dit houdt in dat de fiscale winst gelijk is aan de bedrijfseconomische winst voor belastingen. De opbrengsten bedragen €2.000.000.

Gevraagd

a Hoeveel bedraagt de fiscale winst?
b Hoeveel bedragen de fiscale kosten?
c Hoeveel bedraagt het belastbare bedrag?
Het tarief van de vennootschapsbelasting is:

Fiscaal belastbaar bedrag	Tarief
€ 0 - € 200.000	20%
> € 200.000	25%

Gevraagd

d Bereken de belasting en geef de journaalpost van de belastingaanslag.
e Hoeveel bedraagt de bedrijfseconomische winst na belasting?

Grootboekrekeningschema:
100 Bank
165 Te betalen vennootschapsbelasting
900 Belastinglast

23

24 De boekhouding van de nv en de bv – de winstverdeling

24.01 (§ 24.1) De Goede Hoop bv in Maastricht heeft over 2017 een winst vóór belasting behaald van €270.000. Hierover moet €60.000 vennootschapsbelasting worden betaald. Tijdens de algemene vergadering van aandeelhouders wordt besloten dat de winst na belasting als volgt wordt verdeeld:

- dividend: per aandeel van €10 nominaal wordt €0,40 dividend beschikbaar gesteld
- het restant van de winst wordt toegevoegd aan de winstreserve.

Het nominaal geplaatst aandelenkapitaal is €1.000.000. De dividendbelasting bedraagt 15%.

Het grootboek van De Goede Hoop bv bevat onder andere de volgende rekeningen:

046	Winstreserve	161	Te betalen vennootschapsbelasting
049	Winst na belasting 2017	163	Te betalen dividend
110	Rabobank	164	Te betalen dividendbelasting
120	ING Bank	990	Vennootschapsbelasting

Gevraagd

a Bereken de grootte van de winstreservering voor De Goede Hoop bv.

b Journaliseer (onder vermelding van het dagboek):
  1. de vennootschapsbelasting
  2. de verdeling van de winst na belasting
  3. de uitbetaling per Rabobank van het dividend
  4. de afdracht van de dividendbelasting per ING.

24.02 (§ 24.1) De winst na belasting over 2017 bij Lamara nv in Roermond bedraagt €850.000. De verdeling is als volgt:

dividend	€	360.000
toevoeging aan de winstreserve	-	490.000

Het dividend wordt geboekt onder aftrek van 15% dividendbelasting.

Gevraagd

a Geef de journaalpost van de winstverdeling.

Het geplaatste kapitaal in 2017 is €3.000.000. De nominale waarde per aandeel is €5.

Gevraagd

b 1 Bereken het dividend over 2017 in euro's per aandeel.
  2 Hoeveel bedraagt het dividendpercentage?

c Geef de journaalpost van de betaling per bank als gevolg van het inleveren van 200.000 dividendbewijzen (aangewezen voor het dividend over 2017).

d Geef de journaalpost van de betaling per bank van het bedrag aan ingehouden dividendbelasting over het in totaal beschikbaar gestelde dividend.

24.03 (§ 24.1) In het grootboek van Siaxo nv in Hoorn komen onder meer de volgende rekeningen voor:

046	Winstreserve	163	Te betalen dividend
049	Winst na belasting 2017	164	Te betalen dividendbelasting
160	Te betalen tantièmes	980	Tantièmes
161	Te betalen vennootschapsbelasting	990	Vennootschapsbelasting

Per 31 december 2017 is het saldo van de rekeningen in rubriek 9 (met uitzondering van de rekeningen *980* en *990*) €800.000. Besloten is van dit bedrag €80.000 als tantièmes uit te keren. Van het resterende bedrag - de winst vóór belasting 2017 - moet €152.000 vennootschapsbelasting worden afgedragen aan de Belastingdienst.
Nadat alle rekeningen in rubriek 9 bij Siaxo nv over een bepaald jaar zijn bijgewerkt, stelt het saldo van deze rubriek voor de winst na belasting over het betrokken jaar (overgeboekt naar *049*).

Gevraagd

a Geef de twee journaalposten die naar aanleiding van voorgaande gegevens moeten worden gemaakt.

Het geheel geplaatst preferent aandelenkapitaal van Siaxo nv is €50.000.
Het gewoon aandelenkapitaal is €2.500.000, waarvan €2.000.000 is geplaatst.
Alle geplaatste aandelen zijn volgestort.

In maart 2018 wordt besloten de winst na belasting 2017 als volgt te verdelen:

- aan houders van preferente aandelen wordt een dividend van €12 per aandeel van €100 ter beschikking gesteld
- aan houders van gewone aandelen wordt een dividend van €2 per aandeel van €20 ter beschikking gesteld
- het resterende bedrag wordt gereserveerd.

Gevraagd

b Geef de journaalpost van de verdeling van de winst na belasting 2017.
NB De dividendbelasting is 15%.

24.04 (§ 24.2) Op de balans per 31 december 2017 van Lankhorst bv in Ede komen onder meer de volgende rekeningen voor met de daarachter vermelde saldi:

040 Aandelenkapitaal	Credit	€	9.000.000
041 Ongeplaatste aandelen	Debet	-	3.000.000
De nominale waarde per aandeel bedraagt €100.			

Gegevens over 2018

1 Gedeclareerd op dividendbewijs nr. 18 een interimdividend van €2,50 als voorschot op het dividend over 2017.
2 De bank bericht Lankhorst bv dat bij haar 12.000 dividendbewijzen nr. 18 zijn ingeleverd en dat zij het betaalde bedrag van de bankrekening van bv Lankhorst bv heeft afgeschreven.
3 Van de winst 2017 vóór belasting van €600.000 moet €125.000 in de vorm van vennootschapsbelasting worden betaald aan de Belastingdienst.

4 De winst na belasting 2017 wordt als volgt verdeeld:
   - 80% wordt uitgekeerd in de vorm van dividend (op dividendbewijs nr. 19), waarbij een verrekening plaatsvindt met het reeds uitgekeerde interimdividend (op dividendbewijs nr. 18)
   - 20% wordt toegevoegd aan de winstreserve.

5 De bank zendt bericht van inlevering van 15.000 dividendbewijzen nr. 19. Het door de bank aan de aandeelhouders uitbetaalde dividend is van de bankrekening van Lankhorst bv afgeschreven.

Gevraagd
Geef de journaalposten van voorgaande gegevens. Vermeld het dagboek waaruit de journaalpost wordt opgesteld.

24.05 (§ 24.2) Op de balans per 1 januari 2018 van Ponton nv komen onder andere de volgende posten voor met de daarbij vermelde bedragen:

Balans per 1 januari 2018

	Winstreserve	€	2.800.000
	Winstsaldo na belasting 2017	-	1.700.000
	Te betalen vennootschapsbelasting	-	500.000
	Te betalen interimdividend	-	70.000
	Te betalen dividend	-	7.500
	Te betalen dividendbelasting	-	60.000

Op 28 november 2017 werd op 2.000.000 geplaatste aandelen van €5 nominaal per aandeel een interimdividend gedeclareerd van €0,20 per aandeel; dividendbelasting 15%.
Op 5 maart 2018 werd het winstsaldo na belasting 2017 als volgt verdeeld:

Winstreservering	€	800.000
Dividend	-	900.000

In de loop van 2018 werd per ING betaald:

Vennootschapsbelasting	€	300.000
Dividendbelasting	-	135.000
Interimdividend	-	70.000
Dividend	-	400.000
	€	905.000

Gevraagd

a Geef de journaalposten van:
   1 de declaratie van het interimdividend op 28 november 2017
   2 de winstverdeling op 5 maart 2018
   3 de betalingen in de loop van 2018.

b Met welke bedragen komen de gegeven rekeningen voor op de winst- en verliesrekening over 2018 en de balans per 31 december 2018 van Ponton nv, als nog gegeven is dat van het saldo van rekening *162 Te betalen dividend* €2.500 verjaard is?

24.06 (§ 24.2) Op de balans per 31 december 2017 van De Peperbus nv in Zwolle komen onder andere voor:

Balans per 31 december 2018

	040 Aandelenkapitaal	€ 5.000.000	
	041 Aandelen in portefeuille	- 1.000.000	
			€ 4.000.000
	042 10% Preferent Aandelenkapitaal		- 100.000
	045 Winstreserve		- .....
	046 Reserve nieuwbouw		- 550.000
	060 Winst na belasting 2017		- 672.500

- De gewone aandelen zijn nominaal €20 per stuk; de preferente aandelen zijn nominaal €100 per stuk.
- In september 2017 werd op de gewone aandelen €0,80 interimdividend gedeclareerd; de dividendbelasting is 15%.
- De winst na belasting 2017 wordt in maart 2018 als volgt verdeeld:

• dividend preferente aandelen	per aandeel	€ 10
• dividend gewone aandelen	per aandeel	€ 1,80
• het restant wordt toegevoegd aan de reserve nieuwbouw		

Gevraagd

a Bereken het bedrag waarmee het interimdividend de winstreserve per 31 december 2017 heeft 'aangetast'.

b Geef een berekening van de winstverdeling.

c Geef de journaalpost van de verdeling van de winst na belasting 2017.

In april 2018 ontvangt De Peperbus nv een afrekening van de bank in verband met:

1 de uitbetaling van het dividend op 600 preferente aandelen (dividendbewijs nr. 19)

2 de uitbetaling van het slotdividend op 120.000 gewone aandelen (dividendbewijs nr. 20)

3 de afdracht aan de fiscus van het totale bedrag aan dividendbelasting, dat bij de verdeling van de winst na belasting 2017 in maart 2018 werd geboekt.

Gevraagd

d Geef de journaalpost(en) vanuit het bankboek naar aanleiding van de afrekening van de bank.

24.07 (§ 24.2) Salander nv heeft 250.000 aandelen à €20 nominaal uitstaan. Haar maatschappelijk kapitaal bedraagt €12.000.000.
De nv declareert een dividend over 2017 van €2,80 per aandeel. Na aftrek van 15% dividendbelasting heeft elke aandeelhouder dus recht op €2,38.
Op 15 april 2018 besluit Salander nv dat de uitbetaling als volgt zal gebeuren:
Dividendbewijs nr. 45: €1,38 cashdividend
Dividendbewijs nr. 46: €1,00 nominaal aan stockdividend.

24

De vennootschap maakt onder andere gebruik van rekening *047 Uit te reiken aandelen.*

Gegevens over juni 2018:
- op 10.000 ingenomen dividendbewijzen nr. 45 is cashdividend per kas uitbetaald
- op 10.000 ingenomen dividendbewijzen nr. 46 is stockdividend uitgekeerd; er zijn 500 aandelen van €20 nominaal per stuk uitgereikt
- de totaal verschuldigde dividendbelasting is per Rabobank afgedragen.

Gevraagd
Journaliseer:
1 het dividendbesluit
2 de uitbetaling van het cashdividend per Rabobank
3 de uitreiking van het stockdividend
4 de afdracht van de dividendbelasting.

24.08 (§ 24.2) Per 1 januari 2017 is Simaco nv in Delft opgericht. Er zijn 40.000 aandelen van €100 nominaal gecreëerd, waarvan er 25.000 zijn geplaatst tegen een koers van €101 per aandeel.
De oprichtingskosten bedragen €20.000.

In gebruik zijn de volgende grootboekrekeningen:

050	Aandelenkapitaal	155	Te betalen vennootschapsbelasting
051	Aandelen in portefeuille	160	Te betalen dividend
052	Uit te reiken aandelen	161	Te betalen dividendbelasting
053	Agio op aandelen	471	Oprichtingskosten
060	Winstreserve	980	Bijzondere resultaten
090	Winst na belasting 2017	990	Tantièmes
110	Bank	995	Vennootschapsbelasting
150	Te betalen tantièmes		

Gevraagd
a Geef de journaalposten van:
1 het creëren van de aandelen
2 de storting per bank door de oprichters tegen uitreiking van de aandelen
3 de betaling van de oprichtingskosten per bank.

Vóór het vaststellen van de winst vóór belasting 2017 moet voor tantièmes €40.000 worden geboekt .

Gevraagd
b Geef de journaalpost van het zojuist vermelde financiële feit.

De winst vóór belasting 2017 is €500.000. Hiervan moet €130.000 vennootschapsbelasting worden afgedragen aan de fiscus.

Gevraagd
c Geef de journaalpost van de zojuist vermelde financiële feiten.

De winst na belasting 2017 wordt als volgt verdeeld:
- aan de aandeelhouders wordt per aandeel €5 dividend beschikbaar gesteld, waarvan de helft als stockdividend
- het restant wordt gereserveerd.

Het tarief van de dividendbelasting is 15%.
Het cashdividend wordt uitgekeerd op dividendbewijs nr. 1 en het stockdividend op dividendbewijs nr. 2.

Gevraagd
d Geef een berekening van de verdeling van de winst na belasting 2017.
e Geef de journaalposten van:
1 de verdeling van de winst na belasting 2017
2 de uitbetaling per bank van 15.000 dividendbewijzen nr. 1
3 het inleveren van 10.000 dividendbewijzen nr. 2.

24.09 (§ 24.2) Op de balans per 31 december 2017 van Pentax nv in Apeldoorn komen onder andere de volgende rekeningen voor.

Balans per 31 december 2017

	040 Aandelenkapitaal	€ 10.000.000	
	041 Aandelen in portefeuille	- 3.000.000	
			€ 7.000.000
	045 Agioreserve		- 1.600.000
	046 Algemene reserve*		- 3.260.000
	060 Winst na belasting 2017		- 1.050.000

* Deze reserve is in november 2017 'aangetast' door een interimdividend van € 140.000 (€ 0,20 per aandeel).

Alle aandelen hebben een nominale waarde van €10.

Over 2018 zijn de volgende feiten gegeven:
9/1 Geplaatst 165.000 van de aandelen die zich in portefeuille bevinden à €15 per stuk. De aandelen zijn uitgereikt en van de aandeelhouders is gelijktijdig 60% van het verschuldigde bedrag per bank ontvangen.
30/1 Aan de aandeelhouders is het restant opgevraagd van de per 9 januari geplaatste aandelen.
28/2 Per bank ontvangen de resterende 40% van de per 9 januari 2018 geplaatste aandelen.
6/3 De winst na belasting 2017 wordt als volgt verdeeld:

voor vergroting algemene reserve	€ 350.000
voor dividend aandeelhouders	- 700.000

Het dividend (€1) wordt als volgt uitgekeerd:
- €0,50 als cashdividend op dividendbewijs nr. 25
- €0,50 als stockdividend op dividendbewijs nr. 26.

24

De dividendbewijzen nr. 25 en nr. 26 bevinden zich niet op de per 9 januari 2019 geplaatste aandelen.

30/6 Van de bank bericht ontvangen, dat door haar zijn uitbetaald 700.000 dividendbewijzen nr. 25 en dat door haar aandelen zijn uitgereikt tegen inlevering van 700.000 dividendbewijzen nr. 26.

30/9 Van de bank bericht ontvangen, dat €84.000 dividendbelasting is betaald.

1/11 Gedeclareerd op dividendbewijs nr. 27 een interimdividend van 900.000 × €0,40 = €360.000.

1/12 Van de bank bericht ontvangen dat door haar zijn uitbetaald 750.000 dividendbewijzen nr. 27.

De hoogte van de dividendbelasting is 15%.

Gevraagd

a Geef de journaalposten van de hiervóór vermelde feiten. Vermeld het dagboek van waaruit elke journaalpost wordt gemaakt.

b Stel de gedeeltelijke balans per 31 december 2018 samen van Pentax nv in Apeldoorn (met uitzondering van rekening *110 Bank*).

24.10 (§ 24.2) JoBo nv heeft een geplaatst aandelenkapitaal van 7.500.000 aandelen met een nominale waarde van €1.
De winst na belasting over 2017 bedraagt €1.250.000. De winstverdeling wordt als volgt vastgesteld:

- Het dividend is €0,10 per aandeel. Het dividend kan naar keuze geheel in contanten, onder aftrek van 15% dividendbelasting, of in aandelen ten laste van de belastingvrije agioreserve worden verkregen. In het geval van de keuze voor aandelen ten laste van de agioreserve wordt nominaal €0,04 uitgereikt per aandeel.
- De winst na belasting over 2017 wordt aan de winstreserve toegevoegd voor zover deze niet is uitgekeerd als cashdividend.

Per 15 mei 2018 is bekend dat

- aan houders van 3.000.000 aandelen het cashdividend zal worden betaald
- aan de resterende aandeelhouders het stockdividend zal worden uitgekeerd.

Op 22 mei 2018 wordt volgens bankafschrift B-134 aan houders van 2.500.000 aandelen het dividend per bank uitbetaald, de totale dividendbelasting over 3.000.000 aandelen wordt afgedragen aan de Belastingdienst.

Op 23 mei 2018 worden alle aandelen in verband met het stockdividend uitgereikt.

JoBo nv heeft onder andere de volgende grootboekrekeningen in gebruik:

041 Ongeplaatste aandelen
042 Uit te reiken aandelen
044 Agioreserve
046 Winstreserve
049 Winst na belasting 2017
163 Te betalen dividend
164 Te betalen dividendbelasting

Gevraagd

a Bereken het bedrag dat toegevoegd wordt aan de winstreserve.
b Bereken de totale nominale waarde van het uit te keren stockdividend.
c Geef de journaalposten naar aanleiding van de eerder genoemde feiten.

24.11* (§ 24.2) Van Aalst nv in Eindhoven heeft de voorlopige jaarrekening over 2017 opgesteld.

Bij controle heeft de accountant een aantal fouten ontdekt. Deze worden door middel van voorafgaande journaalposten gecorrigeerd.

In de boekhouding van Van Aalst nv komen onder meer de volgende grootboekrekeningen voor:

040	Aandelenkapitaal	131	Te ontvangen facturen
041	Aandelen in portefeuille	161	Te betalen dividendbelasting
042	Agioreserve	166	Te betalen interimdividend
045	Algemene reserve	180	Te vorderen OB (inkopen)
070	4% Hypothecaire lening o/g	181	Te betalen OB
100	Kas	183	Terug te vorderen OB (incourant)
101	Kruisposten	191	Te betalen interest
110	Bank	470	Interestkosten
120	Debiteuren	481	Voorraadverschillen
121	Dubieuze debiteuren	700	Voorraad producten
122	Voorziening dubieuze debiteuren	710	Af te leveren producten
130	Crediteuren	850	Omzet

De accountant heeft de volgende fouten ontdekt.

1 Een inkoopfactuur van J. Carels in Uden van €520,30, inclusief €90,30 omzetbelasting, is per abuis geboekt als verkoopfactuur.

2 Er is een kasverschil geconstateerd van €250. Na onderzoek blijkt dat bij de boeking van een bankopname van dat bedrag in het Bankboek abusievelijk de tegenrekening *100 Kas* is gebruikt. Vanuit het Kasboek is wel de juiste boeking gemaakt.

3 Met dubieuze debiteur C. Dartel in Woerden is per 30 december 2017 overeengekomen dat van onze vordering van €1.210, inclusief €210, omzetbelasting, slechts 40% zal worden betaald. De rest van de vordering moet worden afgeboekt.
De te veel afgedragen omzetbelasting is teruggevraagd aan de Belastingdienst.
Van deze gegevens is nog niets geboekt.

4 De te betalen interest op de hypothecaire lening over de periode van 1 augustus tot en met 31 december 2017 is berekend op €19.750, in plaats van op €17.500.

5 Een magazijnafgifte per 24 december 2017 van producten ad €25.000 is niet geboekt. De verkoopfactuur is wel geboekt.

6 Per 1 juni 2017 zijn 10.000 aandelen Van Aalst nv van nominaal €10 per stuk voor €12 uitgegeven. Abusievelijk is de uitgifte van slechts 1.000 aandelen geboekt. De boeking van de ontvangst per bank was wel goed. Het verschil is geboekt als agio.

7 Het interimdividend per 1 september 2017 van €10.000 is niet geboekt. De dividendbelasting is 15%.

8 Bij telling blijkt de voorraad producten €123.460 te bedragen. Op de grootboekrekening *700 Voorraad producten* staat echter een bedrag van €125.220.

Gevraagd
Geef de voorafgaande journaalposten uit het memoriaal.
NB Alleen de gegeven grootboekrekeningen gebruiken.

25 De boekhouding van de nv en de bv – de reserves op de balans

25.01 (§ 25.2) Op de balans per 31 december 2017 van Storm nv in Goes komt onder andere voor:

Balans per 31 december 2017

Gebouwen	€ 2.500.000		Aandelenkapitaal	€ 4.000.000	
Afschrijving gebouwen	- 750.000		Aandelen in portefeuille	- 1.000.000	
		€ 1.750.000			€ 3.000.000
			Agioreserve		- 1.500.000
			Herwaarderingsreserve		- 400.000
			Algemene reserve		- 1.795.000
			Winst na belasting 2017		- 480.000

Na het opmaken van voorgaande balans wordt het volgende besloten:

1 De winst na belasting 2017 wordt als volgt verdeeld:

• Dividend (de dividendbelasting bedraagt 15%)	€ 300.000
• Toevoeging Algemene reserve	- 180.000

2 Storm nv wil in de administratie tot uitdrukking brengen dat de reële waarde en de boekwaarde van haar gebouwen 10% in waarde zijn gestegen.

3 Er wordt voor €500.000 nominaal aandelen geplaatst tegen een koers van 200%; de opbrengst wordt per bank ontvangen en de aandelen zijn uitgereikt.

Gevraagd

a Geef de journaalposten die Storm nv maakt naar aanleiding van deze gegevens.

b Bereken de intrinsieke waarde per aandeel van €100 nominaal, na verwerking van voorgaande gegevens.

25.02 (§ 25.2) De balans van Bastion bv in Gouda vertoont per 31 december 2017 het volgende beeld.

Balans per 31 december 2017

001 Gebouw	€ 2.550.000	040 Aandelenkapitaal	€ 3.000.000	
002 Machines	- 500.000	041 Ongeplaatst aandelenkapitaal	- 600.000	
Overige activa*	- 1.450.000			€ 2.400.000
		047 Algemene reserve		- 600.000
		080 4% Hypothecaire lening		- 400.000
		Overige schulden*		- 1.100.000
	€ 4.500.000			€ 4.500.000

* Kortheidshalve gecombineerd.

Bastion bv besluit tot de volgende wijzigingen in voorgaande balansposten.

1 Het gebouw is in gebruik genomen op 1 januari 2012; de jaarlijkse afschrijving is 2,5% van de aanschafprijs.
Sinds het in gebruik nemen van het gebouw is het indexcijfer voor bouwkosten aanzienlijk gestegen. Bastion bv wil daarom overgaan tot een herwaardering van het gebouw met 25%.
Om de nieuwwaarde en de totale afschrijving van het gebouw op de balans tot uitdrukking te brengen, wordt de rekening *005 Afschrijving gebouw* ingevoerd.
2 Aan de machines kan – op basis van het huidige prijsniveau – een boekwaarde worden toegekend van €600.000. Ook met betrekking tot de machines wordt daarom tot herwaardering overgegaan.
Als de machines per 31 december 2017 in nieuwe staat zouden moeten worden aangeschaft, zou daarvoor een bedrag van €1.000.000 nodig zijn.
Om ook met betrekking tot de machines de nieuwwaarde en de totale afschrijving van de machines op de balans te vermelden, wordt de rekening *006 Afschrijving machines* geïntroduceerd

Gevraagd

a Bereken de aanschafprijs van het gebouw.
b Geef de journaalposten van het onder 1 vermelde besluit.
NB Maak bij de onder **b** en **c** gevraagde journaalposten gebruik van de rekening *045 Herwaarderingsreserve*.
c Geef de journaalpost van het onder 2 vermelde besluit.

25.03 (§ 25.2) Resoluties nv in Almere besluit per 31 december 2017 tot afstempeling van haar aandelen met 50%. De aandelen hebben vóór afstempeling een nominale waarde van €50 per stuk.

De balans van deze vennootschap ziet er vóór afstempeling als volgt uit:

Balans per 31 december 2017

Diverse activa	€ 2.200.000	Aandelenkapitaal	€ 2.500.000	
		Aandelen in portefeuille	- 500.000	
				€ 2.000.000
		Geaccumuleerd verlies vorige boekjaren	€ 550.000	
		Verlies 2017	- 250.000	
				- -/- 800.000
				€ 1.200.000
		Diverse schulden		- 1.000.000
	€ 2.200.000			€ 2.200.000

Gevraagd

a Journaliseer de afstempeling.
b Geef de balans per 31 december 2017 na afstempeling van de aandelen.
c Bereken de intrinsieke waarde per aandeel:
1 vóór afstempeling
2 ná afstempeling.

25.04 (§ 25.3) Op de creditkant van de balans per 31 december 2017 van Rockx bv in Terheijden komen de volgende rekeningen voor:

Balans per 31 december 2017

	Aandelenkapitaal	€ 3.000.000	
	Ongeplaatst aandelenkapitaal	- 1.000.000	
			€ 2.000.000
	Agioreserve		- 1.000.000
	Algemene reserve		- 2.300.000
	Herwaarderingsreserve		- 700.000
	Winst na belasting		- 1.000.000
	Vreemd vermogen op lange termijn*		- 4.500.000
	Vreemd vermogen op korte termijn*		- 2.500.000
			€ 14.000.000

* Kortheidshalve gecombineerd.

Gevraagd

a Bereken de solvabiliteit van de onderneming, in de veronderstelling dat de gehele winst na belasting wordt *uitgekeerd* (uitbetalingen hebben nog niet plaatsgevonden).
NB De solvabiliteit wordt beoordeeld aan de hand van de verhouding

$$\frac{\text{Eigen vermogen}}{\text{Vreemd vermogen}}$$

b Als vraag **a**, maar nu in de veronderstelling dat de winst na belasting geheel wordt *gereserveerd*.

De onderneming besluit:
- de gehele winst na belasting te reserveren
- per bank op het 'vreemd vermogen op korte termijn' €1.000.000 af te lossen.

Gevraagd

c Journaliseer de zojuist vermelde besluiten.
d Toon door middel van een berekening aan dat door deze besluiten het bij **b** bedoelde verhoudingscijfer is verbeterd (afronden op twee decimalen nauwkeurig).
e Wat is het verschil tussen formele en materiële reserves?
f Wanneer beschikt een onderneming over materiële reserves?
g Kan een onderneming
1 formele én materiële reserves hebben
2 wel formele, maar geen materiële reserves hebben
3 geen formele, maar wel materiële reserves hebben?

25

25.05 (§ 25.3) Op de balans per 31 december 2017 van Acanthus nv in Haarlem komen onder andere de volgende rekeningen voor met de daarachter vermelde bedragen:

Balans per 31 december 2017

	040 Aandelenkapitaal	€ 20.000.000	
	041 Aandelen in portefeuille	- 6.000.000	
			€ 14.000.000
	043 Agioreserve		- 4.400.000
	045 Algemene reserve		- 8.200.000
	048 Dividendreserve		- 700.000
	060 Winst na belasting 2017		- 2.380.000

31 maart 2018
De winst na belasting 2017 van €2.380.000 wordt als volgt verdeeld:
- voor dividend is beschikbaar €1.570.000
- het restant wordt toegevoegd aan de Algemene reserve.

De onderneming hanteert al jaren een politiek van dividendstabilisatie. Het dividend is gestabiliseerd op €1,20 per aandeel van €10 nominaal.

Gevraagd
a Bereken het bedrag dat wordt onttrokken aan de dividendreserve.
b Geef de journaalpost van de winstverdeling.
NB De dividendbelasting is 15%.

25.06 (§ 25.4) Ripper nv in Rotterdam besluit een deel van haar agioreserve om te zetten in aandelenkapitaal. Het gehele maatschappelijk kapitaal is geplaatst. Om het besluit tot uitvoer te kunnen brengen worden de statuten gewijzigd en de huidige aandeelhouders, die gezamenlijk voor €8.000.000 nominaal aandelen bezitten, in de gelegenheid gesteld 200.000 bonusaandelen te verkrijgen. De nominale waarde van oude én nieuwe aandelen bedraagt €10. Vier dividendbewijzen nr. 80 geven recht op één gratis nieuw aandeel.

Gevraagd
Journaliseer:
1 de uitbreiding van het aandelenkapitaal met €2.000.000 nominaal
2 het besluit tot uitreiking van de bonusaandelen
3 het uitreiken van 60.000 bonusaandelen tegen inname van 240.000 dividendbewijzen nr. 80.

25.07 (§ 25.4) De balans van metsel- en bouwbedrijf Tilburg nv geeft per 31 december 2017 aan:

Balans per 31 december 2017

Vaste activa	€ 4.500.000	Aandelenkapitaal	€ 5.500.000		
Voorraden	- 2.250.000	Aandelen in portefeuille	- 1.500.000		
Werken in uitvoering	- 3.000.000				
Debiteuren	- 1.000.000			€	4.000.000
Liquide middelen	- 1.500.000	Agioreserve		-	2.000.000
		Algemene reserve		-	2.500.000
		Winst na belasting 2017		-	850.000
		Voorschotten op werken		-	2.000.000
		Crediteuren		-	610.000
		Te betalen vennootschapsbelasting		-	290.000
	€ 12.250.000			€	12.250.000

In de aandeelhoudersvergadering wordt de volgende winstverdeling vastgesteld:

• Cashdividend	€ 0,10 per aandeel van € 1 nominaal	€	400.000
• Stockdividend	€ 0,05 per aandeel van € 1 nominaal	-	200.000
• Winstreservering		-	250.000

De dividendbelasting is 15%.
Op hetzelfde moment wordt besloten ten laste van de agioreserve bonusaandelen uit te reiken voor een bedrag van €800.000.

Gevraagd

a Geef de journaalposten van genoemde besluiten.

b Stel de balans samen na verwerking van de onder **a** gevraagde journaalposten.
NB Er zijn nog geen winstuitkeringen betaald; aandelen zijn nog niet uitgereikt.

c Bereken de intrinsieke waarde per aandeel aan de hand van de onder **b** gevraagde balans.
NB Neem hierbij aan dat alle winstuitkeringen zijn betaald en alle aandelen zijn uitgereikt.

d Heeft het uitreiken van de bonusaandelen invloed gehad op de intrinsieke waarde
1 van de onderneming?
2 per aandeel?
Motiveer de antwoorden.

25

25.08 (§ 25.4) Op de balans per 31 december 2017 van Aristo nv in Oldenzaal komen onder andere de volgende posten voor:

Gedeeltelijke balans per 31 december 2017

	060 Aandelenkapitaal	€ 6.000.000	
	061 Aandelen in portefeuille	- 3.000.000	
			€ 3.000.000
	080 Agioreserve		- 1.000.000
	081 Algemene reserve		- 1.000.000
	075 Winst na belasting 2017		- 800.000

Behalve de reeds genoemde grootboekrekeningen zijn nog in gebruik:
062 Uit te reiken aandelen
110 Bank
140 Te betalen dividend
141 Te betalen dividendbelasting

Aristo nv besloot op 1 december 2017 op dividendbewijs nr. 39 een interimdividend uit te keren van €0,25 per aandeel van €5 nominaal. De dividendbelasting is 15%.

Gevraagd
a Journaliseer:
1 per 31 december 2017 de betaalbaarstelling van het interimdividend
2 de betaling per bank in januari 2018 van 160.000 dividendbewijzen nr. 39.

Op de algemene vergadering van aandeelhouders in maart 2018 wordt de volgende winstverdeling voor Aristo nv vastgesteld:
- het dividend wordt vastgesteld op €1 per aandeel, waarvan de helft in de vorm van stockdividend
- het restant wordt toegevoegd aan de algemene reserve.

Het stockdividend wordt uitgekeerd op dividendbewijs nr. 40 en het cashdividend op nr. 41.

Gevraagd
b Geef de journaalpost van de winstverdeling.

De algemene vergadering van aandeelhouders besluit tevens ten laste van de agioreserve bonusaandelen voor een bedrag van €600.000 uit te reiken op dividendbewijs nr. 42.

Gevraagd
c Journaliseer:
1 het besluit tot het uitreiken van de bonusaandelen
2 de betaling per bank van 220.000 dividendbewijzen nr. 41
3 het uitreiken van aandelen op 180.000 dividendbewijzen nr. 40
4 het uitreiken van bonusaandelen op 240.000 dividendbewijzen nr. 42.

25.09 (§ 25.4) Op de balans per 31 december 2017 van Formax nv in Goirle komt het eigen vermogen als volgt voor:

Gedeeltelijke balans per 31 december 2017

	Aandelenkapitaal	€ 6.000.000	
	Aandelen in portefeuille	- 1.000.000	
	Geplaatst kapitaal		€ 5.000.000
	Agioreserve		- 2.150.000
	Algemene reserve		- 2.450.000
	Eigen vermogen		€ 9.600.000

Begin 2018 besluit Formax nv een deel van haar agioreserve om te zetten in aandelenkapitaal. De houders van de uitstaande 200.000 aandelen van €25 krijgen de gelegenheid 40.000 bonusaandelen van €25 te ontvangen. Tegen inlevering van vijf dividendbewijzen nr. 60 krijgt een aandeelhouder één gratis nieuw aandeel.

Gevraagd

a Stel de gedeeltelijke balans samen na het uitreiken van alle bonusaandelen.

b Bereken de intrinsieke waarde van een aandeel:
  1 vóór het uitreiken van de bonusaandelen (= voor herkapitalisatie)
  2 na het uitreiken van de bonusaandelen (= na herkapitalisatie).

Formax nv keert al enkele jaren op het geplaatste aandelenkapitaal een bedrag van €900.000 dividend uit. Na het uitkeren van de bonusaandelen wil Formax nv het totale jaarlijks uit te keren dividendbedrag onveranderd laten.

Gevraagd

c Bereken het dividendbedrag per aandeel van €25 nominaal:
  1 vóór het uitreiken van de bonusaandelen (= vóór herkapitalisatie)
  2 na het uitreiken van de bonusaandelen (= na herkapitalisatie).

d Waarom reikt een onderneming bonusaandelen uit?

25.10 (§ 25.4) Veleha nv in Sluis is een onderneming die jarenlang met succes producten op de markt heeft gebracht. De laatste jaren is als gevolg van een verslechterde kwaliteit van de producten en door de toenemende concurrentie de verkoop sterk teruggelopen, wat heeft geleid tot oplopende verliezen.
Door toepassing van een nieuwe productietechniek kan een groot deel van de verloren markt weer worden teruggewonnen, maar daarvoor is wel een ingrijpende reorganisatie noodzakelijk.
Met de aandeelhouders en de schuldeisers is overleg gevoerd en zij hebben ingestemd met een technische en financiële reorganisatie.
De gedeeltelijke balans per 15 oktober 2017 vlak vóór de reorganisatie, geeft het volgende beeld.

Gedeeltelijke balans per 15 oktober 2017

001 Gebouwen		€ 250.000	040 Aandelenkapitaal		€ 400.000
004 Machines	€ 400.000		085 Geaccumuleerd verlies		
014 Afschrijving machines	- 375.000		vorige boekjaren	€ 62.000	
		- 25.000	086 Verlies lopend		
003 Wagenpark		- 15.000	boekjaar		
130 Debiteuren		- 40.000	(t/m 15 oktober)	- 31.000	
300 Voorraad grondstoffen		- 120.000			
					-/- - 93.000
			110 Bank		- 320.000

In de boekhouding van Veleha nv komen verder onder meer de volgende grootboekrekeningen voor:

050	5% Lening o/g	135	Voorziening debiteuren
055	4% Lening o/g	140	Crediteuren
041	Aandelen in portefeuille	180	Te vorderen OB
044	Algemene reserve	181	Te betalen OB
045	Reorganisatiereserve	320	Prijsverschillen inkopen grondstoffen
100	Kas	940	Reorganisatieresultaten

In verband met de reorganisatie heeft Veleha nv de volgende gegevens verzameld.

1 De boekwaarde van de gebouwen bedraagt €250.000. De boekwaarde moet worden verlaagd met 20%.

2 De machines met een aanschafprijs van €400.000 en waarop €375.000 is afgeschreven, zijn verouderd. De machines zijn gesloopt en de restanten zijn verkocht aan een opkoper voor €6.000 exclusief €1.260 omzetbelasting. Het bedrag is contant ontvangen.

3 Er zijn nieuwe machines aangeschaft voor een bedrag van €431.970 inclusief €74.970 omzetbelasting. Als betaling hiervoor zal de leverancier het bedrag aan omzetbelasting ontvangen en voor het restant verleent hij een 5% Lening.

4 Het bestaande wagenpark is verkocht voor €42.350, inclusief €7.350 omzetbelasting. Het bedrag is per bank ontvangen.
Het nieuwe wagenpark zal worden geleaset.

5 Het geplaatste aandelenkapitaal bedraagt €400.000.
De geplaatste aandelen worden afgestempeld tot 60% van de nominale waarde.

6 Bij aanvang van de reorganisatie bedroeg de schuld aan crediteuren €188.000. Hiervan wordt een deel door de crediteuren kwijtgescholden. Voor het overige ontvangen crediteuren voor in totaal €100.000 aandelen, die zich nog in portefeuille bevinden.
De rest van het ongeplaatste aandelenkapitaal ad €70.000 nominaal is a pari geplaatst bij de bestaande aandeelhouders. Het bedrag is op de bankrekening ontvangen.

7 Van de vorderingen op debiteuren zal naar verwachting €10.000, exclusief omzetbelasting, niet binnenkomen.

8 De voorraad grondstoffen is geboekt tegen de werkelijke inkoopprijzen. Grondstoffen met een inkoopprijs van €36.000 zijn niet meer bruikbaar; deze grondstoffen brengen naar verwachting bij verkoop €30.000 op exclusief omzetbelasting.
De rest van de grondstoffen wordt in de boekhouding verantwoord tegen de vaste verrekenprijs, die in totaal €100.000 bedraagt. Het resultaat als gevolg van de gewijzigde waardering wordt beschouwd als een prijsverschil.

9 Van de bankschuld wordt €100.000 omgezet in een 4% lening.

Gevraagd

a Journaliseer de gegevens 1 tot en met 9. Vermeld bij elke journaalpost het dagboek waaruit de journaalpost wordt opgesteld.

b Stel de grootboekrekening *940 Reorganisatieresultaten* samen (niet afsluiten).

26 De boekhouding van de nv en de bv – het vreemd vermogen

Gevraagd

26.01 (§ 26.1)

a Wat is het verschil tussen een obligatielening en een onderhandse lening?
b Wat verstaan we onder afnemerskrediet?
c Onder welke namen kan leverancierskrediet voorkomen op de balans?

Op de balans van een onderneming komt voor de post 'Voorschotten aan leveranciers'.

d Staat deze post debet of credit op de bedoelde balans?
e Is deze post een voorbeeld van leverancierskrediet of van afnemerskrediet?
f Wanneer spreken we bij een bankkrediet over een rekening-courantkrediet?

Gevraagd

26.02 (§ 26.2)

a Waarvoor dien(d)en de coupons bij een obligatie?
b Hoe wordt bij een obligatie met behulp van de koers (in procenten) de koerswaarde (in euro's) berekend?
c Wanneer ontstaat disagio op obligaties?

26.03 (§ 26.3)

Groothuis nv in Ede geeft in juli 2018 een 4% obligatielening uit van €6.000.000 nominaal tegen de koers van 102%.
De plaatsing van de obligaties vindt plaats per bank; de emissiekosten bedragen €17.000.

In het grootboek van Groothuis nv komen onder andere voor de rekeningen:
070 4% Obligatielening
071 4% Obligaties in portefeuille
073 Agio op 4% obligaties
110 Bank
475 Emissiekosten obligaties
961 Interestopbrengst

Gevraagd

a Journaliseer (onder vermelding van het dagboek):
1. de creatie van de obligaties in juli 2018
2. de plaatsing en uitreiking van de obligaties, en de ontvangst van het bedrag per bank
3. de bankafschrijving in verband met de emissiekosten.

Groothuis nv boekt per 31 december 2018 4% van het saldo op de rekening *073 Agio op 4% obligaties* over naar de grootboekrekening *961 Interestopbrengst*.

Gevraagd

b Journaliseer deze overboeking per 31 december 2018.

26.04 (§ 26.3)

Op de saldibalans van Kwinten bv in Roosendaal komt per 31 december 2017 onder andere voor:

070 3% Obligatielening	€	2.000.000
071 3% Obligaties in portefeuille	-	400.000
074 Disagio op obligaties	-	12.000

De leiding van Kwinten bv brengt de helft van het disagio over naar rekening *470 Interestkosten.*

Gevraagd

a Geef de voorafgaande journaalpost uit met memoriaal.

b Geef de gewijzigde saldibalans, winst- en verliesrekening en balans, voor zover deze betrekking hebben op de genoemde rekeningen in *rubriek 0.*

26.05 (§ 26.3) Begin april 2017 geeft Luisterlint nv in Arnhem een 4% obligatielening van €2.000.000 nominaal uit, tegen de koers van 101,50%. De nominale waarde per obligatie is €100. De uitreiking van de toegekende obligaties - tegen volstorting per bank - zal plaatsvinden op 1 mei 2017.

Gevraagd

Journaliseer (onder vermelding van het dagboek):

1 de creatie van de obligatielening
2 de uitreiking (tegen volstorting per bank) van 20.000 obligaties per 1 mei
3 de overboeking van 10% van het door deze emissie ontstane agio naar rekening *962 Bijzonder interestresultaat.*

26.06 (§ 26.3) In maart 2018 emitteert Joons bv in Amsterdam een 4% obligatielening voor een nominaal bedrag van €2.000.000, onderverdeeld in stukken van €100. De koers van plaatsing bedraagt 99%, de coupons vervallen jaarlijks op 1/4. De onderneming hanteert het principe van de maandelijkse permanence.

Gevraagd

Journaliseer:

1 de creatie van de obligaties
2 het bericht van de bank dat is ingeschreven op 13.500 stukken, waarop de vereiste storting is ontvangen. De bank heeft de obligaties uitgereikt
3 de betaalbaarstelling per 1 april 2018 van de eerste coupon
4 de betaling per bank van 12.500 coupons nr. 1.

26.07 (§ 26.3) In het grootboek van Ruiskens nv in Boxtel, die de permanence toepast met maandelijkse resultatenoverzichten, komt per 30 november 2017 onder andere voor:

070 4% Obligatielening	€	3.500.000
071 4% Obligaties in portefeuille	-	500.000
074 Disagio op obligaties	-	10.000
170 Te betalen interest	-	60.000
171 Te betalen coupons	-	2.000
470 Interestkosten 4% obligatielening	-	110.000

De obligaties hebben een nominale waarde van €50; de coupons vervallen telkens op 1/6 en 1/12.

Verdere gegevens

1/12 Ruiskens nv stelt coupon nr. 6 betaalbaar; in de loop van december 2017 betaalt ze 56.000 coupons nr. 6 uit.
De nv boekt de interestkosten 4% obligatielening over december 2017.

31/12 De helft van het resterende saldo op de rekening *074* brengt Ruiskens nv over naar rekening *963 Bijzondere interestresultaten.* Naar deze rekening boekt de nv per 31 december 2017 eveneens het bedrag van de per die datum verjaarde coupons van €500.

Gevraagd

a Journaliseer de voorgaande gegevens (onder vermelding van het dagboek). Er heeft zich na 30 november 2017 geen wijziging voorgedaan in het aantal obligaties in portefeuille.

b Met welke bedragen komen de genoemde rekeningen voor op de winst- en verliesrekening over 2017 en de balans per 31 december 2017?

26.08 (§ 26.3) Op 1 april 2017 geeft De Pelikaan nv in Almelo een 4,5% obligatielening uit van €2.500.000 tegen de emissiekoers van 98%. De coupons vervallen jaarlijks op 1 mei.

Verdere gegevens

20/4 Bericht ontvangen van de bank dat alle stukken zijn toegewezen.

1/5 Bericht ontvangen van de bank dat alle toegewezen obligaties – tegen storting bij de bank – zijn uitgereikt.

In het grootboek komen onder andere voor de rekeningen:

072 Uit te reiken 4,5% obligaties

175 4,5% Obligatiehouders nog te storten

Gevraagd

Journaliseer:

1 de uitgifte van 1 april 2017
2 de toewijzing van de stukken op 20 april
3 de uitreiking van de obligaties tegen volstorting op 1 mei
4 de maandelijkse boeking (permanence) in verband met de interestkosten op deze 4,5% obligatielening
5 de betaalbaarstelling van coupon nr. 1 per 1 mei 2018.

26.09 (§ 26.3) Van Wissel nv in Groningen zijn de volgende gegevens bekendgemaakt:

1/4 Uitgeloot en per 1 mei aflosbaar gesteld: 40 stuks van 4% obligaties à €500 nominaal; coupons 1/5. Vóór deze uitloting bedroeg de lening €2.000.000.

1/5 Coupon nr. 13 betaalbaar gesteld.

6/5 Per bank uitbetaald: 30 uitgelote obligaties en 340 coupons nr. 13.

Gevraagd

Geef de journaalposten voor Wissel nv (onder vermelding van de dagboeken). NB Wissel nv past de permanence toe en stelt elke maand een winst- en verliesrekening op.

26.10 (§ 26.3) Van Rolls nv in Etten-Leur is het volgende gegeven.

14/9 Uitgeloot en per 1 oktober aflosbaar gesteld à 102%, 900 obligaties à € 100 van de 4,6% obligatielening. Hiervan bevinden zich 60 stuks in portefeuille; deze worden vernietigd. Coupondatum 1/10.

1/10 Per bank betaald 400 uitgelote obligaties.

In het grootboek van Rolls nv komen onder andere de volgende rekeningen voor:
080 4,6% Obligatielening
081 4,6% Obligaties in portefeuille
177 Aflosbaar gestelde 4,6% obligaties
481 Aflossingspremie

Rolls nv past de permanence toe en stelt maandelijks een resultatenoverzicht samen.

Gevraagd
a Geef de journaalpost per 14/9.
b Geef de journaalpost van de uitbetaling.

26.11 (§ 26.3) Gedeeltelijke saldibalans per 31 december 2017 van Haaks nv in Assen.

Nr.	Rekening	Debet	Credit
081	3% Obligatielening		€ 5.000.000
082	Disagio 3% obligaties	€ 20.000	
172	Te betalen interest 3% obligaties		- x
173	Te betalen coupons 3% obligaties		- 9.000
174	Uitgelote 3% obligaties		- 14.000
470	Interestkosten		
970	Bijzondere interestresultaten		
971	Overige bijzondere resultaten		

Verdere gegevens
081 De coupons vervallen jaarlijks op 1/5.
082 Afschrijven ten laste van rekening 970 €8.000.
173 Verjaard €1.320; gebruik rekening 970 Bijzondere interestresultaten.
174 Verjaard €3.000; gebruik rekening 971 Overige bijzondere resultaten.

Haaks nv past de permanence toe en stelt elke twee maanden een resultatenoverzicht samen, dus over de maanden januari + februari, maart + april, enzovoort. De interestkosten met betrekking tot de 3% obligaties over november + december 2017 moeten nog worden geboekt.

Gevraagd
a Bereken de waarde van x in de hiervoor gegeven gedeeltelijke saldibalans.
b Geef de journaalpost voor de interestkosten met betrekking tot de 3% obligaties over november + december 2017.
c Geef de overige journaalposten die per 31 december 2017 moeten worden gemaakt.

26

26.12 (§ 26.4) Op de balans per 1 april 2017 van Concordia nv in Middelburg komen de volgende rekeningen met bijbehorende bedragen voor:

040 Aandelenkapitaal	€ 4.000.000
041 Aandelen in portefeuille	- 500.000
072 4,5% Converteerbare obligatielening	- 300.000

Alle aandelen en obligaties zijn nominaal €100 per stuk. De coupons van de converteerbare obligatielening vervallen op 31 maart van elk jaar.

De conversievoorwaarden luiden als volgt:
Jaarlijks per 1 april, voor het laatst in 2017, kunnen, onder bijbetaling van €60, twee obligaties worden omgeruild voor één aandeel.

Alle nog uitstaande obligaties worden per 1 april 2017 geconverteerd in aandelen; de bijbetalingen worden via de bank van Concordia nv verrekend.

Gevraagd

a 1 Bereken de conversiekoers.
2 Bereken het agio per aandeel.

b Journaliseer het voorgaande voor Concordia nv.

26.13 (§ 26.4) Van Elektronika nv in Nijmegen worden de volgende financiële feiten gegeven.

Boekjaar 2017

8/5 In de algemene vergadering van aandeelhouders wordt besloten tot uitgifte van een 4,5% converteerbare obligatielening van €4.000.000 in stukken van €500 nominaal. Coupons 1 juli. Deze obligaties zijn dezelfde dag gecreëerd.
De obligaties zullen op 30 juni door de bank van Elektronika nv worden geplaatst à 104%.
Conversievoorwaarden
De obligaties kunnen te zijner tijd worden geconverteerd in aandelen van €50 nominaal in de verhouding 1: 10 onder bijbetaling van €200 per obligatie.

30/6 De bank bericht dat nominaal €4.000.000 obligaties werden geplaatst. Het bijbehorende bedrag werd – tegen uitreiking van de obligaties – door de bank ontvangen.

Boekjaar 2018

1/7 Coupon nr. 1 betaalbaar gesteld; er heeft nog geen conversie plaatsgevonden.

juli 320 obligaties met coupons nr. 1 en volgende zijn geconverteerd in aandelen; afwikkeling per bank.

18/11 Dividendbewijs nr. 13 voor €2 interimdividend 2018 betaalbaar gesteld.
De dividendbelasting bedraagt 15%. Het maatschappelijk kapitaal bedraagt €10.000.000 nominaal, waarvan geplaatst en volgestort €6.000.000.
De nominale waarde van een aandeel is €50.

20/12 De bank bericht te hebben uitbetaald: 110.000 dividendbewijzen nr. 13.

Boekjaar 2019

7/7 In de algemene vergadering van aandeelhouders is besloten tot uitgifte van bonusaandelen ten laste van de agioreserve. Per vier aandelen wordt één bonusaandeel van €50 nominaal verstrekt. Het geplaatste en volgestorte aandelenkapitaal is ongewijzigd gebleven.

10/8 De bank bericht dat 10.000 bonusaandelen werden uitgereikt.

Gevraagd
Journaliseer voorgaande financiële feiten voor Elektronika nv, waarbij uitgegaan moet worden van de permanence met maandelijkse resultatenoverzichten. Vermeld bij elke journaalpost vanuit welk dagboek deze journaalpost wordt opgesteld.

26.14 (§ 26.4) Op de tussentijdse balans per 30 september 2017 van Roneo nv in Amersfoort komt onder meer voor:

Balans per 30 september 2017

	Aandelenkapitaal	€	5.000.000		
	Aandelen in portefeuille	-	1.000.000		
	Geplaatst kapitaal			€	4.000.000
	Algemene reserve			-	1.800.000
	4% Hypothecaire lening			-	1.200.000
	Dividendreserve			-	280.000

De nominale waarde per aandeel is €20.

Roneo nv past de permanence toe met maandelijkse resultatenoverzichten.

Gevraagd
Geef de journaalposten (onder vermelding van de dagboeken) naar aanleiding van de volgende gegevens:

1/10/17	Betaalbaar gesteld op dividendbewijs nr. 38 een interimdividend van €1,20 (dividendbelasting 15%).
28/10/17	Per bank betaald de interest op de hypothecaire lening. De interest vervalt jaarlijks, achteraf, op 1 november.
5/11/17	Bericht ontvangen van de bank dat zij voor onze rekening heeft betaald 9.000 dividendbewijzen nr. 38.
1/4/18	In de vergadering van aandeelhouders is de winst over 2017, na vennootschapsbelasting, vastgesteld op €740.000.

Volgens de statutaire bepalingen is de verdeling van de winst na belasting als volgt:

aandeelhouders	50%
toevoeging aan de algemene reserve	50%

De nv past een politiek van dividendstabilisatie toe; het dividend is al enkele jaren gestabiliseerd op €2 per aandeel, welk bedrag ook voor 2017 zal gelden. De uitbetaling van het dividend (onder aftrek van reeds betaalbaar gesteld interimdividend en 15% dividendbelasting) vindt plaats op dividendbewijs nr. 39.

Verder besluit de algemene vergadering tot emissie van een 4,3% converteerbare obligatielening, groot €1.000.000, in stukken van €500 nominaal; coupons per 30/4. De obligaties zijn gecreëerd.
De converteerbare obligaties kunnen vanaf 1 mei 2021 tot uiterlijk 31 mei 2021 worden geconverteerd in aandelen van €20 nominaal, in verhouding twee obligaties : 25 aandelen en onder bijbetaling van €2 per aandeel in contanten. De per 31 mei 2021 nog niet in aandelen geconverteerde obligaties worden à 102% afgelost.

15/4/18	Door de bank zijn uitbetaald 50.000 dividendbewijzen nr. 39 à €0,80 = €40.000 minus 15% dividendbelasting; netto €34.000.
1/5/18	De bank bericht dat alle converteerbare obligaties op 29 april 2018 zijn geplaatst à 101%. Tegen ontvangst van het totale bedrag zijn de obligaties uitgereikt.
1/5/19	Betaalbaar gesteld coupon nr. 1 van de 4,3% converteerbare obligatielening.
mei '19	De bank heeft uitbetaald 1.800 coupons nr. 1.
mei '21	Bij de huisbankier van Roneo nv zijn 1.900 obligaties ingewisseld tegen aandelen. De bijbetalingen zijn per bank ontvangen.
1/6/21	Aflosbaar gesteld à 102% de 100 niet in aandelen geconverteerde obligaties.
juni '21	De bank bericht dat zij 90 aflosbaar gestelde obligaties heeft uitbetaald.

26.15 (§ 26.4) Hagemans nv in Geleen produceert en verkoopt sanitaire producten. De samengevatte balans per 31 december 2017 ziet er als volgt uit.

Samengevatte balans per 31 december 2017 (bedragen × 1.000)

Materiële vaste activa	€	17.490	Geplaatst kapitaal	€	12.500
Immateriële vaste activa	-	2.400	Reserves	-	5.000
Voorraden	-	8.200	Nettoresultaat 2017	-	3.800
Debiteuren	-	8.360	Pensioenvoorziening	-	600
Overige vorderingen	-	2.100	Achtergestelde leningen	-	1.840
Liquide middelen	-	520	Obligatieleningen	-	3.000
			Crediteuren	-	6.080
			Overige korte schulden	-	4.100
			Banken	-	2.150
	€	39.070		€	39.070

Zowel op de balans per 31 december 2017 als op de winst- en verliesrekening over 2017 is het nettoresultaat 2017 na belasting (het bedrag van de verwachte definitieve aanslag) opgenomen.
De aandelen hebben een nominale waarde van €50 per stuk.

In de boekhouding van Hagemans nv komen onder meer de volgende grootboekrekeningen voor:

040	Aandelenkapitaal	152	Uitgelote obligaties
041	Aandelen in portefeuille	166	Te betalen dividend
		167	Te betalen dividendbelasting
042	Uit te reiken aandelen	168	Verschuldigde vennootschapsbelasting
060	Agioreserve		
065	Algemene reserve	171	Te betalen coupons
070	4% Obligatielening	190	Vooruitbetaalde bedragen
080	Nettoresultaat 2017	191	Te betalen bedragen
110	Bank	472	Interestkosten

Hagemans nv heeft de volgende dagboekgegevens verzameld.

1 In 2017 is de voorlopige aanslag vennootschapsbelasting van €1.850.000 betaald. Dit bedrag is geboekt op de rekening *Vooruitbetaalde bedragen*. De definitieve aanslag zal naar verwachting €2.200.000 bedragen.

2 Het nettoresultaat 2017 wordt als volgt verdeeld:

cashdividend	€	2.000.000
stockdividend	-	1.500.000
toevoeging aan de algemene reserve	-	300.000
	€	3.800.000

Het cashdividend wordt betaalbaar gesteld op dividendbewijs nr. 25 en het stockdividend op dividendbewijs nr. 26. De in te houden dividendbelasting is 15%.

3 Van de bank bericht ontvangen dat alle dividendbewijzen nr. 25 en nr. 26 zijn ingeleverd. De verschuldigde betalingen zijn van de bankrekening afgeschreven en de aandelen zijn uitgereikt.

4 Uit de agioreserve is aan aandeelhouders een bonus verstrekt in de vorm van aandelen van 10% van de nominale waarde.
Deze bonus geldt uitsluitend voor de per 31 december 2017 uitstaande aandelen. De aandelen zijn uitgereikt.

5 Van de 4% obligatielening zijn 1.000 obligaties à €500 uitgeloot.

6 De maandelijkse interest op de obligatieleningen bedraagt €14.500.

7 Per 31 december 2017 zijn coupons vervallen op obligatieleningen voor een bedrag van €58.000.

8 Per bank betaald:

• aflossing uitgelote 4% obligaties	€	500.000
* ingeleverde coupons 4% obligatielening	€	32.000

9 Het maatschappelijk kapitaal is verhoogd met 150.000 aandelen à €50 nominaal = €7.500.000.

10 Via de bank zijn 25.000 aandelen van €50 nominaal geplaatst voor een totaalbedrag van €1.800.000.
Het bedrag is op de bankrekening gestort. De aandelen zijn uitgereikt.

Gevraagd
Geef van de hiervóór vermelde dagboekgegevens de journaalposten in de boekhouding van Hagemans nv. Vermeld de naam van het dagboek.

27 Herhalingsopgaven

27.01 (na hoofdstuk 6)

Schoenhandel Marcellus in Zwolle heeft over maart 2017 de volgende gegevens verzameld.

1/3	B-8	Per bank betaald voor huur van de winkel	€	3.000
6/3	V-17016	Op rekening verkocht en afgeleverd aan		
		Industrial Services bv		
		20 paar werkschoenen	€	1.000
		De inkoopprijs van deze verkoop bedraagt in totaal	-	700
15/3	B-13	Per bank ontvangen van afnemer Karels	€	130
18/3	I-17006	Op rekening gekocht en ontvangen van Pradax bv		
		10 paar bergschoenen	€	750
21/3	K-17014	Per kas betaald advertentiekosten	€	250
28/3	B-10	Per bank betaald aan leverancier Shoe Sales bv	€	4.500
31/3	K-17015	Per kas ontvangen wegens contante verkopen	€	18.000
		De inkoopprijs van deze door de klanten		
		meegenomen schoenen bedraagt in totaal	-	12.000

De volgende grootboekrekeningen zijn in gebruik:

040	Eigen vermogen		
100	Kas	490	Overige kosten
110	Bank	700	Voorraad goederen
130	Debiteuren	800	Inkoopprijs verkopen
140	Crediteuren	840	Opbrengst verkopen
440	Huurkosten		

Gevraagd
Journaliseer voor Marcellus de over maart 2017 vermelde financiële feiten.

27.02 (na hoofdstuk 9)

De groothandelsonderneming Brabant Commerce bv in Made handelt in goederen in de groep Food en in de groep Non-food.
In de loop van oktober 2017 doen zich ten aanzien van de verkopen op rekening en de banktransacties de volgende financiële feiten voor.

5/10			
	Kopieverkoopfactuur V-17074		
	Geleverd aan P. Geuringh in Etten-Leur		
	diverse goederen groep Food	€	4.400
	kwantumkorting	-	500
		€	3.900
	kredietbeperkingstoeslag	-	100
		€	4.000
	omzetbelasting 21%	-	840
		€	4.840
	Inkoopprijs diverse goederen groep Food	€	3.100

10/10	*Kopiecreditnota VC-17007*		
	Korting verstrekt aan Stan Beumers bv in Tilburg		
	in verband met beschadigingen aan de geleverde goederen, groep Food, volgens factuur V-17069:		
	korting		€ 400
	omzetbelasting 21%		- 84
			€ 484
12/10	*Kopiecreditnota VC-17008*		
	Retourontvangen van P. Geuringh in Etten-Leur		
	diverse goederen groep Food		€ 440
	kwantumkorting		- 50
			€ 390
	kredietbeperkingstoeslag		- 10
			€ 400
	omzetbelasting 21%		- 84
			€ 484
	Inkoopprijs diverse goederen groep Food		€ 300
14/10	*Kopieverkoopfactuur V-17075*		
	Geleverd aan Woutstra bv in Breda		
	diverse goederen groep Food		€ 3.800
	diverse goederen groep Non-food		- 2.200
			€ 6.000
	omzetbelasting		
	21% van € 3.800 =		- 798
	6% van € 2.200 =		- 132
			€ 6.930
	Inkoopprijs diverse goederen groep Food		€ 3.200
	Inkoopprijs diverse goederen groep Non-food		€ 1.750
15/10	*Bankafschrift B-59*		
	Beginsaldo		€ 18.100
	Af: Betaald aan leverancier Arco bv, Tilburg		
	(factuur I-17038)	€ 4.114	
	korting voor contante betaling (incl. 21% OB)	- 82,28	
			€ 4.031,72
	Af: Betaald voor diverse kosten	€ 400	
	omzetbelasting 21%	- 84	
			€ 484

	Bij: Ontvangen van afnemer Firma De Bock in		
	Eindhoven (factuur V-17070)	€ 5.082	
	korting voor contante betaling (incl. 21% OB)	- 127,05	
			€ 4.954,95
	Af: Afgedragen omzetbelasting derde kwartaal		
	overeenkomstig aangifte		€ 3.200
	Eindsaldo		€ 15.339,23
19/10	*Kopieverkoopfactuur V-17076*		
	geleverd aan P. Coo in Dongen		
	diverse goederen groep Non-food		€ 4.700
	kredietbeperkingstoeslag		- 300
			€ 5.000
	omzetbelasting 6%		- 300
			€ 5.300
	Inkoopprijs diverse goederen groep Non-food		€ 3.940
23/10	*Kopieverkoopfactuur V-17077*		
	Geleverd aan Mortex bv in Vlijmen		
	diverse goederen groep Food		€ 6.000
	diverse goederen groep Non-food		- 4.000
			€ 10.000
	kwantumkorting op alle goederen 10%		- 1.000
			€ 9.000
	omzetbelasting 21% van € 5.400 =		- 1.134
	omzetbelasting 6% van € 3.600 =		- 216
			€ 10.350
	Inkoopprijs diverse goederen groep Food		€ 5.350
	Inkoopprijs diverse goederen groep Non-food		€ 2.900
28/10	*Kopiecreditnota VC-17009*		
	retourontvangen van Mortex bv in Vlijmen		
	diverse goederen groep Food		€ 1.000
	kwantumkorting 10%		- 100
			€ 900
	omzetbelasting 21% van € 900 =		- 189
			€ 1.089
	Inkoopprijs diverse goederen groep Food		€ 800

31/10	*Bankafschrift B-60*				
	Beginsaldo			€	15.339,23
	Af: Betaald voor onroerendezaakbelasting bedrijfspand			€	1.400
	Af: Betaald schilderwerk kantoor, inclusief 21% OB			€	2.178
	Af: Betaald lonen december			€	3.300
	Bij: Ontvangen van afnemer Mortex bv in Vlijmen				
	factuur V-17077	€	10.350		
	creditnota VC-17009	-	1.089		
				€	9.261
	Eindsaldo			€	17.722,23

Brabant Commerce bv ontvangt en verstuurt altijd creditnota's bij contantkorting en kredietbeperkingstoeslag.

In het grootboek van Brabant Commerce bv komen onder meer voor de rekeningen:

110	ING Bank	490	Algemene kosten
130	Debiteuren	700	Voorraad goederen groep Food
139	Kredietbeperkingstoeslag verkopen	701	Voorraad goederen groep Non-food
		800	Inkoopprijs verkopen groep Food
140	Crediteuren	801	Inkoopprijs verkopen groep Non-food
180	Te vorderen OB 6%	830	Kortingen bij verkoop
181	Te vorderen OB 21%	835	Verstrekte contantkortingen
182	Te betalen OB 6%	836	Kredietbeperkingstoeslag verkopen
183	Te betalen OB 21%	840	Opbrengst verkopen groep Food
184	Af te dragen OB	841	Opbrengst verkopen groep Non-food
410	Loonkosten	900	Ontvangen contantkortingen
460	Belastingen	901	Kredietbeperkingstoeslag inkopen

Gevraagd
Stel over oktober 2017 het verkoopboek en het bankboek op.
Maak gebruik van de liniaturen uit hoofdstuk 8.

27.03 (na hoofdstuk 10)

Wim Sprengers heeft een handelsonderneming in Deurne.
Hij maakt onder andere gebruik van de volgende grootboekrekeningen:

110	Bank	800	Inkoopprijs verkopen
130	Debiteuren	830	Kortingen bij verkoop
136	Kredietbeperkingstoeslag verkopen	831	Verstrekte omzetbonussen
		835	Verstrekte contantkortingen
140	Crediteuren	836	Kredietbeperkingstoeslag verkopen
180	Te vorderen OB	840	Opbrengst verkopen
181	Te betalen OB	900	Ontvangen contantkortingen
700	Voorraad goederen	901	Kredietbeperkingstoeslag inkopen

In de administratie van deze handelsonderneming komen onder andere de volgende subgrootboeken voor debiteuren en crediteuren voor:

1308 Anneke de Wilt, Eindhoven
1312 Monitorshop, Breda
1406 Mediaworld, Ginneken

Bij invoer in de dagboeken geldt een btw-tarief van 21%.

Wim Sprengers heeft in de maand september 2017 de volgende boekingsstukken ontvangen.

4/9	*Ontvangen van Mediaworld, Ginneken, inkoopfactuur I-43*		
	100 TFT beeldschermen voor	€	50.000
	Rabat 20% van € 50.000 =	-	10.000
		€	40.000
	Kredietbeperkingstoeslag 2% van € 40.000 =	-	800
		€	40.800
	Omzetbelasting 21%	-	8.568
	Factuurbedrag	€	49.368
	De goederen zijn tegelijk met de factuur ontvangen.		
	De betalingscondities van factuur I-43 zijn als volgt.		
	Bij betaling binnen 30 dagen kan de kredietbeperkingstoeslag		
	verhoogd met de omzetbelasting daarover worden afgetrokken.		
5/9	*Verzonden aan debiteur Monitorshop, Breda, verkoopfactuur V-87*		
	Partij TFT beeldschermen voor	€	64.000
	Rabat	-	4.000
		€	60.000
	Omzetbelasting 21%	-	12.600
	Factuurbedrag	€	72.600
	De goederen zijn tegelijk met de factuur verzonden.		
	Het betreft de zending van inkoopfactuur I-43. De inkoopprijs		
	is genoteerd op boekingsstuk M-109.		
	De betalingscondities van factuur V-87 zijn als volgt.		
	Contantkorting is 1% van € 60.000 te verhogen met de		
	omzetbelasting bij betaling binnen 20 dagen.		
10/9	*Bankafrekening B-52*		
	Het beginsaldo van de afrekening bedraagt	€	88.000
	Op deze afrekening is uitsluitend de betaling van		
	inkoopfactuur I-43 vermeld.		
15/9	*Verzonden aan Anneke de Wilt, Eindhoven, verkoopcreditnota VC-26*		
	Aan afnemer Anneke de Wilt verleend aan omzetbonus		
	over 2016	€	800
	Omzetbelasting 21%	-	168
	Factuurbedrag	€	968

27

20/9	*Ontvangen van Mediaworld, Ginneken, creditnota IC-22*		
	Wegens beschadigingen aan enkele beeldschermen		
	verleent de leverancier een korting van	€	1.600
	Omzetbelasting 21%	-	336
	Factuurbedrag	€	1.936
23/9	*Bankafrekening B-53*		
	Op deze afrekening is uitsluitend de ontvangst van de betaling		
	van factuur V-87 vermeld. De afnemer heeft in overeenstemming		
	met de betalingscondities betaald.		

Gevraagd

a Boek hiervoor vermelde financiële feiten van september 2017 in het
- inkoopboek
- verkoopboek
- bankboek

b Geef de journaalposten van **a** zoals die in de dagboeken zijn aangegeven.

c Hoe ziet het bankboek eruit, indien de ontvangst niet op 23 september (bankafrekening B-53), maar op 8 oktober plaatsvindt? Maak tevens opnieuw de journaalposten uit het bankboek.

27.04 (na hoofdstuk 13)

Op de saldibalans per 31 december 2017 van Ruud van Basten in Haarlem komt onder andere voor:

Nr.	Rekening	Debet	Credit
130	Debiteuren	€ 45.700	
186	Te betalen OB		€ 13.100
700	Voorraad goederen	- 72.431	
710	Prijsverschillen bij inkoop		- 800
800	Vaste verrekenprijs omzet	- 80.000	
810	Verleende korting bij verkoop	- 4.400	
850	Omzet		- 120.000
910	Resultaat voorraadverschillen		- 100
920	Resultaat prijsverschillen bij inkoop		

Bij inventarisatie per 31 december 2017 blijkt de aanwezige voorraad – omgerekend tegen vaste verrekenprijzen – te zijn €72.500.

Het verschil met de voorraad die op de saldibalans staat vermeld, wordt grotendeels verklaard doordat:

Van een verkochte partij goederen (op rekening)		
tegen verkoopprijs		€ 2.200
omzetbelasting 21%		- 462
		€ 2.662
vaste verrekenprijs		€ 1.800
is geboekt:		
130 Debiteuren	€ 2.662	
Aan 700 Voorraad goederen		€ 2.200
Aan 186 Te betalen OB		- 462

Zonder de vaste verrekenprijzen te herzien wil Ruud van Basten de voorraad op de balans per 31 december 2017 opnemen tegen de inkoopprijs, die €73.800 bedraagt.

Gevraagd

a Geef de voorafgaande journaalposten.

b Geef aan met welke bedragen de op de saldibalans vermelde rekeningen worden opgenomen op de winst- en verliesrekening over 2017 en op de balans per 31 december 2017.
Stel ook de grootboekrekeningen *700, 710, 910* en *920* samen en sluit ze af per 31 december 2017.

c Welke journaalpost moet worden gemaakt per 1 januari 2018 van het besluit de voorraad tegen gewijzigde vaste verrekenprijzen te brengen op €75.000?

27.05 (na hoofdstuk 14)

In het grootboek van handelsonderneming Aranca komen per 1 januari 2017 onder andere de volgende rekeningen en bedragen voor:

Nr.	Rekening	Debet	Credit
135	Nog te verzenden factureren		
	(tegen VVP)	€ 24.300	
165	Ontvangen goederen		
	(tegen VVP)		€ 18.500
182	Af te dragen OB		- 15.000
700	Voorraad goederen (tegen VVP)	- 189.200	
710	Ontvangen facturen	- 12.800	
720	Prijsverschillen bij inkoop		- 3.400
800	Inkoopwaarde verkopen		
850	Opbrengst verkopen		

De ontvangst van facturen wordt tegen factuurprijzen geboekt aan de hand van de gegevens uit het Inkoopboek.
De ontvangst van de goederen in en de afgifte van de goederen uit het magazijn worden tegen vaste verrekenprijzen geboekt onder gebruikmaking van een 'Register ontvangen goederen' en een 'Register afgeleverde goederen.'
Per het einde van elke maand worden van de partijen, waarvan in de afgelopen maand bereikt is dat én de ontvangst van de goederen én de ontvangst van de facturen heeft plaatsgevonden, de verschillen tussen de factuurprijzen en de vaste verrekenprijzen vastgesteld en geboekt op rekening *720*.
In het Verkoopboek worden de bedragen van de uitgaande facturen en de tegen vaste verrekenprijzen omgerekende bedragen genoteerd.

Over januari 2017 beschikt Aranca over de volgende gegevens.

1	*Inkoopboek*		
	kolom factuurbedragen exclusief OB	€	82.000
	kolom omzetbelasting	-	17.220
		€	99.220
2	*Register ontvangen goederen*		
	kolom ontvangen goederen tegen VVP	€	84.200
3	*Register afgeleverde goederen*		
	kolom afgegeven goederen tegen VVP	€	86.000
4	*Verkoopboek*		
	kolom factuurbedragen exclusief OB	€	108.000
	kolom omzetbelasting	-	22.680
		€	130.680
	kolom VVP-bedrag	€	92.000
5	*Rabobank bankboek*		
	credit: rekening Af te dragen OB	€	15.000
6	*Afstemregister inkopen*		
	Eind januari 2017 blijkt, dat:		
	• van diverse ontvangen facturen de goederen nog niet zijn ontvangen; factuurbedrag (exclusief OB)	€	8.400
	• van diverse ontvangen goederen de facturen nog niet zijn ontvangen; VVP-bedrag	€	17.400

Gevraagd

a Journaliseer voorgaande gegevens over januari 2017.

b Geef aan met welke bedragen de in deze opgave genoemde rekeningen (met uitzondering van rekening *182*) voorkomen op de winst- en verliesrekening over januari 2017 en op de balans per 31 januari 2017.

NB De in januari 2017 gehanteerde vaste verrekenprijzen zijn eind 2016 berekend en gelden voor het gehele jaar 2017.

27.06 (na hoofdstuk 16)

Seneca koopt per 1 januari 2017 voor €620.000 het kantoorpand met grond Champetterberg 99 in Middelburg. De verkoper heeft per 1 januari 2017 in totaal €7.200 aan diverse belastingen vooruitbetaald. Seneca heeft ter gedeeltelijke financiering een 4,8% hypothecaire lening van €500.000 afgesloten bij de ING.
De eigendomsoverdracht vindt per 1 januari 2017 plaats. Seneca ontvangt van de notaris de volgende afrekening:

Aankoopsom Champetterberg 99, Middelburg		€ 640.000
Vooruitbetaalde lasten	€ 7.200	
Overdrachtskosten	- 17.200	
		- 24.400
		€ 664.400
4,8% Hypothecaire lening	€ 500.000	
Afsluitkosten	- 5.000	
		- 495.000
Te voldoen		€ 169.400

Seneca betaalt het eindbedrag per bank volgens bankafschrift 17002. Van de ontvangen afrekening van de notaris is door Seneca niets geboekt.
Seneca past de permanence toe met maandelijkse resultatenoverzichten.
De waarde van de grond wordt bepaald op €95.600. Seneca schrijft uitsluitend op het pand af (dus niet op de grond). Er wordt tot op nihil afgeschreven in 30 gelijke jaarlijkse termijnen.
De interest op de hypothecaire lening wordt jaarlijks per 31 december achteraf betaald. Gelijktijdig wordt jaarlijks per 31 december €25.000 afgelost.

Seneca heeft onder meer de volgende grootboekrekeningen in gebruik:
010 Onroerende zaken
011 Afschrijving onroerende zaken
020 4,8% Hypothecaire lening
110 ING Bank
190 Vooruitbetaalde bedragen
193 Nog te betalen bedragen
410 Afschrijvingskosten
420 Interestkosten

Gevraagd

a Stel, op basis van voorgaande financiële feiten alle journaalposten op uit het bankboek.

b Stel, op basis van voorgaande financiële feiten de vaste journaalposten op uit het memoriaal.

27.07 (na hoofdstuk 16)

Roger Verschuren koopt op 1 februari 2016 een winkelpand op het Kasteelplein in Delft. Op de zojuist genoemde datum ontvangt hij de volgende afrekening van notaris Beukema.

Koopsom winkelpand Kasteelplein 10, Delft	€	915.000
Overdrachtskosten	-	25.000
	€	940.000
Op dit pand gesloten een 3% hypothecaire lening van	-	600.000
Door u te voldoen	€	340.000

Opmerkingen

- Het winkelpand wordt in 30 jaar met jaarlijks gelijke bedragen afgeschreven. De restwaarde na 30 jaar wordt geschat op €40.000.
- De interest op de 3% hypothecaire lening wordt halfjaarlijks achteraf voldaan op 31 januari en op 31 juli, voor het eerst op 31 juli 2016.
- Jaarlijks wordt op 31 januari op de lening €30.000 afgelost, voor het eerst op 31 januari 2017.
- Per 1 februari 2016 zijn op het winkelpand diverse verzekeringen afgesloten. Overeengekomen is dat de halfjaarpremie steeds vooruit per bank wordt voldaan.

In 2016 en 2017 vonden de volgende betalingen plaats:

Betalingsdatum	Bedrag	Periode waarop de betaling betrekking heeft
1-2-2016	€ 1.680	februari 2016 t/m juli 2016
1-8-2016	- 1.800	augustus 2016 t/m januari 2017
1-2-2017	- 2.100	februari 2017 t/m juli 2017
1-8-2017	- 2.160	augustus 2017 t/m januari 2018

Roger Verschuren stelt maandelijks een winst- en verliesrekening samen.

In zijn grootboek komen in verband met het voorgaande onder andere de volgende rekeningen voor:

001 Winkelpand
011 Afschrijving winkelpand
077 3% Hypothecaire lening
190 Vooruitbetaalde assurantiepremies
193 Te betalen interest
431 Afschrijvingskosten winkelpand
441 Assurantiekosten
470 Interestkosten

Gevraagd

a Geef de journaalpost die Roger Verschuren maakt van de aankoop van het winkelpand, als hij €300.000 betaalt per bank en de rest in contanten.

b Geef de journaalposten over februari 2016 van:

1. de afschrijvingskosten op het winkelpand
2. de assurantiekosten met betrekking tot het winkelpand
3. de interestkosten op de 3% hypothecaire lening
4. de betaling van de assurantiepremie per bank.

c Geef aan met welke bedragen de in het voorgaande genoemde acht grootboekrekeningen voorkomen op de winst- en verliesrekening over 2016 en op de balans per 31 december 2016.

d Stel de zuivere grootboekrekening *441 Assurantiekosten* samen over 2017.
e Hoe zou de rekening *441 Assurantiekosten* er over 2017 uitzien, als deze als gemengde rekening wordt bijgehouden en per 31 december zuiver wordt gemaakt? De in verband hiermee per 31 december te maken journaalpost wordt per 1 januari van het daaropvolgende jaar teruggeboekt.
f Stel de zuivere grootboekrekening *470 Interestkosten* samen over 2017.
g Hoe zou de rekening *470 Interestkosten* er over 2017 uitzien, als deze als gemengde rekening wordt bijgehouden en per 31 december zuiver wordt gemaakt?
De in verband hiermee per 31 december te maken journaalpost wordt per 1 januari van het daaropvolgende jaar teruggeboekt.

27.08* (na hoofdstuk 17) De balans per 1 januari 2017 van de handelsonderneming van Helma Harting in Haarlem ziet er als volgt uit:

Balans per 1 januari 2017

Inventaris	€	60.000	Eigen vermogen	€	96.500
Voorraad goederen	-	44.000	Lening o/g	-	30.000
Debiteuren	-	36.300	Crediteuren	-	24.200
Te vorderen OB	-	16.000	Te betalen OB	-	24.000
Bank	-	14.000	Te betalen interest	-	1.200
Kas	-	5.600			
	€	175.900		€	175.900

Specificatie debiteuren per 1 januari 2017

Nummer	Naam en vestingsplaats van de afnemer		Saldi
1301	A. Aarts, Alkmaar	€	7.260
1302	B. Braad, Beverwijk	-	18.150
1303	C. Cotin, Castricum	-	10.890
		€	36.300

Specificatie crediteuren per 1 januari 2017

Nummer	Naam en vestingsplaats van de leverancier		Saldi
1401	K. Kraay, Krommenie	€	6.050
1402	L. Ladage, Landsmeer	-	3.630
1403	M. Mulder, Marken	-	14.520
		€	24.200

Specificatie voorraad goederen per 1 januari 2017

Goederensoort	Aanwezige hoeveelheid		Inkoopprijs		Voorraad in geld
7001 Tinder	2.000 kg	€	11	€	22.000
7002 Gassan	2.800 kg	-	15	-	12.000
7003 Integro	2.500 kg	-	20	-	10.000
				€	44.000

De voor januari 2017 verzamelde financiële feiten zijn hierna naar tijdsvolgorde vermeld.

Datum	Boekingsstuk	Financieel feit		Bedrag
3/1	Rekeningafschrift	Per bank vooruitbetaald de huur		
	NIBC B-1701	voor het 1e kwartaal		€ 6.300,00
4/1	Kopie verkoopfactuur	Geleverd aan B. Braad, Beverwijk		
	V-17001	200 kg Tinder à € 14 =	€ 2.800,00	
		200 kg Gassan à € 19 =	- 3.800,00	
			€ 6.600,00	
		af: 5% kwantumkorting	- 330,00	
			€ 6.270,00	
		bij: 21% omzetbelasting	- 1.316,70	
		factuurbedrag totaal		€ 7.586,70
6/1	Rekeningafschrift	Ontvangen van debiteur C. Cotin,		
	NIBC B-1702	Castricum (factuur V-16833)		€ 4.840,00
8/1	Inkoopfactuur I-17001	Ontvangen van L. Ladage, Landsmeer		
		500 kg Tinder à € 12 =	€ 6.000,00	
		500 kg Gassan à € 16 =	- 8.000,00	
			€ 14.000,00	
		af: 3% kwantumkorting	- 420,00	
			€ 13.580,00	
		bij: 21% omzetbelasting	- 2.851,80	
		factuurbedrag totaal		€ 16.431,80
9/1	Intern boekingsstuk	Elektronische aangifte omzetbelasting		
	Memoriaal M-1701	Te betalen	€ 24.000,00	
		Te vorderen	- 16.000,00	
				€ 8.000,00
10/1	Kopie creditnota	Teruggenomen van B. Braad, Beverwijk		
	VC-1701	10 kg Gassan à € 19 =	€ 190,00	
		af: 5% kwantumkorting	- 9,50	
			€ 180,50	
		bij: 21% omzetbelasting	- 37,91	
		totaalbedrag creditnota		€ 218,41

27

Datum	Boekingsstuk	Financieel feit		Bedrag
11/1	Rekeningafschrift	Betaald aan crediteur L. Ladage,		
	NIBC B-1703	Landsmeer		
		openstaand per 1/1 (I-16312)	€ 3.630,00	
		inkoopfactuur I-17001	- 16.431,80	
			€ 20.061,80	
		af: 2% contantkorting (exclusief omzetbelasting)	- 401,24	
				€ 19.660,56
12/1	Kopie verkoopfactuur	Geleverd aan A. Aarts, Alkmaar		
	V-17002	150 kg Gassan à € 20 =	€ 3.000,00	
		100 kg Integro à € 25 =	- 2.500,00	
			€ 5.500,00	
		bij: 21% omzetbelasting	- 1.155,00	
		factuurbedrag totaal		€ 6.655,00
14/1	Rekeningafschrift	Ontvangen van B. Braad, Beverwijk		
	NIBC B-1704	openstaand per 1/1 (V-16801)	€ 18.150,00	
		kopie verkoopfactuur V-17001	- 7.586,70	
			€ 25.736,70	
		kopie creditnota VC-1701	- 218,41	
			€ 25.518,29	
		af: 1% contantkorting (exclusief omzetbelasting)	- 255,18	
				€ 25.263,11
15/1	Kopie creditnota	Korting verleend aan A. Aarts, Alkmaar	€ 500,00	
	VC-1702	bij: 21% omzetbelasting	- 105,00	
		totaalbedrag creditnota		€ 605,00
		(hierbij geen gebruikmaken van een		
		speciale kortingrekening)		
17/1	Rekeningafschrift	Betaald omzetbelasting.		
	NIBC B-1705	Volgens aangifte 9/1		€ 8.000,00
20/1	Inkoopfactuur I-17002	Ontvangen van M. Mulder, Marken		
		200 kg Integro à € 21 =	€ 4.200,00	
		af: 1% kwantumkorting	- 42,00	
			€ 4.158,00	
		bij: 21% omzetbelasting	- 873,18	
		factuurbedrag totaal		€ 5.031,18

Datum	Boekingsstuk	Financieel feit			Bedrag
21/1	Kasstuk K-1701	Betaald nota energiebedrijf januari	€	900,00	
		bij: 21% omzetbelasting	-	189,00	
					€ 1.089,00
22/1	Rekeningafschrift	Ontvangen van debiteur A. Aarts,			
	NIBC B-1706	Alkmaar (V-16800)			€ 7.200,00
23/1	Creditnota IC-1701	Teruggezonden aan M. Mulder, Marken			
		20 kg Integro à € 21 =	€	420,00	
		af: 1% kwantumkorting	-	4,20	
			€	415,80	
		bij: 21% omzetbelasting	-	87,32	
		totaalbedrag creditnota			€ 503,12
25/1	Kasstuk K-1702	Opgenomen bij de NIBC en in			
		de kas gestort			€ 5.000,00
26/1	Kopie verkoopfactuur	Geleverd aan B. Braad, Beverwijk			
	V-17003	500 kg Tinder à € 15 =	€	7.500,00	
		400 kg Gassan à € 20 =	-	8.000,00	
		200 kg Integro à € 25 =	-	5.000,00	
			€	20.500,00	
		af: 6% kwantumkorting	-	1.230,00	
			€	19.270,00	
		bij: 21% omzetbelasting	-	4.046,70	
					€ 23.316,70
28/1	Rekeningafschrift	Betaald: lonen januari			€ 13.900,00
	NIBC -B-1707	Betaald: opgenomen per kas op 25/1			€ 5.000,00
30/1	Kasstuk K-1703	Ontvangen van debiteur			
		A. Aarts, Alkmaar			€ 60,00

Datum	Boekingsstuk	Financieel feit		Bedrag
31/1	Kasstuk K-1704	Betaald nota Garagebedrijf Vrinds		
		reparatiekosten januari	€ 810,00	
		bij: 21% omzetbelasting	- 170,10	
				€ 980,10
31/1	Intern boekingsstuk	De afschrijvingskosten op de inventaris		
	Memoriaal M-1702	over januari zijn		€ 1.000,00
31/1	Intern boekingsstuk	De huurkosten over januari zijn		€ 2.100,00
	Memoriaal M-1703	(vooruitbetaald in januari 2017)		
31/1	Intern boekingsstuk	De interestkosten op de leningen o/g		
	Memoriaal M-1704	over januari zijn		€ 200,00
		(te betalen in juli 2017)		
31/1	Intern boekingsstuk	De inkoopprijs van de totale omzet		
	Memoriaal M-1705	(na aftrek retouren) in januari is		€ ...,00

De inkoopprijs van de totale omzet (na aftrek retouren) in januari wordt als volgt berekend:

  Voorraad per 1/1
+ Inkopen
– Retourinkopen
– Eindvoorraad per 31/1

  Inkoopprijs omzet

Via inventarisatie is berekend dat de voorraad per 31 januari 2017 €35.900 bedraagt.

Gevraagd

a Bereken het bedrag dat vermeld moet worden op intern boekingsstuk Memoriaal M-1705.

Uit de hiervoor bedoelde inventarisatie bleek dat de per 31 januari 2017 aanwezige hoeveelheden van de drie goederensoorten waren:
goederensoort Tinder: 1.770 kg
goederensoort Gassan: 1.560 kg
goederensoort Integro: 1.360 kg.

b Welke opmerking kan naar aanleiding van deze gegevens gemaakt worden over het bedrag van de onder **a** gevraagde inkoopprijs van de omzet? Licht het antwoord toe met behulp van berekeningen.
c Stel het bankboek samen over januari 2017.
d Stel enkelvoudige journaalposten op van de financiële feiten over januari 2017.
NB Maak, indien van toepassing, gebruik van subgrootboekrekeningen van de debiteuren, de crediteuren en de voorraden.
e 1 Stel de collectieve grootboekrekeningen *130 Debiteuren* en *140 Crediteuren* over januari 2017 samen (nog niet afsluiten!).
2 Geef aan met welke bedragen de rekeningen *130 Debiteuren* en *140 Crediteuren* voorkomen op de proef- en saldibalans per 31 januari 2017.
f 1 Stel de kaarten in de debiteurenadministratie over januari 2017 samen.
2 Stel de saldilijst debiteuren per 31 januari 2017 samen.

g 1 Stel de kaarten in de crediteurenadministratie over januari 2017 samen.
2 Stel de saldilijst crediteuren per 31 januari 2017 samen.

h 1 Op welke wijze kunnen bij een handmatig gevoerde boekhouding de tellingen van de saldilijsten debiteuren en crediteuren worden gecontroleerd?
2 Aan welke voorwaarde moet in de praktijk worden voldaan, wil deze controle zinvol zijn?

27.09 (na hoofdstuk 17)

Dennis de Klein in Sassenheim heeft een handelsonderneming in rozen. De verkoop gaat op verschillende manieren: rechtstreeks aan grootwinkelbedrijven en verkoop aan huis.

Dennis heeft onder meer de volgende grootboekrekeningen in gebruik:

001	Koelinstallatie	191	Vooruitontvangen bedragen
003	Heftruck	192	Nog te ontvangen bedragen
004	Vrachtwagen	193	Nog te betalen bedragen
011	Afschrijving koelinstallatie	200	Kruisposten
013	Afschrijving heftruck	410	Elektriciteit
014	Afschrijving vrachtwagen	411	Gas
100	Kas	421	Personeelskosten
110	Bank	430	Afschrijvingskosten
130	Debiteuren	445	Schadekosten
140	Crediteuren	700	Voorraad zakjes rozenvoeding
170	Te betalen loonheffingen	702	Voorraad verpakkingsmaterialen
180	Te vorderen omzetbelasting	710	Voorraad (bossen) rozen
181	Te betalen omzetbelasting 6%	800	Inkoopprijs verkopen
182	Te betalen omzetbelasting 21%	830	Kortingen bij verkoop
183	Af te dragen omzetbelasting	840	Opbrengst verkopen
190	Vooruitbetaalde bedragen	970	Incidentele resultaten

Dennis heeft de volgende gegevens over het eerste kwartaal van 2017 verzameld.

1 In januari is de volgende factuur ontvangen van Royen nv in Enkhuizen:

40.000 zakjes rozenvoeding à € 0,05		€ 2.000
175 rollen verpakkingsmateriaal à € 8,65		- 1.513,75
Totaal exclusief omzetbelasting		€ 3.513,75
6% omzetbelasting (6% over € 2.000)	€ 120	
21% omzetbelasting (21% over € 1.513,75)	- 317,89	
Totaal omzetbelasting		- 437,89
Totaal factuur		€ 3.951,64
De zakjes en verpakkingsmaterialen zijn ontvangen.		

2 Voor Valentijnsdag heeft Dennis een speciale actie. Grootwinkelbedrijven die meer dan 50.000 bossen rozen afnemen, krijgen een korting van 2,5%. Verkocht op rekening en gefactureerd aan Albert Heijn:

120.000 bossen rozen à € 1,85	€	222.000
Verleende korting 2,5%	-	5.550
Totaal exclusief omzetbelasting	€	216.450
6% omzetbelasting	-	12.987
Totaal factuur	€	229.437

De rozen zijn afgeleverd. De inkoopprijs per bos is €1,49.

3 Dennis heeft eind februari het volgende bankafschrift ontvangen:

Nuon, maandelijkse voorschotnota		
elektriciteit (€ 1.892) en gas (€ 788)	€	2.680,00
Afdracht ingehouden loonheffingen	-	350,00
Afdracht omzetbelasting	-	12.579,00
Pinbetalingen	-	202,35
Afname banksaldo	€	15.811,35

Dennis boekt de maandelijkse voorschotnota's van Nuon rechtstreeks op de betrokken kostenrekeningen.
Het bankafschrift is nog niet verwerkt in de administratie.

4 Begin maart is de stroom in de koelcel uitgevallen. Hierdoor zijn 15.000 bossen rozen verloren gegaan. De inkoopprijs van deze rozen per bos was €2,85.

5 De verzekeringsmaatschappij is komen taxeren en heeft de schade door de stroomuitval onder aftrek van het eigen risico vastgesteld op €38.423. Dennis verwacht het bedrag in mei te ontvangen van de verzekeringsmaatschappij.

6 Dennis heeft betaald aan zaterdagkrachten:

Brutoloon	€	512
Bij: Onbelaste reiskostenvergoeding	-	100
Totaal exclusief inhoudingen	€	612
Af: Ingehouden loonheffingen	-	189,74
Nettoloon, betaald per kas	€	422,26

7 Na het tellen van de kas bedraagt het saldo €2.039,65. Volgens de administratie is het kassaldo €2.061,10.

8 Eind maart zijn de meterstanden opgenomen. Aan de hand hiervan zijn het verbruik en de kosten bepaald over het eerste kwartaal:

Elektriciteit	€	5.438
Gas	€	2.615

Dennis moet dit nog verwerken in de administratie. De maandelijkse voorschotnota was zowel in januari 2017, februari 2017 als in maart 2017: €1.892 (elektriciteit) + €788 (gas) = €2.680.

9 Aan het eind van het kwartaal worden bij het afsluiten van de kwartaalcijfers de afschrijvingen geboekt. Deze bedragen:

Koelinstallatie	€	12.500
Heftruck	€	356
Vrachtwagen	€	875

Gevraagd
Journaliseer de voorgaande gegevens. Vermeld bij elke journaalpost uit welk dagboek deze wordt opgesteld.

27.10 (na hoofdstuk 18)

In deze opgave blijft de omzetbelasting buiten beschouwing.

Woningbouwvereniging Helpt Elkander heeft per 1 januari 2017 onder andere de volgende bezittingen:

a 100 woningwetwoningen.
Deze worden verhuurd voor €750 per maand. De waarborgsom bedraagt €500. De bezettingsgraad is in januari 98%.

b Flatgebouw Erica.
Dit bestaat uit:
1 25 tweekamerflats, per maand een huur van €275 en €100 servicekosten. Alle flats zijn verhuurd.
2 30 driekamerflats, per maand een huur van €395 en €150 servicekosten. 10% van deze flats is in januari niet verhuurd.
3 100 vierkamerflats, per maand een huur van €600 en €200 servicekosten. De flats zijn in januari allemaal verhuurd.

Voor alle flats van Erica bedraagt de waarborgsom €350.
De opbrengst van de servicekosten moet toereikend zijn om de kosten van water, schoonmaak, energie, klein onderhoud gebouw, onderhoud buitenterrein en de loonkosten van de huisbewaarders te dekken.

De huur en eventuele opbrengst servicekosten dienen vóór de eerste van de betreffende maand betaald te zijn.

De grootboekrekening *180 Waarborgsommen* geeft steeds per de eerste van de maand het totale bedrag van de ontvangen waarborgsommen van de verhuurde ruimten aan.

Helpt Elkander heeft het risico met betrekking tot brand enzovoort voor 100% bij een verzekeringsmaatschappij ondergebracht. Op 1 maart 2016 is de jaarpremie van €96.000 vooruitbetaald aan de verzekeringsmaatschappij.

Van de servicekosten is onder andere bekend:
- gasverbruik in januari 7.000 m³ à €0,65
- vastrecht gas €2.700 per jaar
- waterverbruik in januari 2.000 m³ à €0,80
- vastrecht water €1.800 per jaar
- gas- en waterverbruik worden steeds per maand achteraf betaald
- het vastrecht wordt steeds per maand vooruitbetaald
- de onderhoudskosten voor het buitenterrein bedragen in 2017 €36.000 en worden achteraf betaald
- de schoonmaakkosten, die eveneens achteraf worden betaald, bedragen voor januari 2017 €10.500
- de totale personeelskosten voor mevrouw K. Jansen en de heer J. Klaassen, die beiden in parttime dienstverband als huisbewaarders zijn aangesteld, bedragen €5.500 per maand
- het loon en de loonheffingen worden achteraf betaald.

Voor groot onderhoud wordt dit jaar €300.000 ten laste van de winst- en verliesrekening gebracht.

Woningbouwvereniging Helpt Elkander past de permanence met maandelijkse resultatenbepaling toe.

In de boekhouding komen de volgende grootboekrekeningen voor:

060	Voorziening groot onderhoud	810	Huuropbrengst woningwetwoningen
150	Te betalen bedragen	820	Huuropbrengst Erica
155	Vooruitbetaalde bedragen	940	Servicekosten
165	Vooruitontvangen bedragen	941	Opbrengst servicekosten
180	Waarborgsommen		
450	Onderhoudskosten		
460	Assurantiekosten		

Gevraagd

a Bereken het saldo van de grootboekrekening *180 Waarborgsommen* per 1 januari 2017.
NB Vermeld of dit saldo op de balans of op de winst- en verliesrekening voorkomt.
Geef ook aan of het een debet- of creditsaldo is.

b Journaliseer voor januari 2017 uit het memoriaal:
1 de huuropbrengsten
2 de opbrengst servicekosten
3 de assurantiekosten
4 de servicekosten
5 de kosten voor groot onderhoud.

27.11 (na hoofdstuk 19)

Op de saldibalans per 31 december 2017 van Perla nv komen onder andere de volgende rekeningen voor met de daarbij vermelde saldi:

Nr.	Rekening	Debet	Credit
001	Gebouwen	€ 400.000	
011	Afschrijving gebouwen		€ 120.000
062	Garantievoorziening		- 52.000
135	Afschrijving debiteuren	- 17.200	

De volgende feiten moeten per 31 december 2017 nog worden gejournaliseerd.

1 Eindafrekening getroffen met debiteur L. de Lange, op wie Perla nv nog €4.840 (inclusief 21% OB) te vorderen had.
  Perla nv ontvangt goederen ter waarde van €1.452 (verkoopprijs inclusief 21% OB) retour en ontvangt per kas €2.500.
2 Ter nakoming van garantieverplichtingen aan afnemer Ladi bv voor €3.800 nieuwe onderdelen verstrekt.
3 Ontvangen per kas €1.694 (inclusief 21% OB) van K. Karelse. Dit betreft een oude vordering die reeds geheel als oninbaar was afgeboekt.
4 De vervangingsprijs van de gebouwen stijgt met 5%. Perla nv besluit tot herwaardering van de boekwaarde van de gebouwen (die ook is gestegen met 5%).

Gevraagd

a Journaliseer voorgaande gegevens.

Op 31 december 2017 worden de totale dubieuze vorderingen, groot €72.600 (inclusief 21% OB), getaxeerd op 30%.

b Sluit de grootboekrekening *135 Afschrijving debiteuren* af per 31 december 2017 en heropen deze per 1 januari 2018.

27.12 (na hoofdstuk 22)

In het grootboek van handelsonderneming De Koning in Maassluis – die uitsluitend het artikel Emperor verhandelt – komen onder andere voor de rekeningen:

041	Privé	700	Voorraad goederen
130	Debiteuren	800	Inkoopprijs verkopen
140	Crediteuren	840	Opbrengst verkopen
180	Te vorderen OB	960	Resultaat prijsverschillen
181	Te betalen OB		

Op 31 mei 2017 zijn van het artikel Emperor de volgende partijen in voorraad:

Partij	Hoeveelheid	Factuurinkoopprijs (exclusief OB)	Maand van inkoop
I	2.600 stuks	€ 27 per stuk	januari 2017
II	3.200 stuks	€ 28 per stuk	maart 2017
III	5.000 stuks	€ 31 per stuk	mei 2017

In juni 2017 hebben van het artikel Emperor geen inkopen plaatsgevonden. Van het artikel Emperor zijn in juni 2017 op rekening verkocht en afgeleverd 3.800 stuks à €40 = €152.000 (exclusief OB). De inkoopprijs van deze verkopen wordt bepaald met behulp van het fifo-systeem.

Gevraagd

a Journaliseer de opbrengst en de inkoopprijs van de verkopen van het artikel Emperor in juni 2017; houd rekening met 6% omzetbelasting.

b Bereken het saldo van rekening *700 Voorraad goederen* per 30 juni 2017. NB Er zijn geen voorraadverschillen.

De onderneming besluit rekening *700 Voorraad goederen* met ingang van 1 juli 2017 bij te houden tegen een vaste verrekenprijs van €32,50 per eenheid van het artikel Emperor.
In verband hiermee wordt aan de eerder vermelde grootboekrekeningen toegevoegd rekening *710 Prijsverschillen bij inkoop*.

Gevraagd
c Geef de journaalpost per 1 juli 2017, waarmee het saldo van grootboekrekening *700 Voorraad goederen* wordt aangepast.

In de tweede helft van 2017 zijn van het artikel Emperor 18.000 stuks ingekocht en ontvangen. De ontvangen facturen gaven in totaal een bedrag aan van €613.000 (exclusief OB).
In dezelfde periode zijn van het artikel Emperor 20.000 stuks verkocht en afgeleverd. De verzonden facturen gaven in totaal een bedrag aan van €900.000 (exclusief OB).
Voor privéverbruik werden in de tweede helft van 2017 van het artikel Emperor 100 stuks aan de zaak onttrokken.

Gevraagd
d Geef de journaalposten voor de tweede helft van 2017 van:
1 de inkoop van het artikel Emperor
2 de verkoop van het artikel Emperor
3 het privéverbruik van het artikel Emperor.
NB Houd bij de uitwerking rekening met 6% omzetbelasting.

Per 31 december 2017 besluit De Koning om voor 2014 de vaste verrekenprijs voor het artikel Emperor te stellen op €35 per stuk.

Gevraagd
e Geef de journaalpost die in verband met de verhoging van de vaste verrekenprijs per 31 december 2017 moet worden gemaakt.

Op de per 31 december 2017 op te stellen balans wordt de voorraad van het artikel Emperor gewaardeerd tegen een inkoopprijs van €33 per stuk. Bij inventarisatie zijn geen voorraadverschillen geconstateerd.

Gevraagd
f Geef de opstelling van grootboekrekening *710 Prijsverschillen bij inkoop* over de tweede helft van 2017.
Sluit de grootboekrekening af per 31 december 2017.
g Welke (voorafgaande) journaalpost wordt in het kader van de onder **f** bedoelde afsluiting gemaakt ter bijwerking van grootboek rekening *960 Resultaat prijsverschillen*?

27.13 (na hoofdstuk 22) Per 1 januari 2016 besluiten L. Schoep, J. van Harst en K. van Loon een vennootschap onder firma aan te gaan onder de naam Firma Schoep en Co.
L. Schoep en J. van Harst deden tot heden zaken voor eigen rekening. Alle firmanten zullen deelnemen met een vermogen van €200.000.
L. Schoep en J. van Harst brengen hun zaken in volgens de volgende balansen.

Balans per 1 januari 2016 L. Schoep

Winkelpand	€ 320.000	Eigen vermogen	€ 224.000
Voorraad goederen	- 136.000	Hypothecaire lening o/g	- 200.000
Debiteuren	- 48.000	Crediteuren	- 96.000
Kas	- 16.000		
	€ 520.000		€ 520.000

Balans per 1 januari 2016 J. van Harst

Magazijninventaris	€ 80.000	Eigen vermogen	€ 176.000
Voorraad goederen	- 92.000	Crediteuren	- 60.000
Debiteuren	- 28.000	Te betalen bedrijfskosten	- 4.000
Rabobank	- 40.000		
	€ 240.000		€ 240.000

Bij de inbreng van de eenmanszaken in de firma vinden de volgende herwaarderingen plaats:

- *Inbreng L. Schoep*
  Het winkelpand wordt gewaardeerd op €280.000.
- *Inbreng J. van Harst*
  De magazijninventaris wordt gewaardeerd op €66.000; de post 'Te betalen bedrijfskosten' dient te worden opgehoogd tot €6.000.

Aan L. Schoep vergoedt de firma voor goodwill €36.000.
K. van Loon stort van zijn deelneming voorlopig €120.000 op de bankrekening bij de Rabobank, die op naam van de firma wordt geopend.

Gevraagd

a Geef de journaalposten naar aanleiding van de oprichting en inbreng, als voor de boekhouding van de firma een nieuwe boekhouding wordt aangemaakt.

Firmant L. Schoep neemt aan het einde van elk kwartaal €6.000 in contanten op. Op 23 april 2016 wordt via de Rabobank €2.800 inkomstenbelasting ten name van L. Schoep betaald. Op 17 juli 2016 wordt op de rekening van de Rabobank van de firma bijgeschreven ten name van L. Schoep een bedrag van €900 als vergoeding voor zijn medewerking aan de eindexamens Stichting vakopleiding visgroothandel. Op 18 december 2016 neemt L. Schoep voor privéverbruik goederen uit de zaak ter waarde van €600 (exclusief 21% OB).

Gevraagd

b Stel de in de boeken van de firma voorkomende grootboekrekening *045 Privé L. Schoep* over 2016 samen en sluit deze af per 31 december 2016.

Op 1 maart 2017 wordt de winst van de firma over het jaar 2016 vastgesteld op €64.800. De winstverdeling vindt als volgt plaats: eerst krijgen de firmanten 6% over de gestorte vermogens; de rest wordt gelijkelijk verdeeld.

Gevraagd
c Geef de journaalpost van de winstverdeling.

Om gezondheidsredenen moet J. van Harst zich per 1 juli 2017 als vennoot uit de firma terugtrekken. Besloten wordt echter dat hij een bedrag van €150.000 als lening in de firma laat.
Op het moment van zijn uittreden als vennoot komen in de boeken van de firma onder andere de volgende rekeningen voor:

040 Vermogen J. van Harst		€	200.000
041 Vermogen J. van Harst nog te storten		-	40.000
045 Privé J. van Harst	Credit	-	17.200

Met J. van Harst zal als volgt worden afgerekend: €150.000 blijft als lening in de firma; de rest ontvangt hij via de Rabobank.

Gevraagd
d Wat journaliseert de firma van de uitvoering van deze overeenkomst?

P. Dekker, die bij de vennootschap voorkomt onder de crediteuren met een bedrag van €40.000, zal als vennoot tot de firma toetreden met een vermogen van €120.000.
Hij brengt in zijn drie bestelwagens, ter waarde van €28.000 per stuk, terwijl de rest met de rekening-courantverhouding wordt afgewikkeld.

Gevraagd
e Wat journaliseert de vennootschap van het toetreden van P. Dekker?

27.14 (na hoofdstuk 25) De gedeeltelijke balans van Barclay nv in Zaltbommel vóór winstverdeling ziet er per 31 december 2017 als volgt uit.

Balans per 31 december 2017 (bedragen × €1.000)

	040 Aandelenvermogen	30.000	
	041 Aandelen in portefeuille	12.000	
			18.000
	046 Winstreserve		17.100
	048 Winst na belasting 2017		3.420

Alle aandelen hebben een nominale waarde van €100.
Het interimdividend is uitgekeerd in de vorm van cashdividend.
De dividendbelasting is 15%.
Alle verkopen hebben betrekking op goederen met een omzetbelasting van 21%.

Voor de uitwerking van deze opgave mag verder nog gebruik worden gemaakt van de volgende grootboekrekeningen:

047	Uit te reiken aandelen	164	Te betalen dividendbelasting
110	Bank	181	Te betalen omzetbelasting
130	Debiteuren	185	Terug te vorderen omzetbelasting
136	Afschrijving debiteuren	700	Voorraad gereed product
139	Te verzenden creditnota's	800	Inkoopprijs verkopen
163	Te betalen dividend	840	Opbrengst verkopen

Gevraagd
Journaliseer de volgende feiten.
1 Over 2017 bedraagt de winst na aftrek van vennootschapsbelasting €3.420.000.
De Algemene Vergadering van Aandeelhouders heeft de volgende winstverdeling vastgesteld:
- van het te declareren dividend van €12 per aandeel wordt €5 in de vorm van aandelen beschikbaar gesteld en €7 in de vorm van cashdividend
- het na declaratie van het dividend resterende bedrag wordt toegevoegd aan de winstreserve.

2 Er wordt besloten ten laste van de winstreserve 30.000 aandelen als bonusaandelen uit te reiken aan de bezitters van de per 31 december 2017 uitstaande aandelen. De verschuldigde dividendbelasting wordt ten laste van de winstreserve geboekt.
3 Van de bank bericht ontvangen dat aan de bezitters van 130.000 aandelen het (slot)cashdividend is uitbetaald. Tevens is aan deze aandeelhouders het stockdividend uitgereikt. Aan de bezitters van 20.000 aandelen is alsnog het interimdividend uitbetaald.
4 Aan bezitters van 120.000 aandelen zijn de bonusaandelen, waarop zij recht hebben, uitgereikt.
5 Van een debiteur, die in betalingsmoeilijkheden verkeert, heeft Barclay nv nog een bedrag van €84.700 inclusief omzetbelasting tegoed.
Een partij goederen is van hem terugontvangen. De inkoopprijs was €34.000; de verkoopprijs exclusief omzetbelasting bedroeg €50.000.
6 Aan de onder punt 5 genoemde debiteur de creditnota gezonden en het restant van de vordering afgeboekt.

27.15 (na hoofdstuk 26) (§ 26.5)

International Industria nv emitteert per 1 januari 2016 een 4,2% converteerbare obligatielening.
De emissieprospectus vermeldt onder ander het volgende:
- omvang lening €8.000.000
- nominale waarde obligatie €10
- uitgiftekoers 110%
- halfjaarlijkse interestbetalingen per 30 juni en 31 december
- conversievoorwaarden: 5 obligaties + €50 in contanten kunnen in de conversieperiode worden geruild tegen 15 aandelen van nominaal €5.

Met betrekking tot deze lening vinden onder andere de volgende financiële feiten plaats in het memoriaal en in het bankboek.

1/1/16	M-16001	De creatie van de 4,2% converteerbare obligatielening.
1/1/16	B-16001	De plaatsing van alle converteerbare obligaties tegen ontvangst per bank. De emissiekosten bedragen €14.500.
31/1/16	M-16012	De boeking van de maandelijkse interestkosten van de obligatielening.
31/12/16	M-17156	De boeking van de betaalbaarstelling van de coupons.
31/12/16	B-16104	De betaling van 625.000 coupons.
30/6/17	B-17052	De houders van 500.000 obligaties zijn tot conversie overgegaan. De bijbetaling is per bank ontvangen.
31/12/17	M-17211	De boeking van de maandelijkse interestkosten van de obligatielening.
31/12/17	M-17212	De boeking van de betaalbaarstelling van de coupons.

Het grootboek van International Industria nv bevat onder andere de volgende rekeningen:

041	Aandelen in portefeuille	110	Bank
043	Agio op aandelen	170	Te betalen interest
071	4,2% Converteerbare obligaties in portefeuille	171	Te betalen coupons
		470	Interestkosten
072	4,2% Converteerbare obligatielening	477	Emissiekosten obligaties
073	Agio op obligaties		

Gevraagd

a Maak de journaalposten van de hiervoor genoemde financiële feiten uit het memoriaal en het bankboek van 2016.

b Maak de journaalposten van de hiervoor genoemde financiële feiten uit het memoriaal en het bankboek van 2017.